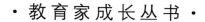

· 教育家成长丛书 ·

盛新凤
与和美教学

SHENGXINFENG YU HEMEI JIAOXUE

中国教育报刊社·人民教育家研究院　组编

盛新凤　著

北京师范大学出版集团
BEIJING NORMAL UNIVERSITY PUBLISHING GROUP
北京师范大学出版社

图书在版编目（CIP）数据

盛新凤与和美教学/中国教育报刊社人民教育家研究院组编；
盛新凤著. —北京：北京师范大学出版社，2019.10
（教育家成长丛书）
ISBN 978-7-303-25003-5

Ⅰ.①盛⋯ Ⅱ.①中⋯ ②盛⋯ Ⅲ.①中学语文课－课堂教堂－
教学研究 Ⅳ.①G633.302

中国版本图书馆 CIP 数据核字（2019）第 178584 号

营 销 中 心 电 话　010-57654738　57654736
北师大出版社职业教育分社网　http://zjfs.bnup.com
电 子 信 箱　zhijiao@bnupg.com

SHENGXINFENG YU HEMEIJIAOXUE

出版发行：北京师范大学出版社　www.bnup.com
　　　　　北京市西城区新街口外大街 12-3 号
　　　　　邮政编码：100088
印　　刷：天津旭非印刷有限公司
经　　销：全国新华书店
开　　本：787 mm×1092 mm　1/16
印　　张：23.75
字　　数：406 千字
版　　次：2019 年 10 月第 1 版
印　　次：2019 年 10 月第 1 次印刷
定　　价：62.00 元

策划编辑：倪　花　伊师孟　　　责任编辑：王玲玲
美术编辑：焦　丽　　　　　　　装帧设计：焦　丽
责任校对：赵媛媛　　　　　　　责任印制：陈　涛

教育家成长丛书

编委会名单

总 序

　　教育是国家发展的基石，教师是基石的奠基者。古人云："国将兴，必贵师而重傅。"兴国必先强教，强教必先重师。党中央、国务院高度重视教师队伍建设。2013 年教师节，习近平总书记在给全国广大教师的慰问信中指出："百年大计，教育为本。教师是立教之本、兴教之源，承担着让每个孩子健康成长、办好人民满意教育的重任。"2014 年，在第 30 个教师节前夕，习总书记到北京师范大学视察并发表重要讲话，指出："一个人遇到好老师是人生的幸运，一个学校拥有好老师是学校的光荣，一个民族源源不断涌现出一批又一批好老师则是民族的希望。"《国家中长期教育改革和发展规划纲要（2010—2020 年）》也明确提出，"有好的教师，才有好的教育"，要"努力造就一支师德高尚、业务精湛、结构合理、充满活力的高素质专业化教师队伍"。"倡导教育家办学"，要创造有利条件，鼓励教师和校长在实践中大胆探索，创新教育思想、教育模式和教育方法，形成教学特色和办学风格，造就一批教育家。"两个一百年"奋斗目标的实现、中华民族伟大复兴中国梦的实现，归根结底要靠人才、靠教育，而支撑起教育光荣梦想的，是千百万的教师。

　　时代呼唤好老师。有一流的教师，才有一流的教育；有一流的教育，才有一流的国家。出名师、育英才、成伟业，是时代赋予我们教育战线的神圣使命。"所谓大学者，非谓有大楼之谓也，有大师之谓也。"好学校、好教育的最重要标准，就是要有好老师。一所学校、一个地区，乃至一个国家，如果教师有理想、有爱心、有学识、有高超的教育艺术，那么即使硬件设施有些简陋，家长、学生也会心向往之。教师是中国梦的奠基者。教师的重要使命，就是为每个孩子播种梦想、点燃梦想，并帮助他们实现梦想。每一间平凡的教室，每一节朴实的课，都不仅是知识的传递，更是人类文明精神的接续、人生梦想的起航。正是有亿万个孩子梦想的放飞、绽放，中国梦才更加光彩夺目。如果说中国梦最坚实的土壤是学校，那么教师就是最伟大的"筑梦师"，他们用默默无闻、孜孜不倦的智慧劳动，让每一颗年轻的心灵都与中国梦激情相拥。

倡导教育家办学，造就一批好老师，首先要尊重、珍惜我们的本土智慧、本土创造。教育家不是凭空产生的，而是扎根于自己的民族文化土壤，同时吸收人类文明成果，从而创造出独特而生动的教育实践、教育智慧和教育文明。五千年源远流长的中华文明，不但形成了有我们民族特色的教育理论体系，而且涌现出了千千万万优秀的教育家，有被推崇为"大成至圣先师""万世师表"的孔子，有"匹夫而为百世师，一言而为天下法"的韩愈，有"捧着一颗心来，不带半根草去"的人民教育家陶行知等。改革开放 40 年来，随着教育改革的不断深入，教育战线涌现出了一大批杰出教师。他们痴情于教育事业，坚守理想信念和教育良知，在三尺讲台上默默耕耘、刻苦钻研，同时以敢为天下先的精神大胆创新，不断进取、不断超越，形成了各具特色的教育思想和教学风格。正是他们的成功探索和实践，创造了具有中国风格的教育经验，丰富了具有中国特色的教育理论宝库。原由教育部师范教育司组织编写，现由中国教育报刊社人民教育家研究院具体组织编写的"教育家成长丛书"，就是要向这些宝贵的本土创造性的教育经验致敬。

当前，教育领域综合改革正在深入推进，考试招生制度改革的大幕已经拉开，立德树人、培育和践行社会主义核心价值观成为大中小学教育的头等任务。可以预见，中国教育将发生深刻的变革，将从"中国制造"向"中国创造"转变。"没有革命的理论，就没有革命的运动。"没有适合中国土壤、具有中国智慧的教育理论，就不可能为未来的中国教育改革提供有效的指导。我们的教育要向"中国创造"飞跃，必然要首先创造属于我们自己的教育理论，而不是"言必称希腊"或者老是贩卖欧美的教育理论。170多年前，美国思想家、诗人爱默生发表了著名演说《美国学者》，号召美国知识界："我们依赖旁人的日子，我们师从他国的长期学徒期时代即将结束。在我们周围，有成百上千万的青年正在走向生活，他们不能老是依赖外国学识的残余来获得营养。"由此，美国迈入精神立国阶段。

如今，我们也面临与爱默生同样的情形。随着我国GDP已从世界第二向第一迈进，我们的经济崛起已成为事实，但在道德文明、文化精神等方面，我们还需奋起直追。没有文明的崛起，经济崛起就难以持续。当务之急，是我们需要化解内心深处的文化自卑情结，摆脱对他国文明的精神依附，自觉养成强烈的"中国意识"，独立的中国文化品格，并由此去俯视世界，去改造本土实践，去创造属于我们自己的精神养料——这在教育界显得尤为紧迫。"教育家成长丛书"，旨在把我们本土教育实践中蕴含的中国智慧提炼出来，从而形成具有时代意义的中国特色的教育话语体系，再以此去观照、引领、改造中国的教育实践，为伟大的教育改革提供经验、理论支持，也为未来的教育家提供丰富、可资借鉴的精神养料。

让我们为中国教育的伟大未来一起努力吧！

2018年3月9日

前　言

　　见证着中国基础教育半个世纪的春华秋实，代表着中国基础教育教学成果的最高成就——"首届基础教育国家级教学成果奖"，闪耀着李吉林、窦桂梅、吴正宪、张思明、洪宗礼、唐江澎、邱学华、于永正、孙双金、薄俊生、龚春燕等一大批优秀教师的名字。而上述这些杰出代表恰恰都是《人民教育》"名师人生"栏目中最受读者喜爱的名师，都是"教育家成长丛书"的作者。

　　"教育家成长丛书"（以下简称"丛书"），是在第 20 个教师节前夕，为了研究、总结、宣传和推广我国众多优秀中小学教师的先进教育思想和鲜活的宝贵的教育教学经验，培养造就一大批德才兼备的优秀教师和杰出的教育家，促进教师队伍整体素质的提高，根据教育部党组安排，由师范教育司组织编写的一套凝聚着一大批教育家成长智慧的大型教育丛书。

　　"丛书"自 2006 年问世以来，不但得到国务院和教育部领导同志的高度重视，而且先后印刷多次尚不能满足广大读者的需求。这其中的奥秘何在？

　　当你翻开"丛书"，每一部著作都讲述着一位教育家成长的故事。这些著作主要从"成长历程""思想概述""课堂实录"和"社会反响"等方面全景式反映其教育思想、教育智慧、专业精神和专业人格的形成过程与教学实践过程。这是教育家成长的基本素质所在。

　　当你沿着教育家成长的足迹走近他们的时候，你会融进这些带有"草根色彩"，扎根中华教育实践大地，充满田野芳香的真实感人的教育故事中。

当你从"丛书"中，从这些当年和自己一样的普通教师，成长为今天受人尊敬的教育家的成长过程中受到启迪，当你触摸着自己的心，把学生的成长和祖国的未来紧紧连在一起的时候，你会真切地感受到教育家离我们并不遥远。

当你用整个身心蘸着自己的生活积累去品味"丛书"中的每一部著作的"成长历程"时，在一位位名师不断学习、不断超越自我、不断超越学科教学的求索足迹中，你会读懂"教育是事业，其意义在于奉献"的丰富内涵。

当你研读"丛书"中的每一部著作的"思想概述"，和每一位名师展开心灵对话的时候，都会深深地感受到，一名教师对教育独立的理解与执着的追求有多么重要。从一名普通的教师成长为受人尊敬的教育家的过程中，你会读懂"教育是科学，其价值在于求真"的深刻含义。透过"丛书"，你会看到一代代教师用爱与智慧塑造民族未来的教育理想。

随着我们从"知识核心时代"走向"核心素养时代"，教师教育教学活动的视野已拓展到人的生存与发展的方方面面。教师要结合自己的教学实践去感悟"教育理念是指导教育行为的思想观念和精神追求"，应该把爱化为自己的教育行为，让爱充盈课堂，触摸到一个个灵动的生命，让爱产生智慧，让爱与智慧在学生心中留下岁月抹不去的美好回忆，让教育者和受教育者都感受到教育的幸福。这是"丛书"给我们的启示，也是每位教师应有的胸怀和视野。

时代呼唤教育家。为了进一步把我们本土教育实践中蕴含的中国智慧提炼出来，从而形成具有时代意义的中国特色的教育话语体系，以此去观照、引领、创新中国的教育实践并在更大范围加以推广，"丛书"将由中国教育报刊社人民教育家研究院继续组织编写，希望能够在更广大教师的心田中播种教育家成长的智慧，从而出更多的名师，育更多的英才，成就中华民族复兴的伟业。这是时代赋予广大教育工作者的神圣使命。如果广大教师能在每位教育家成长、探索教育智慧的过程中受到启迪，形成自己的教育智慧，则实现了我们编辑这套"丛书"的初衷。

"教育家成长丛书"
编委会
2018 年 3 月

目 录
CONTENTS
盛新凤与和美教学

［和美之悟］
——我的生活随笔

[和美之花
——我与专家及学员的师徒情缘]

[附　录]

和美之路
——我的专业成长之路

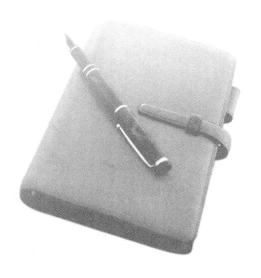

一、我的根在那里

1970年1月，我出生于湖州市南浔区善琏镇砖溪村盛介斗。那里是蚕花圣地，人们祖祖辈辈靠养蚕种地为生，方圆百里只有一个"小山包"——含山，那是典型的江南平原地区。一条古运河的支流——山塘港从古老的小镇流过，20世纪七八十年代，河上船只川流不息，这条河也是进出小镇的交通要道。家乡交通闭塞，20世纪90年代才通汽车，人们世世代代都靠水路通行，小时候，我每晚都在"突突突"的机帆船声中入眠。1987年我考上了师范学校，到湖州求学，早晨五点多起床，坐五个小时的客运船才能到湖州（其实两地才40多千米）。含山上有一座七层宝塔，形似毛笔，被称为"笔塔"，俯瞰着近在咫尺的"湖笔之都"——善琏。

当年的姐妹俩和母亲（摄于1989年）

每年清明，方圆百里的蚕农都会到含山"轧蚕花"，小时候我每年都盼着过清明节，胜过过春节。每到头清明这一天，我就会一大早拎上一串粽子，约上几个小伙伴去游含山。那一天的含山上人头攒动，热闹非凡。山下小镇上汇聚了各地来的商贩，山塘港上会临时架起几座浮桥供游人通行，港里几天前便停了好些打拳船等着表演。"巴掌"大的小镇、小山被四面八方的游客塞得满满的。那一天，对蚕农们来说是顶重要的日子，游完含山，祭拜过蚕花娘娘，便会买回一束塑料蚕花供放在家里，祈祷来年蚕业丰收。虽然出生于蚕花圣地，从小对养蚕行业非常熟悉，母亲陈瑞英年轻时还是养蚕好手，曾作为当地养蚕专家到湖州参加过技术交流会，但我们姐妹俩都没有养过蚕。在含山生活的十几年，我们的使命是努力读书，学有所成，完成母亲的夙愿。

姐妹俩重回故乡的桑园

母亲 20 岁便生下了我。她出生于善琏镇上一户殷实人家，祖上是做生意的。据说她的母亲（我们的外婆）是善琏镇上的一枝花，喜欢穿旗袍。母亲出生没几天，外婆在月子中染了风寒，患了重病，不久便离世了。可怜母亲刚出生便被送到乡下寄养，后来辗转嫁给了我爸爸，做了地地道道的农民的妻子。在我的记忆中，母亲聪明智慧，不论是农活、家务活、针线活都是一学就会，样样拿手。母亲十分重视我们姐妹两个的教育，希望我们能好好读书，学有所成。我和姐姐都很争气，双双考上了师范学校，实现了母亲的愿望。

二、和语文结缘

爱上语文，是在中学时代。

小时候，我们的教育条件非常简陋，在家乡老家那个有着几间破败教室的学校，老师们虽都善良淳朴，但毕竟教学不够正规。记得那时的语文老师经常让我们自学，自己搬个凳子坐在讲台前，手里还抱着她嗷嗷待哺的孩子，我们的目光常常偷偷地从书上移到她怀里的那个孩子身上，没人引领的语文书，哪怕藏满了"黄金屋"与"颜如玉"，终究还是一堆沉睡的语言符号，敌不过她怀里孩子的生动表情。所以，在小学阶段，我对语文并没有什么感觉。我是到了师范学校才开始学说普通话的。

重回已是废墟的母校——含山脚下的含山中学

中学时代，我就读于含山中学，学校就坐落在著名的蚕文化发祥地——含山脚下，环境优美，文化底蕴深厚。当时物质条件十分匮乏，记得那时校园里还未安装自来水管，师生饮用水都靠常年置放在校园里的一口大缸。每天早晨，我们这些住校的师生都取用这口巨型大缸里的水淘米、蒸饭，于是，水缸边上也自然生成了许多真实感人的故事。那年，我就地取材写了一篇《水缸边上的故事》，想不到"一炮走红"，这篇文章被选用作为了演讲稿，由一位初三年级的女生代表学校参加全区的演讲比赛。这件事给了我很大的鼓舞，要知道那时我是初二学生，写的稿子居然给初三年级的大哥哥大姐姐派上了用场，而且去演讲的那位女生是我非常崇拜的一位学姐，可漂亮了，所以我就觉得"无上光荣"，从此以后，我就对语文，尤其是写作，情有独钟。那时，教我的语文老师是张前方老师和马柱老师，这是两位语文味很浓的老师。张老师儒雅俊朗，写了一手好字，说了一口软软的普通话，文气十足。马老师精通古文，学养深厚，在我们初三紧张迎考的那一年还给我们成立了文学社，可见他的胆魄与远见。他还给每个社员都取了笔名。记得他在我的练笔本上给我题的笔名是"大鹏"，希望我"不飞则已，一飞冲天"。虽然这个笔名与我的性别、性格、气质不太吻合，但我还是很喜欢，觉得老师对我期望很高，让我有了无穷的信心与力量。

师范时期的我

　　进入师范学校后，因为中考时自己的数学考试成绩不错，所以被老师"钦点"做了数学科代表，但做了一个月我就改当语文科代表了。我太喜欢语文了，在师范学校因为没有了升学考试的压力，这种喜欢便格外地恣肆泛滥起来。师范三年，最喜欢的事是泡在图书馆没完没了地阅读，最爱上的课是文选课。那时的文选老师是姚根荣老师。记得第一次上课，他就当着全班同学读了我的一篇周记。那篇文章的具体内容我已记不清了，好像是写母亲的，但有几句经典的语句被老师用极富感染

力的语调诵读时的情景却历历在目。记得当时老师用深沉的男中音诵读了我自己最满意的句子——"灯光、泪光、爱的光华，母亲，母亲……"，老师读得深情、投入，好像这语言是从他自己的心里流出来的。我很感动，也格外觉得自己了不起。被姚老师读过的这句话，就这样深深地烙在了我的心底，三十多年了，那尘封在记忆深处的骄傲与自豪，始终挥之不去，成了滋养我语文自信与兴趣的极好养料。从那时起，我感受到了语文的无穷魅力，感受到了当好一个语文老师的责任。

三、行行复行行

如果说，要归纳一下自己的专业成长之路，我觉得可以用"无视、外视、内视"来概括。1987年，我从湖州师范学校毕业，被分配到了市里的名牌小学——湖师附小（今湖州师范附属实验小学）任教。湖师附小是一所历史悠久、文化积淀深厚的学校，那里名师云集，有着鲜明的语文教学特色。我，一个不谙世事的小丫头，诚惶诚恐，当时真是有些无所适从，只知道仰着头看身边的名师。那个时候，我先后师从本校的郭钦平、周静英老师和校外的邵起凤、穆慧华、徐德真老师。我乖顺极了，觉得他们说的话就是金科玉律，特别是轮到我上公开课时，恨不得住到他们家里去，急急地把他们说的每一句话都记下来，生怕落下什么。所谓课的成功与否，就是是否完整地把师傅说的每句话都背下来了。在那个阶段，因为师者强，所以我也强。在他们手把手的教导下，我成功地上了一系列公开课，如"小蝌蚪找妈妈""飞夺泸定桥""夏明翰英勇就义""曼谷的小象"等，也获得了一系列的荣誉，如被评为省、市教坛新秀，破格晋升为小学高级教师等。但那个阶段，我没有自己的思想，只顾复制他人的东西，不会自己思考，不会理性分析，更不会自己创造。眼前的一切都是混沌模糊的，眼中只有我的师傅们听完课后满意或不满意的神情，对我来说，那便是一切。我把这个阶段称为"无视"阶段。

当在湖州的教坛上崭露头角后，我便有幸参加了省跨世纪骨干教师培训班，班主任是汪潮老师。在这个班里，我开始睁大眼睛看外面的世界：我看到了自己与同学间的差距，看到了自己理论水平的匮乏，看到了教育研究的领域原来是如此宽广无边。于是，我开始广泛阅读，多方吸收，潜心研究名师的优秀案例，如支玉恒老师的"太阳"、于永正老师的"草"、靳家彦老师的"跳水"、王燕骅老师的"骆驼和羊"等，我都拿来细细揣摩，并"移花接木"巧加利用。那个阶段，我独立或半独立地设计了"笋芽儿""打碗碗花""秦始皇兵马俑""古诗二首""秋游景山"等一系列公开课，"打碗碗花"一课还获得了浙江省阅读教学观摩活动一等奖。在那个阶段，在班主任汪老师和许多前辈的推荐、帮助下，我有机会在浙江的舞台上充分展示、锻炼自己，我一边输出一边吸纳，利用与名师同台上课的机会虚心求教，广泛吸纳专家意见，不断完善自己。在这个阶段，我会常常因专家们的评价或喜或悲，我热血沸腾、激情满怀，一会儿想学王燕骅老师的严谨丰厚，一会儿想模仿支玉恒老师的洒脱自然，一会儿又沉迷于张化万老师课中的创意迭起……在那个阶段，我眼中只有别人，唯独没有自己，那是一个"外视"阶段。

获湖州市十大杰出女性称号

　　2000年，我参加了国家级骨干教师培训班。在北京学习的三个月期间，我沉下心静静地读书、思考。回家后，把自己前期的一些课例进行了分析总结。我开始努力认识自己，发现了自己身上的很多长处和短处，如性格的、气质的、能力的、学识的，等等。我开始整理自己，试图在课堂上找到真实的自己。公开课时，我开始挑选适合自己情感气质的课文，并学会尽情地用课表达自己、宣泄自己，那种酣畅淋漓的感受，简直妙不可言。于是，"去年的树""敦煌莫高窟""卢沟桥的狮子""燕子专列""番茄太阳""青海高原一株柳""如梦令"等一系列公开课受到了专家们的好评。他们都热心地鼓励我坚持自己小桥流水般的课韵，努力上出如李清照的词句般那样婉约动人的情韵。我信心倍增，内心充满了感激。于是，当带着这些课例一次次在全国的教坛上亮相时，我发现自己从容了许多、淡定了许多。每次上完课，我不再去关注别人的感受，而是追问自己的心：我上出真实的自己了吗？我真情演绎自己了吗？跟孩子们交流对话的是真实的自己吗？于是，我开始更多地关注自己、审视自己，在一次次对自己的严厉审视中，我开始努力寻找属于我自己的、属于盛新凤的课堂感受、课堂状态了，我想我是在渐渐地走向自己、走向成熟了，尽管我知道离自己心目中理想的课堂还很远很远，但我特别珍惜现在的感受，因为我知道，只有找到了自己，才能找到明天！这个阶段，我把它称为"内视"阶段。

四、先上岗，再培训

"伏久者，飞必高；开先者，谢独早。"（陈继儒《小窗幽记》）说实话，这句话经常让我心惊和惶恐。1999 年我破格晋升为中学高级教师，2000 年又被评为了特级教师，我那时 30 岁，很多人说，你可以退休了，因为教育人生中重要的使命都已完成。我那时的心态很矛盾，既有对自己一直以来在事业上顺风顺水的暗自窃喜，又有怕自己因花开太早会早谢的惶恐。直到 2001 年参加了那个国培班，我才清楚以后的路到底要怎么走。2001 年，我在首都师范大学参加了为期 3 个月的脱产培训的首届国培班，班里 90 人，来自全国各地，都是当地的精英，有四个特级教师都来自浙江。一个同学问我："你为什么这么年轻就能评上特级教师？"我说："我上了很多公开课，还得了奖。"她说："我也上了很多公开课。"我说："我写了几篇论文，在省级以上的刊物上发表了。"她说："我也写了好多论文，都在省级以上的刊物上发表了。"我说："我有好几个省级以上荣誉称号。"她说："我也有啊！"我一下子就惭愧心虚了，嗫嚅着说："我们浙江管人事的领导说了，对这批新的年轻特级教师，要让他们'先上岗，再培训'。"她"噢"了一声，没再说什么。于是，这句"先上岗，再培训"也便成了我评上特级教师后继续努力的座右铭。我不知道该怎么培训自己，只给自己定了继续奋斗的目标，那就是做"勤奋的读者、沉静的思者、积极的行者"。

（一）做勤奋的读者

"一个人和书籍接触得愈亲密，他便愈加深刻地感到生活的统一，因为他的人格复化了：他不仅用他自己的眼睛观察，而且运用着无数心灵的眼睛，由于他们这种崇高的帮助，他将怀着挚爱的同情踏遍整个的世界。"（茨威格）

我觉得自己一直是个爱书的人。从应试的藩篱中解放出来后，从上师范起，我就开始了自由阅读的生活。斯蒂芬·克拉生在《阅读的力量》一书中，用了很多详细的数据证明了自由阅读的力量和产生的神奇效果。所谓自由阅读，就是没有目标、没有任务的闲散阅读。师范三年，我基本是在图书馆中度过的，那种生活，弥补了我童年及青少年时期的阅读空白。我如饥似渴地阅读，如痴如醉地写作，完成了一个长篇和十几个日记体短篇。那纯粹是一种自娱自乐、自我释放式的活动，阅读和写作的范围仅限于文学，因为我有一个野心和梦想，希望师范毕业后可以被推荐上中文系。但后来，梦想破灭，那一届没有中文系推荐名额。我不知道那个阶段的阅读对我后来的语文教学和研究产生了多大作用，但我觉得是有作用的。至少，在早期对于我的课，很多人的评价中都会有一句话：语言很美。我想这就是那时候积淀的语言功底吧。

如果说那时的阅读是一种自由的阅读，那北京参加国培班回来后，我的阅读就转为了比较功利的行走式阅读——沿着自己研究的轨迹进行选择性的阅读。我强烈地感觉到了一种有想法说不清楚，有实践找不到理论支撑的痛苦，于是，书本就成了解除这种饥饿的"面包"了。我开始广泛涉猎哲学、美学、心理学、儿童阅读理论，等等，边读边琢磨，边读边尝试运用。十多年来，我写了十几万字的读书笔记，自费几万元购买图书。

（二）做沉静的思者

"一个好教师应该始终处在挣扎逃离的境地。"（刘良华）

　　如果一味读书，只知记忆，不善于独立思考，不与自己的思想融合，那自己的大脑就很容易变成别人思想的跑马场，边读边思很重要。长时间的阅读生活，让我的心开始沉静，静能生慧。我开始梳理自己的教学实践，把自己十多年来上的公开课拿出来分析，找出自己独特的东西来。我惊喜地发现，自己课堂教学的创意设计已经形成了自己的特色，那就是我的设计一直遵循着这样一条教学路径："寻点—拉线—丰枝—画圆"。我还发现自己进行教学设计时，已经形成了一种大语文教学观——把课外信息整合到课内，而且还找到了一系列行之有效的方法策略——听录音、读资料卡、自己创编信息条等，这些策略用在我的公开课教学中可以给人耳目一新的感觉。于是，我把这些有创意的点串成一条线，并加上了自己的文学情怀，我一直觉得语文教学要有三美——音乐美、绘画美、建筑美，这就形成了我的第一本书的基本框架。2004年，我的第一本专著《构建诗意的语文课堂》正式出版，这给了我很大的信心和鼓励。但后来，在进一步的阅读和思考中，我发现语文教学不光要追求阳春白雪般的诗意之美，它还应该追求下里巴人之美，于是，我把这种观点写成了文章，并在全国中文核心期刊《中国小学语文教学论坛》上发表了，当时这个观点引起了很大反响。接着，应《中国小学语文教学论坛》邀请，我做了一期封面人物，又出了第二本专著《两极之美》。2006年，我参加了浙江省高级访问学者培训班，当时全省中小学语文特级教师共20名。在跟教师、同学不断的交流碰撞过程中，我进一步对语文教学进行思考，觉得语文教学的最高境界应是两极融通后的"和"

与自己班的学生在一起（摄于 2001 年）

的境界，于是就在全国首次提出了"和美语文"的教学主张。这项研究不断发展，从最初的"哲学观"层面的研究，到后来"美学观"层面的研究，再到现在"生态观"层面的研究，它作为省级课题申报已经是第六次了，研究成果两次获浙江省教研成果奖（专著类）一等奖，2012年还获得了浙江省人民政府基础教育成果奖。

（三）做积极的行者

　　所有的研究，只有落脚在具体的课堂上时，才能接地气、有价值。30多年来，我的教学简历非常简单：从湖师附小到吴兴区教研室。但我的课堂却很大很大，从白山黑水到黄土高坡，从江南锦绣到草原戈壁。评上特级教师后，我先后到过全国20多个省市自治区公开示范教学，2010年还走出国门在马来西亚进行了为期10天的讲学，接触了一批醉心华语的异国孩子。在天南海北不同的课堂上，接触五湖四海不同的学生，随机应变尝试不同的教学，我才真正理解什么叫作"个性化教学"，什么叫作"因材施教"。我想这就是我这10多年来北上南下辛苦奔波的真正价值。在当教研员的10多年时间里，我没有一个学期不开发新课，几乎每天都在思考、实践，用自己的课诠释自己的思想。

参加湖州市十八届党代会

五、跟着课堂走天下

（一）带着语文的眼睛行走

评上特级教师后的十几年时间里，我利用休息时间北上南下地上了一些课，走了不少的地方。虽然每次都是来去匆匆，虽然每次都是辛苦无比，但我觉得这种行走让我的生命变得充实、厚重，让我的人生变得精彩、多元。我在行走的过程中，丰富了自己的人生经验，开阔了自己的视野，把书本中静默的文字变成了鲜活的血液。这一切，都在潜移默化地培养我的语文素养，因为语文学习更多的是一种隐性学习。我的行走跟一般人不同，因为一直是带着"语文的眼睛"在行走。在各地，我喜欢挤出时间去看一看当地的人文古迹、自然风光，尤其跟我们教材中有联系的地方，我是非看不可，不肯错过的。广东新会的"鸟的天堂"，贵州安顺的"黄果树瀑布"，河北内丘的"扁鹊庙"，等等。有些景点，很小，在平时的旅游过程中根本不会去，但因为教材中有这样的课文，对我来说就有了格外重大的意义。我会一边看一边回味课文中的语句进行比对，平时很难理解的语句，此时看着眼前的实景，马上就顿悟了。例如，巴金笔下的"鸟的天堂"，不到实地去看一看，你是不会真切地领会大榕树的神奇、大师文笔的神韵的。我把这样的过程称为是"形象、立体地解读文本"。

（二）从行走中汲取教学灵感

都说语文老师很感性，我也很感性，我的教学灵感都来自生活。10多年前，我在北京参加国培班，跟同学一起去了卢沟桥，看到卢沟桥下的卢沟河已经干涸，古老的卢沟桥沉默地立在那里，桥头的小摊贩热火朝天地贩卖着小狮子模型，一切都是那么平静，似乎什么都没有发生过。我心里堵得慌，想起了那震惊全世界的"七七事变"，想起脚下的这块土地曾经被多少志士的鲜血染红过，可历史的车轮滚滚向前，时间会冲刷走一切，这是一种很无奈很沧桑的悲凉感。于是，我决心在讲《卢沟桥的狮子》这篇课文时，要把自己心里的这种感受传递给我的学生

在内蒙大草原放马

2006年，我到青海去上课，主办方带我去青海湖边，当汽车行驶在绵延的青藏公路上，行至日月山山口时，向上仰望，日月亭高高矗立在山顶上，我们气喘吁吁地爬上山顶，在冷风中瑟瑟发抖。我想起了一千多年前，那个生活在繁华都城长大的弱女子文成公主，在交通不便、气候恶劣、前途未卜的境遇下，是如何走上漫漫的进藏之路，走向那未知的命运的。她的心境是决绝，还是深深的无奈？在这种深深的触动中，我写了一篇散文《茫茫苍苍进藏路，多少女儿泪》。回家后，我找到了几个写文成公主的教材进行研读，写了教材解读文章，最后开发了这节课。

文学梦和教育梦的融合

我酷爱文学，在少年时代，我心里就埋藏着一个梦想：当一名作家。在师范的时候，我写过大量所谓"文学作品"，有诗歌、散文。刚毕业那会儿，参加湖州市诗歌大赛，得过奖。但这十几年，我却把全部的精力放在了教育上，搁置了我的文学梦。我一直在写关于教育教学的文章，出的书也是

与马来西亚的年红、陈碧燕老师在陈碧燕老师马来西亚家中（摄于 2010 年）

专业性很强的。但在我的心里，这个文学梦却一直萦绕着我。我觉得文学是一种情愫，这种情愫跟日常的生活紧紧缠绕，直接影响你的生活态度、生活状态、个性气质。它让你学会感性地生活，柔性地处事，对这个世界始终保持一种悲悯的情怀。因为有这种文学情愫，所以我一直笔耕不辍。多年来，我把自己的生活感悟、旅途见闻诉诸文字，而且，只有把感受见闻诉诸文字后，我才会体验到一种别样的幸福，所以，我养成了一个习惯：随时记录自己的所见、所闻、所感。这么多年来，我的写作从来都是幸福的体验，等车、乘机的无聊时刻，因为写作变得充满了意义。20多年来，这种随笔文字积累了 40 多万字，其中 6 万字收录在新出的专著《盛新凤：生态文明烛照下的和美教学》一书中。书中的《一个女人的力量》《寻访阿炳》《冰火两重天》《独行侠与三剑客》《文人激活山水》《古琴台上叹知音》《西安的墙、济南的水》《在常家庄园》《开始爱上西湖》《的确是鸟的天堂》《青海行》《水怎么可以美成这样?》《千古风流八咏楼》《在无人的山上》《重游绍兴》《呵，高原雪》等，都是在机场、车站写成的。在不间断的读写过程中，我觉得自己的语文素养在不断提升。这些随记，不仅记录了我的生活，也记下了我对生活的爱，对语文的痴，我想，这一定是最有价值的语文教学资源，它留在了纸上，更融在了我的心底。当语文资源积淀到一定的程度，我们就可以自豪地说：我就是语文！带着语文的眼睛行走，我们会发现，这个世界到处是语文的元素，边走边看，边走边写，我觉得我儿时的文学梦和现在的教育梦已经融合了。做自己最感兴趣的事，过自己认为最有意义的生活，我觉得自己是幸福的教育人。

六、从一个人的队伍到一批人的队伍

我在前几本书中经常写道：我有一种语文孤独。"一个人就像一支队伍，对着自己的头脑和心灵招兵买马，不气馁，有召唤，爱自由。"那么多年来，都是一个人躲进小楼成一统，一个人思考，一个人品味其中的酸甜苦辣。每当想放弃的时候，总是告诫自己：一个人也可能成为一支队伍，要坚强，要坚持。2011 年，吴兴区成立了名师工作室，在与一批年轻人一起摸爬滚打中，我享受到了一个人的队伍变成一批人的队伍的巨大幸福。我们采用"任务驱动、层层挂链、主题引领、提供平台"等策略进行培训，我带着他们去山东、去洛阳、去嵊州，跟全国名师同台上课、彻夜交谈，他们感到一种巨大的幸福。这种幸福传递给我，使我的幸福倍增。管理工作室的这几年，我觉得这是我人生中最充实、最忙碌的时光，因为身边聚集了一个团队，这个团队和你一起同思考、共探讨。我从没有见过这么亲密的团队，他们团结得就像一家人，他们有个 QQ 群，名字就叫"记一犹新"的一家人。我从没见过如此有战斗力的团队，不管什么工作，只要交代下去，一定在最短的时间里保质保量地完成。我们工作室的学员曾经讲过几个关于"一"的故事：一幅版画、一张机票、一次导航、一个短信。这篇文章于 2012 年发表在全国中文核心期刊《小学语文教师》上；文章的题目叫作《和美路上记"一"犹新》，工作室的一张全家福成了杂志的封面。其实，这么多年来，我们工作室的建设也是遵循着几个"一"来开展的：组建一个团队、下达一批任务、链成一个梯队、贯通一个主题、搭建一个平台。几年来，这个团队多次登上全国知名语文杂志的封面，发表了几十万字的专题文章，取得了丰硕的成果。在"和美"大家庭里，我们共同成长。我深深感到：一个人走得快，一群人才能走得远。

五、跟着课堂走天下

（一）带着语文的眼睛行走

评上特级教师后的十几年时间里，我利用休息时间北上南下地上了一些课，走了不少的地方。虽然每次都是来去匆匆，虽然每次都是辛苦无比，但我觉得这种行走让我的生命变得充实、厚重，让我的人生变得精彩、多元。我在行走的过程中，丰富了自己的人生经验，开阔了自己的视野，把书本中静默的文字变成了鲜活的血液。这一切，都在潜移默化地培养我的语文素养，因为语文学习更多的是一种隐性学习。我的行走跟一般人不同，因为一直是带着"语文的眼睛"在行走。在各地，我喜欢挤出时间去看一看当地的人文古迹、自然风光，尤其跟我们教材中有联系的地方，我是非看不可，不肯错过的。广东新会的"鸟的天堂"，贵州安顺的"黄果树瀑布"，河北内丘的"扁鹊庙"，等等。有些景点，很小，在平时的旅游过程中根本不会去，但因为教材中有这样的课文，对我来说就有了格外重大的意义。我会一边看一边回味课文中的语句进行比对，平时很难理解的语句，此时看着眼前的实景，马上就顿悟了。例如，巴金笔下的"鸟的天堂"，不到实地去看一看，你是不会真切地领会大榕树的神奇、大师文笔的神韵的。我把这样的过程称为是"形象、立体地解读文本"。

（二）从行走中汲取教学灵感

都说语文老师很感性，我也很感性，我的教学灵感都来自生活。10 多年前，我在北京参加国培班，跟同学一起去了卢沟桥，看到卢沟桥下的卢沟河已经干涸，古老的卢沟桥沉默地立在那里，桥头的小摊贩热火朝天地贩卖着小狮子模型，一切都是那么平静，似乎什么都没有发生过。我心里堵得慌，想起了那震惊全世界的"七七事变"，想起脚下的这块土地曾经被多少志士的鲜血染红过，可历史的车轮滚滚向前，时间会冲刷走一切，这是一种很无奈很沧桑的悲凉感。于是，我决心在讲《卢沟桥的狮子》这篇课文时，要把自己心里的这种感受传递给我的学生。

在内蒙大草原放马

2006 年，我到青海去上课，主办方带我去青海湖边，当汽车行驶在绵延的青藏公路上，行至日月山山口时，向上仰望，日月亭高高矗立在山顶上，我们气喘吁吁地爬上山顶，在冷风中瑟瑟发抖。我想起了一千多年前，那个生活在繁华都城长安的弱女子文成公主，在交通不便、气候恶劣、前途未卜的境遇下，是如何走上这漫漫的进藏之路，走向那未知的命运的。她的心境是决绝，还是深深的无奈？就在这种深深的触动中，我写了一篇散文《茫茫苍苍进藏路，多少女儿泪》。回家后，我找到了几个写文成公主的教材进行研读，写了教材解读文章，最后开发了一节公开课。

（三）文学梦和教育梦的融合

我一直酷爱文学，在少年时代，我心里就埋藏着一个梦想：当一名作家。在师范学校读书的时候，我写过大量所谓"文学作品"，有诗歌、散文。刚毕业那会儿，我还参加过湖州市诗歌大赛，得过奖。但这十几年，我却把全部的精力放在了教育教学的研究上，搁置了我的文学梦。我一直在写关于教育教学的文章，出的书也是

与湖州实体工作室学员在一起（摄于 2014 年）

　　曾经读到过这么一个故事。古老的阿拉比国位于大漠深处，多年的风沙肆虐使城堡满目疮痍，国王对四个王子说："我们要把国家迁往美丽而富饶的卡伦，你们四个先分头去探探路。"卡伦距这里很远很远，要翻过很多崇山峻岭，穿过许多草地沼泽，涉过无数江河湖海，但究竟有多远，没有人知道。四个儿子分头出发了。大王子乘车走了七天，翻过三座大山，来到一望无际的草地边，一问当地人，得知过了草地，还要过沼泽，还要过大河、雪山……便掉转马头往回走。二王子策马穿过一片沼泽后，被那条宽阔的大河挡了回来。三王子漂过了两条大河，却被又一片辽阔的大漠吓退返回。一个月后，三个王子陆陆续续回到了国王那里，将各自沿途所见报告给国王，并都再三强调，他们在路上问过许多人，都告诉他们去卡伦的路很远很远。又过了五天，小王子风尘仆仆地回来了，兴奋地报告父亲——到卡伦只需十八天路程。国王满意地笑了："孩子，你说得很对，其实我早就去过卡伦了。"几个王子不解地望着国王——"那为什么还要派我们去探路？"国王一脸郑重道："那是因为我只想告诉你们四个字——脚比路长。"真得感谢这位国王，给我们留下了意味深长的哲思。是的，脚比路长，无论远方有多远，只要追寻的双足不停就可以抵达。

　　回顾自己的教育人生，我觉得自己无怨无悔。我一直在不断地行走。我所追寻的教育理想就好像是故事中的"卡伦"，虽然现在还未到达美丽的"卡伦"，但我深信：脚比路长，只要不断行走，一定能到达理想中的教育佳境。

和美之道
——我的语文教学观

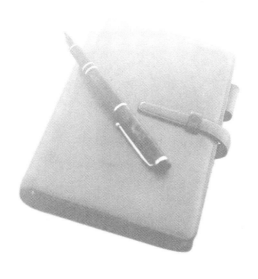

辩　教师为学生创设一个自由议论的空间，把学生推到前台，引导学生大胆表达自己的所思所想，鼓励他们发表个性化的见解，大声争辩，尽情地与课文交流对话。

2. 在人际中诗意栖居

课堂是一个动态的人际心理场，场的效应直接影响学习者的学习效果。传统课堂的教学是一种"独语状态的教学"，师生之间由于教师的绝对权威性而变得等级森严。生生之间由于过分强调竞争而变得泾渭分明。对话教学崇尚平等，鼓励合作。在课堂上，师生间、生生间进行真正的平等对话，形成一种平等、互助的"共享式教学"，变冷漠的"我—他"关系为充满了友善的"我—你"关系。这也是建构主义学习理论所倡导的学习方式。因为"在学习活动过程中，个体的经验只有在与他人合作交流时，才能建构新的意义""对话的过程便是主体在经验共享中的互相造就的过程"。"对话既不是主观的，也不是客观的，而是对话主体双方从各自理解的前结构出发，所达成的一种视界融合。"这种融合，既包括与自己理解的前结构进行融合，又包括与他人的前经验的碰撞与交融。所以，对话是建立在对话主体双方合作的基础上的。师与生，生与生，在课堂上彼此合作，同创共建和谐、积极的人际关系，并彼此共享经验，进行诗意的栖居，这应是一种理想的教学境界。

下面介绍的是一位教师在外地借班上课时的导课过程。

导课过程

师：同学们认识我吗？

生：不认识。

师：我叫××，谁敢大声地叫一下我的名字。

（无人敢叫。）

师：谁会上来写我的名字？

（一学生上来写教师的名字。）

师：你来读一读你写的名字。

（学生怯生生地读。）

师：可以再大点声。

（学生大声读了一遍。）

师（欣慰地）：你这不就是叫了我的名字了吗？（面向大家）你们敢叫吗？

（学生齐声喊。）

师：第一次当着老师的面"直呼我名"，感觉如何？

生：感觉特别好。

师（笑）：今天老师让你们喊我的名字，就是想告诉大家，我们是朋友，是共同学习的朋友，在课堂上我们应该互相帮助，平等对话。让我们来共同享受我们的语文课好吗？

生（笑容满面地）：好！

这样的寻课，为将要进行的教学活动创造了良好的人际环境，这是成功教学的保证。

3. 在自我中诗意栖居

接受美学认为：在对文本的接受活动中，"接受者的大脑并不是一张任人涂抹的白纸，也不是一个接受刺激就能做出相应反应的反应器"。每个人都有一个先在的文化心理结构，皮亚杰称之为"主体的心理图式"，伊瑟尔称之为"主体的期待视野"。文本始终是处于"召唤状态"，引诱读者去填补它、激活它、创造它、完善它。德国接受美学的代表人物姚斯认为："一部作品并不是独立自在地对每一个时代的每一位读者都提供同样图景的客体，它不是一座独白式的宣告其超时代性质的纪念碑，而更像是一本管弦乐谱，在它的读者中激起它的回响，并将作品从词语材料中解放出来，赋予其现实的存在。"这就告诉我们，文学作品有其解读的现实性、个别性，每个人的生活背景、知识背景、心理背景不一样，在与文本的交流对话过程中，必定会产生个性化的阅读结果。《义务教育语文课程标准（2011 年版）》（以下简称《课程标准》）中要求教师应珍视学生独特的感受、体验和理解。例如，《去年的树》一文，学生通过自己与文本交流、对话，获得了不同的感受，有的学生被小鸟和大树之间的友情感动了，有的学生为人类的环保事业担忧，有的学生则还为大树对人类的无私奉献而感动。不同的学生，与相同的文本交流、对话，收获、感受却是各不相同的。学生个性化解读文本的过程，便是不断创生新的"自我"的过程。因为每一个"自我"，始终处于一种"未完成态"，阅读的过程，是不断地"吐故纳新""同化顺应"的过程，在阅读过程中，引导学生进行积极的"自我对话"，内化文本信息，充分调动自己的"阅读期待视野"，以情契情、以心交心，使个体精神与文本高度契合，提升自我，从而在自我中"诗意地栖居"。因为"知识的质和量都不是最重要的，重要的是人在知识中的感受、经历和体验，如何在知识中寻找自我变得非常重要……对话是人与知识联系的纽带"。

在倡导以"对话"为内在精神的教育现实环境中，人们的思维方式从"主体思维"向"关系思维"转变，教育越来越走向生活、走向人性。焕发生命活力的课堂，也必定能成为师生课堂生活的"诗意栖居地"。

在马来西亚执教示范课"三个忠告"（摄于 2004 年）

（二）让课堂诗情飞扬，美丽流淌

文学是"人学""心学"，又是"美学"。文学用语言艺术构筑了一个个美的世界，阅读教学只有将作品中美的语言对象化于学生的语感和美感，将作品中美的情感、美的意境对象化于学生的心灵，才能使学生沉潜到作品的深处，对文学的意境进行整体的感受和玩味，从而最终获得对作品深层的美学蕴含的把握。阅读活动是个见情、见性、见灵思、见神韵的审美活动，课堂上，师生应一起挖掘教材的审美因素，共同体验、领悟、联想，徜徉在美的意境中，引领孩子们在美丽的课堂上诗意栖居。

1. 诗意课堂，流泻"三美"

闻一多先生在新格律诗运动中提出了"三美"的主张，即音乐美、绘画美、建筑美，这对我们构建审美化的语文课堂很有启示、借鉴作用。

（1）音乐美——动态激情

俄国著名作曲家柴可夫斯基说过："对于我，作曲是一种灵魂的表白。"音乐是一门心灵的艺术，语文教学是一门塑造心灵的学科，它们打动人心灵的共同的东西便是"情"。语文教师应是"性情中人"，应是"多情善感"的人。善于"抒情""煽情"的语文老师，会使他的语文课堂魅力无穷，充满磁性与感动，这也会使语文教师本身光彩照人、鲜亮无比。情感折射出来的魅力是无穷的，因为人是情感动物，情是每个人渴望的最诱人的精神食粮。语文教师对每一篇课文都应是情深似海的：对新课文，应一见钟情；对旧课文，应让旧情复燃，用语文独有的人性美和人情美去丰化和磁化语文教学过程。当我们在课堂上用心灵去拨动孩子的心灵时，我们的课堂中就会流淌出音乐般美妙的旋律，师生在这如歌的美丽中诗意地栖居……精神升华了、人格提升了，语文教学的美、美的语文教学，就会在这里共同融会交织成一首美的交响曲，在这样美的语文境界中学语文，学生整个心灵都会被浸润，何愁人文素养不能提高？何惧健全人格不能养成？这样的语文课，也是最有"语文味"的语文课。课堂上激情的手段很多，如导语激情、媒体激情、朗读激情等。

《春日》一诗以白描手法向我们描绘了一幅无边无际的春天的画卷，诗人坦露的是喜春的情怀；《游园不值》一诗则通过一枝红杏，传递着春天的信息，表露的是诗人惊喜的心情。尽管这两首诗写作角度不同，然而表达的都是诗人热爱春天、热爱大自然的感情。在教学过程中，教师应想方设法引导学生体情、悟情，去接受诗句中蕴含的情感信息，去贴近诗人的情感，努力找到情感的生发点、契合点，使教师、诗人、学生的情感在同一水平线上共振。

①导语激情

语文课姓"语"，学生在语言环境中学语言、用语言；语文课研究的是语言艺术，学生在艺术的语言环境中学语言、用语言。学生凭借语言陶冶情操、提炼精神、升华人格。所以，语文课，语言是根，是本，是一切的凭借与基础。语言，能启发感觉，激活思维，燃烧情感。学生的语言学习需要一个良好的环境，而这个良好的环境是多维立体的，其中教师的导语是其中一个非常重要的元素。课堂上，教师优美的、充满激情的导语，会营造出一个诗意的语言环境，学生浸润其中，语言被催生，情感被催化，师生情感在情意融融的场中激荡、共生，共同生成一个充满磁性与感动的"情场"。

②媒体激情

适时使用媒体，能起到很好的激情作用。读"万紫千红总是春"一句时，教师可适时打出图片，当学生一下子看到繁花似锦的景象，好像整个春天呈现在了眼前时，情绪就会立即被激发起来，争相动情朗读，通过自己投入、动情地朗读，"万紫千红"这个词就在学生头脑中活起来了。

③朗读激情

在朗读指导中，引导学生读出情——对春天、对大自然的热爱之情；读出形——边读边在头脑中过电影、画画，使"无边光景"这些词在学生头脑中活起来；读出神——悟出语言文字的言外之意。例如，"一枝红杏出墙来"，通过对"出"字的朗读把握，体会"出"为什么读得那么有力、带劲，领悟到一切新生事物是任何力量都阻挡不了的。

（2）绘画美——全息整合

闻一多所提倡的诗歌的绘画美，指的是古诗中所描绘的色彩美。语文教学也是追求绘画美的，它以语言实践活动为基础，海纳百川，广泛吸收。多方整合后的语文课，必定会以其特有的丰富、生动，呈现出色彩斑斓的迷人风采，如同一幅春天的画卷。在教学过程中，我们要努力做到目标整合、内容整合、方法整合、信息整合、情感整合、文化整合等。例如，在方法上，我们既要整合语文本身的学习方式，如听、说、读、写、议、辩、体验、想象等，还要整合别的学科优秀的教学方法，要跳出以语文教语文的框架。当我们的语文与音乐的情感、美术的直感、体育的动感、数学的畅感结合在一起的时候，我们的语文课就会从此不再孤独。在教学内容上，要努力使课内与课外的知识点整合，做到使课内带课外，使课内、外巧妙融通；新知与旧知整合，做到以旧引新，以旧释新，以新带旧，以新比旧，新旧语言互相融通，使学生脑中的语言在梳理、归纳后有序化、条理化，并有效链接，形成新的语言图式；诗文整合，"诗"是"文"的浓缩，"文"是"诗"的诠释，诗、文各有自己独特的语言个性，诗文有效整合，定能使各自的优势得到互补，使学生获得更大的语言信息量，同时这也有助于学生理解语言、积累语言。语文课上，当我们能做到方方面面集成，前前后后联系，左左右右贯通后，语文课就会呈现出一种多姿多彩的图画般的美丽。

绘画美还可用来诠释教师的教学个性。语文教学追求"百花齐放"的教学格局，每位语文教师都应保持自己独立的教学个性。有这么一个小故事。番茄妈妈要求小

番茄长得像西瓜那么大、橘子那么甜、香瓜那么香、苹果那么有营养。小番茄决心向它们看齐，但经过努力，非但没有长得像它们那么大、那么甜、那么香、那么有营养，最后连番茄的特点也失去了。这个故事告诉我们：保持自己的特色是多么重要。因为你"永远只是你自己，模仿别人就等于丧失自己"。教师要根据自己的性格、气质来创造自己的教学风格：温柔细腻的女教师可以把课上得如李清照的词句般婉约动人，粗犷、洒脱的男教师可以把课上得如长江、黄河般豪放大气；你可以选择娟秀、清新、自然、深厚、旷达等任何一种境界，你也可以追求行云流水、气吞万里、慷慨激昂、收放自如、丝丝入扣、意蕴深厚等任何一种完美。

（3）建筑美——巧妙融通

语文教学中的"建筑美"，美在课堂结构。课如流水，流动过程中的起承转合，构成了一堂课的结构。高明的教师如同一位出色的建筑师，会把他的"房子"设计得新颖别致、美观大方。

一堂好课应是一个完整的"圆"，"美不在部分而在整体"。亚里士多德是这样阐述美的"整一性"的："……一个非常小的活东西不能美，因为我们的观察处于不可感知的时间内，以致模糊不清；一个非常大的活东西，如一个一万里^①长的活东西，也不能美，因为不能一览而尽，看不出它的整一性。"这就像人，我们常看到一些面孔，就其中各部分孤立地看，就看不出丝毫特点；但是就整体看，它们却显得很美。所以，课堂结构设计应追求一种系统美。"圆"形的课，它的完整性、流畅性、延伸性、开放性，无不折射出迷人的美的气息，这是符合中国人传统的审美观念的。遵循画圆的规律，遵循学生语文学习的规律，我们可以展开这样的设计流程："先找到一个支点，再拉出一条线，最后画成一个圆。"例如，《打碗碗花》围绕一个"点"——"体会人物心情，练习有感情地朗读课文"，分成三个层次展开教学流程。把这个"点"拉成了一条不蔓不枝的"主线"，而这条主线又有许多"血肉"，使之显得很"饱满"。拉线的过程是展开教学步骤的过程，必须使线具有流畅性、层次性、丰满性、延伸性。最后是"画圆"，整堂课的结构应相互融通、首尾呼应，要画一个开放的圆，努力形成"曲径通幽""别有洞天"的意境。

---

①　此处里指希腊里，一希腊里约合 180 米。

总之，"三美"，是闻一多对诗的审美追求，也应成为我们广大语文教师的审美理想。

与吴忠豪先生、张祖庆老师在周一贯先生从教六十五周年暨八十华诞
庆典活动现场（与张祖庆老师一起担任主持）

2. 审美课堂，流淌诗情

柏拉图说过，"美是很难理解的"；亚里士多德也说过，"音乐的性质是难以明确的……"。书法讲求"诗无达诂"，古人已经意识到了，但这一点并不妨碍我们心醉神迷地接近它、亲近它、热爱它，并借以提升智慧的等级、精神的品格。世界上有些属于心灵、属于美的东西，往往与诗有关，是说不清或不需要说清的。最有"语文味"的语文课，是不容易说清楚好在哪里的，甚至不需要说清楚，就像一首诗，令人回味无穷。一堂好课应是教师诗意地表达和阐述。

（1）散文诗——洒脱美

课堂上为了维持课的流畅运行，教师要善于顺势引导，及时抓住课堂上生成的资源，进行巧妙的点拨、引领。这样的课堂状态看似散漫，实则集中。师生一起如同在山间闲步登山，或观光赏景，或嬉戏山涧，或歇于山亭，虽然登山的速度或快或慢，路线或曲或直，然而目标却是明确而单一的：登上山顶。这样的课堂，流泻着自由，放荡着不羁，呈现着洒脱，给人以美的享受。例如，一位青年教师讲授老舍的《猫》，从冯骥才的《珍珠鸟》引入，揭示"信赖创造美好的境界"的主旨，然后引领孩子在课文的字里行间去体会老舍给了这些可爱的猫多少宽容和爱，这份宽容与爱又转化成猫对主人的信赖，人和动物之间由此创造了多么美好的境界。课堂上，师生平等对话，交流互动，共同感动，在与文本的切磋对话中逐步走向深层的精神交流。在看似松散的课堂流程中，学生对文章主旨的领悟却越来越深。一堂好课应是一首优美的散文诗。

（2）叙事诗——充实美

一些人文内涵很丰富的课文，教师在课堂上应着力向学生呈现一个丰厚的文化背景，使课堂拥有浓浓的文化气息，就像一首恢宏磅礴的叙事诗，具有充实美。请看以下两个教学片段：

教学片段：《卢沟桥的狮子》

片段设计：

①读课文最后一段。

②跟朋友交流自己查找的关于"七七事变"的资料。

③互相交流信息后，你最气愤的是什么？你感到最欣慰的又是什么？

看媒体。教师也找到了一段录像资料。跟大家交流。

（设计意图：教师和学生一起查找资料，师生、生生就课前、课内查到的资料互相交流、共享，展现了师生对课程资源主动地开发、利用。）

教学片段：《敦煌莫高窟》

片段设计：

①想看看这个艺术宝库中更多、更美的艺术品吗？就让我们随着摄像机的镜头，来到茫茫的戈壁沙漠，展开一次愉快的艺术之旅吧！

看录像。（配解说词：敦煌壁画布满了石窟的窟顶、墙壁。敦煌壁画内容丰富，反映了古代人民丰富多彩的生活：这是大官出行的场面；这是古代的杂技表演；这是主人敬佛去后马夫在打瞌睡；这是古人看病的情景；这是结婚的场面；这是不可一世的国王、暴躁的龙王；这是性格开朗的和尚；这是虔诚敬佛的少女。敦煌壁画中的飞天，是敦煌艺术的代表作，你瞧，她背上没有翅膀，她也不用脚下的云雾，就飞了起来，而且飞得那么美，宛如在空中舞蹈。这是艺术家的智慧在飞翔。）

②交流、运用信息。

想了解更多敦煌的信息吗？

A. 你们愿意拿出老师奖励你们的信息来与大家共享吗？（上来读老师整理过的奖励给部分学生的信息。）

B. 这节课，老师和大家合作得怎样？你们能否也奖励我几条信息？（指名读自己在课前收集的信息）

C. 一起读课文第一段。了解了这些信息，对这段课文有什么意见？（利用新信息，把洞窟数字改掉。）

D. 回去还想收集哪些有关敦煌的信息？

E. 敦煌信息能收集完吗？因为敦煌艺术的研究者们，几乎每年都在创造新的敦煌信息。也许，未来敦煌信息的创造者此刻正坐在大家中间勤奋学习呢？

（设计意图：融信息的收集、整理、交流、运用、创造于一体，师生在课堂上交流、对话，并不断开发、拓展新的课程资源，课堂，成了生生不息的源头活水。）

将课外资源引入课内，并使课内、课外融为一体，这可以为整堂课的学习提供一个丰厚的文化背景，学生在课堂上理解、感受语言文字魅力的同时，享受着丰富的文化大餐，经历着难忘的精神之旅，幸福地栖居在诗意的课堂上。

（3）格律诗——对仗美

一堂好课应像一首对仗工整的格律诗，不论是平仄，还是韵脚，都要处理得非常和谐、舒服。课程在流淌过程中，前后呼应，甚至细节处也会被照应到，给人以浑然一体、非常圆润的感觉。例如，讲授《秦始皇兵马俑》一文时，可先让学生读第四自然段，体会兵马俑的栩栩如生，让学生由衷地感受到秦始皇兵马俑真不愧为"世界第八大奇迹"。[①] 当学到第三自然段时，学生体会到了军阵的威武雄壮后，他

---

① 1978 年 9 月，法国总统希拉克在参观完兵马俑后称其为"世界第八大奇迹"。

们会由衷地感叹，秦始皇兵马俑真不愧为"世界第八大奇迹"！课堂上反复出现"世界第八大奇迹"一词，前后贯通，浑然一体，给人以情的震撼、美的享受。

语文课堂应是诗意的课堂，审美的课堂。诗意，使课堂飘洒美丽的音符；审美，使课堂流淌浓浓的诗意。语文课，让师生一起栖居在美丽的、诗意的课堂上，应是我们每个语文教师的教学理想。课堂，因诗意而美丽，也因美丽而充满诗意！

已出版的 5 本专著

（三）有韵有感，诗情无限

1. 课堂韵味无穷

散文的神韵美是指散文散化的外形所掩饰不住的"神"和"韵"。郁达夫说"一粒沙里见世界，半瓣花上说人情"，讲的就是散文的神韵。和美语文追求"课韵"。课韵包括课的意韵、情韵、余韵等。

（1）意韵——意味深远

汉语内蕴的丰富性决定了语文教学在语词的揣摩、品味过程中应是"满嘴留香"、意味无穷的。有人说，语文教学玩的是"拗功"，喜欢曲曲弯弯，经常努力营造峰回路转、重峦叠嶂、柳暗花明的课堂效果，一个词、一个句，甚至一个标点，都要反复玩味品咂个没完没了，这是语文教学艺术的追求。艺术忌直白，笔者在教学古诗《游园不值》时，对"春色满园关不住，一枝红杏出墙来"一句中"关"和

"出"的揣摩过程如下。

教学片段：《游园不值》

师：其实这两首诗就写了两个字。哪两个字呢？

生："关"和"出"。

师：是啊，这一"关"一"出"，写出了诗人心情的变化。让我们再来读诗，读出这种心情的变化来。

学生读整首诗。

师：刚才你们在读后两句诗时，我发现你们这个"出"字读得特别带劲、特别有力量，为什么这么读？你们要读出什么？

生1：红杏生命力旺盛。

生2：春天万物复苏，充满无穷生机。

师：是啊，这个"出"字还含蓄地告诉我们，一切新生事物是任何力量都阻挡不住的。

以上教学片段，通过这一"关"一"出"的反复品读，层层剥笋，逐渐深入，揭示了"春色满园关不住，一枝红杏出墙来"两句名句的深刻内蕴，可谓意韵丰富，令人回味无穷。

（2）情韵——情味悠长

语言文字不是一个个简单的符号，它承载了太多的情和义。语文老师的情感素质决定了他（她）是否能上出充满韵味的语文课。语文课应成为学生激情燃烧的天堂，情感栖居的温床。在课堂上"轻轻拨动语文的心弦"，流淌出高山流水般的天籁情韵，这是多么美好的境界。在教学时，如能在结课时再度撩拨学生的情弦，则能使课情味悠长，回味无穷。笔者在执教《卢沟桥的狮子》时，结课时是这样激情导情的。

教学片段：《卢沟桥的狮子》

师：同学们，这些饱经沧桑的卢沟桥的狮子，它们亲眼看到了日寇的凶狠残暴，亲耳听到了这震惊全世界的抗日战争全面爆发的第一枪，它们可是最好的见证啊！让我们再来读读马可·波罗说的这句话。（"世界上最好的、独一无二的桥。"）

师：学到这儿，你对这句话有什么新的感受和体会吗？

生：这座石桥曾经经历过战争，依然保存到现在，可见这桥十分坚固，而且记载着中国的历史。

生：我们中国人应该记住这座"世界上最好的、独一无二的桥"。

生：卢沟桥的狮子是"七七事变"的见证人。

生：这座桥还记载着中国人民的耻辱，在卢沟桥前面的一些城墙上，仍然保存着日本侵略者留下的一些弹孔和枪孔。

师：这座桥让我们感受到了中国人民的智慧是独一无二的，中国人民的英雄气概更是独一无二的。再读马可·波罗的这句话。

师：为了纪念这些在"七七事变"中牺牲的英雄们，人们在卢沟桥旁建起了一座抗日英雄纪念馆。纪念馆的门前就有一尊狮子，它向全世界宣告：中国已经觉醒了，她像雄狮屹立在世界的东方。读完了这篇课文，我也情不自禁地写下了几句话（映示），请读读我写的这几句话。

生：卢沟桥是一页永远展开的历史，一页凝重的历史，一页光荣的历史，一页让中国人民扬眉吐气的历史！

师：然而，历史终究是历史，80多年过去了，如今祖国国富民强，卢沟桥的历史也翻开了崭新的一页；如今卢沟桥两旁那披着800多年风尘的狮子，又在尽情地嬉戏，享受着卢沟桥的这份宁静与祥和！你们愿意去分享一下它们的快乐吗？我们再来读读这段话。

（配乐。）

生：它们的样子各不相同……

以上教学片段，通过引导学生对马可·波罗的话的反复体会，以及师生间情感的多重交流，使课堂在浓浓的情韵中结束。

（3）余韵——余音绕梁

传说春秋战国时代，韩国有个名叫韩娥的歌者，闻名全国。有一年，韩国突然遭遇狂风暴雨，洪水决堤，巨浪冲天，把田园、房屋都冲毁了，百姓纷纷逃命。韩娥在乡亲的帮助下幸免于难，投奔齐国。途中盘缠用尽，唯有卖唱为生。她一路走一路唱，歌声美妙动人，可谓登峰造极。她人虽走了，可大家觉得她仍在自己身边，歌声仍旧回旋在屋梁之间，久久不散。"余音绕梁"这一成语，就源于此。音乐如此，还可类推，如余香、余味、"言有尽而意无穷"等。确实，延伸是一种美，是符合人的审美期待心理的。课也讲究留有余韵，给课留一些空间，留一串省略号，给学生、给听课者留一些继续想象、创造的空间。例如，讲授《秦始皇兵马俑》一文，在结课时，可安排一个"游客向导游提问"的环节，学生的问题各式各样，如"兵马俑坑是谁发现的？""秦始皇当年为何要修兵马俑？"等，当这些问题使学生处于"愤、悱"的状态时，教师可顺水推舟，向学生推荐课外阅读书籍，很自然地把课堂学习延伸到课外，使课留有余韵。这样结课，给学生提出了多层面的要求，把课堂推向了一个更高、更新的境界，令人回味无穷。

2. 课堂有感而发

正如"语感论"者为"语感"下的定义有 20 多种一样，我们也很难为"课感"下一个确切的"一锤定音"的定义。有人说，"课感是语文教师对亲身实践的课堂的一种心理感觉，是教师对课堂教学的敏锐和直接的感知。它是在长期的教学实践和经验积淀的基础上形成的一种近似自动化的心理直觉。"(《语文教学之友》2004.6)我个人认为，这种心理直觉的外显形式应是对课的厚实感、畅达感、起伏感的直觉感受。

（1）厚实感——内外融通

课的厚实感体现在对文本材料的把握、挖掘和拓展上。一堂好课应有个强大厚实的文化背景做支撑，使课内、课外有机融合，增加课的"厚度"，使课底气充足。例如，笔者在执教《卢沟桥的狮子》一文时，通过"课前查找资料—课中交流资料—课后再找资料—学生资料与教师资料交流、共享"等多个环节，引入了关于"七七事变""卢沟晓月胜景"等多个内容，丰厚了文本内容，片段设计如下。

①读课文最后一段。

②跟朋友交流自己查找的关于"七七事变"的资料。

③通过互相交流信息，你最气愤的是什么？你最感到欣慰的又是什么？

（看视频资料）老师也找到了一段录像资料，大家一起交流一下。

在以上片段设计中，教师和学生一起查找资料，师生、生生间就课前、课内查到的资料互相交流、共享，体现了师生对课程资源的主动开发、利用。把课外资料引进课内，可以增加课堂容量，盘活课程资源，体现大语文阅读观。也只有盘活了课程资源，我们的课堂才能变得厚重丰富，课堂才能由一潭死水变为生生不息的活

水，才能因此焕发出生命的活力与魅力。

（2）畅达感——巧妙衔接

一堂好课如同一件精美的饰品，除了质地优良外，还应经过细心的打磨上色。有人说，好课是磨出来的。这个"磨"有研究切磋之意，应磨细节、磨语言、磨前后左右的贯通照应。"余者去之，缺者补之"，使之简洁圆润，一气呵成。导语是黏合剂，精美的导语可以使课堂情感一泻千里，环节转换斧斫无痕，给人以畅达感。请看以下两个片段的导语设计：

"饱经沧桑的卢沟桥的狮子，亲眼见证了日本鬼子的无理挑衅和中国人民的英勇反抗，亲耳听到了这震惊全世界的抗日战争全面爆发的第一枪。它们是最好的见证啊！"

"历史的车轮滚滚向前，80多年过去了。如今，祖国国富民强，卢沟桥的历史也翻开了崭新的一页。你们看，如今，卢沟桥两旁那披着800多年风尘的狮子，又在尽情地嬉戏，享受着卢沟桥的宁静与祥和呢！你们愿意去分享它们的快乐吗？再读描写狮子形态的课文。"——《卢沟桥的狮子》

这两个片段的导语设计，不管在情感上还是语言信息上，都起到了承上启下的过渡衔接作用，在这些言简意赅的导语的引导下，课堂流程流畅自然，呈现出了一种"畅达感"。

（3）起伏感——曲径通幽

"文似看山不喜平"，课也如此。一堂好课应有高低起伏，应是曲径通幽的。课如漂流，如果一味平滩顺水，便会使人觉得不过瘾，需有些险滩大浪，引得人一惊一乍、高呼大叫一番，人们才会真正觉得有了"漂"的快感。很多人喜欢冲浪，我想在浪尖上驰骋纵横的感觉一定很爽，是很多人潜意识中所向往的。课的起伏感体现在高潮的制造上。制造课堂高潮的方法很多。

①引起争辩，创生精彩

理，越辩越明；思维，越辩越清晰。巧设矛盾，引起争辩，容易激起学生思维的火花，引起头脑风暴，激活课堂气氛，把课推向高潮。例如，讲授《放弃射门》一文时，教师可有意识地营造课堂争辩的契机。

教学片段：《放弃射门》

师：当主裁判判定由福勒主罚点球时，福勒却认为自己不应该得到这个点球，

主罚时显得漫不经心，故意将球正正地踢向西曼胸前，从这里我们可以再一次感受到福勒高尚的体育道德风范。

生1：老师，我不同意你的看法，福勒怎么可以这样不认真地对待裁判员判给他的点球呢？我觉得他不是一个出色的球员。

生2：对呀！作为运动员应该尊重裁判的判定。

（一石激起千层浪，同学们在下面议论开了，有的表示赞同，有的表示反对。）

师：既然大家有不同的意见，那么我们不如就这个问题分成正反两方展开辩论。

正反两方跃跃欲试，在一段时间的准备后，激烈的辩论赛便开始了。课堂上形成了前所未有的高潮。

②激情碰撞，形成高潮

"两石相击，迸生火花。"课堂上师生、文本情感的碰撞交融，可以使课堂掀起令人如痴如醉的情感高潮，师生一起享受"高峰体验"。

例如，《燕子专列》一文的教学片段如下。

教学片段：《燕子专列》

（音乐起）爱，是一种最神奇的语言，它可以在人和动物之间架起一座友谊的桥梁。让我们一起读课文的最后一段。

车厢里，成千上万只小燕子身上记载着成千上万个动人的故事，被成千上万只温暖的手抚摸过、爱抚过的小燕子们在述说、在感谢。现在，我们就是这群幸福的小燕子了。小燕子，你想说什么？能说说你当时的处境吗？你想感谢谁啊？哦，你也要争着说，来，你们就在位置上叽叽喳喳、尽情地向你边上的同伴们说说吧。

温暖舒适的车厢内，小燕子在动情地述说，寒风呼啸的站台上，站满了不同职务、不同年龄、不同性别的送行的人，小贝蒂也在，总统先生也来了。谁是小贝蒂？你可真了不起，你为什么要这么做？

还有可敬的总统先生，你日理万机，怎么还会想到去关注这些小生命呢？真想知道你当时是怎么代表政府向人们呼吁的？政府对小燕子的在乎，唤起了大家的爱心啊！请你为这列燕子专列取个名字吧。

作为封面人物的部分杂志

　　这一片段，通过创设情境，把学生带入文本，又通过引导学生转换角色，引发多向交流对话。在对话中激情碰撞，在对话中学生感悟到了瑞士政府和人民对小燕子生命的在乎与珍视，感受到了人们对小动物的人文关怀，情感得到了洗涤与提升。

二、求和：和美语文的哲学发现

（一）语文，两极的美丽

　　语文，既要做"下里巴人"，又要成为"阳春白雪"。

　　语文的字词句篇、语修逻文，是铸造语文大厦的根基，是一个人生命成长中与外界交流沟通的物质材料。语文课承载着让学生掌握与世界交往的工具的重要使命，必须沉得下去，必须摒弃浮躁，必须辛勤踏实地耕耘。所以，语文，甘做"下里巴人"，这是语文朴实无华、充实饱满的美。

　　然而，语文，又是一门属于心灵、属于精神的学科，语文课在承载工具任务的

同时，还要演绎风花雪月的美丽。语文课上，师生一起享受"风吹草低见牛羊"的诗意，享受"云淡风轻话沧桑"的风雅，享受世事变迁、人情冷暖、嬉笑怒骂的丰富情感，享受每一个花开的黎明、霞落的黄昏……课堂上有慷慨激昂的情感洗礼，也有柔肠缱绻的细腻体验。语文教师用自己的诗情、才情，铸造了一道道浪漫的语文风景线。所以，语文，又是"阳春白雪"。

2010 年牵头成立全国首届和美教育联谊会（摄于山东日照）

语文，追求落叶飘飞的浪漫，追求黄花满地的诗情，但要避免陷于无病呻吟的空洞。语文就是语文，源于生活又高于生活，美得充实，美得实在，美得有内容，就像大兴安岭的林海。她集虚与实、俗与雅、空灵与实在为一体。她服务于生活，又点缀生活；既是生活中的油盐酱醋，又是醇香的咖啡、飘逸的清茶；既是"阳春白雪"，又是"下里巴人"。在"入世"中学物质的语文，在"出世"中学精神的语文，语文课不光要有"语文"，还得有"味"。语文教师的课堂是美的，是一种浓烈而不艳俗，高雅而又可攀的两极相融的美。

（二）以两极融通之和，求雅俗共赏之美

走进 21 世纪，中国小学语文界在为新课程改革带来的诸多新景观而欢呼雀跃的

同时，也面临不少新的挑战和困惑。教与学，师与生，讲与练，内容与形式，言语与情意，乃至工具与人文，等等，孰轻孰重总是令语文教师和语文教学研究者难以准确把握，有时甚至无所适从。回顾 1949 年以后语文教学改革发展的轨迹，我们不难发现在这些问题上我们走得也是跌跌撞撞的。就以语文学科的性质来说，初期的"文""道"之争，批判了"重文轻道"，又陷入了"重道轻文"的境地。紧接着是关于语文的"工具性"与"思想性"之争，把语文课上成了政治课。以后又出现了注重语文双基训练与注重情感熏陶的争论，纠正僵化训练之后，又带来了对训练的彻底否定……新课程改革高举人文的大旗，却带来了以人文代替语文的新问题。所有这些都可以说明语文教育一直行进在"一分为二""对立斗争"的崎岖小路上，在发现了某一方面问题并需要做些纠正的时候，人们往往只看到它的不好，并予以彻底否定，这就会从一个极端跳到另一个极端，结果便出现另一种新偏向。总之，语文教育有太多的"对立斗争"的认识误区，而缺少"对立统一"的"两极融通之和"及"言意相谐之美"。这便是笔者提出并追求"和美语文"的思想基础。

1. 小学语文教育的"和"与"美"

所谓"和"，是指相安、协调，保持矛盾对立面的和谐。中华民族"尚中""贵和"思想由来已久。博学善辩的西周太史史伯就曾指出："夫和实生物，同则不继。"自然界各种事物都是相互补充、相互克制的。"和"可以促进事物的成长和发展。所谓"以他平他"之"和"，是相异事物的相互配合、相互协调，使对立的事物达到统一与和谐。这就是"和"所具有的平衡矛盾、协调关系的作用。"和"是动态的，是一种充满生命力的运动形态，唯有如此，才能生成新的事物。

孔子的"中庸"教育哲学更是中华民族思想的瑰宝。孔子所述的"和"，是对立方面的联结、平衡、调和、渗透等，是处于动态的"中"。他认为，对立双方各执一端，都免不了"一曲之陋"，只有二者取长补短，彼此优劣相和，方是最佳状态。"中"是"和"的要求，事物的各个部分、各个方面只有都能适度，达到"中"的状态，事物总体上才能和谐。"中庸"在本质上说是以"中和"为价值取向的。

综合两位先哲的思想，"和"是事物的两极（矛盾的两个方面）融合后的产物，是虚化的、动态的"第三者"。这个第三者，是一种状态，也是一种境界。庞朴在《浅说一分为三》中用了个"三"的概念。这个"三"就是"二生三"，是个动态化的产物，有"使之三"之意，指的是对立双方的结合、交融或统一。它非此非彼，中立不倚；

亦此亦彼，两全其美。由于它是亦此亦彼的，所以是对两极的包容；由于它是非此非彼的，所以也可看成是对两极的超越。执两用中，是知识转为智慧的过程。

"和谐"无疑是美的化境。"和"与"美"有着内在的合乎逻辑的必然联系，在语文教育中当然也不例外。"和"作为中国传统文化的精髓，很早就与"美"结下了不解之缘。《尚书·尧典》中有："八音克谐，无相夺伦，神人以和。"八音就是八种用不同材料做成的乐器的声音，它们虽然有所不同，但能达到谐和的程度而不相侵乱。外界的和谐引起了内心的和谐，由此产生美感。《说文》中有"美，甘也，从羊，从大，羊在六畜主给膳也"的释文，即从味觉上肯定了美的感受。在古典文献中，若不与善相混，美则专指对味、上、色等的和谐的感受。春秋时期，流行以"和"为美，就在于将对立的两极加以协调，而对立两极的协调，并不意味着将两端杂凑在一起，而是根据和的内在要求，"济其不及，以泄其过"。

"和美语文"，是在借鉴古今中外哲人智慧的基础上所追求的语文教育思想，旨在改变小学语文教育（特别是阅读教学）中诸多的极化现象，"以两极融通之和，求雅俗共赏之美。"构建两极融通之和的小学语文绿色的"生态"境界，以求生成雅俗共赏的"和美"课堂。"雅"和"俗"是两个对立的、处于"两极"的概念。"雅"，《新华字典》中的解释是美好大方。所谓"雅"，指文明优雅。"雅"的原意是"正"，指合乎正统规范。孙联奎曾解释，"典，非典故，乃典重也""雅，即风雅、雅饰之雅"，引申起来又有文雅、古雅、娴雅、淡雅等。例如，说话有书卷气是文雅，客厅里摆设些古董是古雅，临事从容不迫是娴雅，打扮素净是淡雅。语文教育是从语文学科的特点出发传递中华民族的精粹文化，无疑应当是高雅、雅致的。这里指语文课的可鉴赏性，表现的总体特征是内隐的。而"俗"这里不是指粗俗，更不是庸俗，而是指"大众"的意思。多指语文教学的适切性和实用性，表现的总体特征是外显的。小学语文教学的对象是儿童，儿童的认知水平和生理、心理特征有别于成人。童年处在启蒙阶段，在成长的过程之中，小学语文教学必须高度关注童心、童趣，深入浅出，使儿童喜闻乐见。阅读课"雅而不俗和者寡，俗而不雅则无精神滋养"。课上得太"阳春白雪"，会造成"曲高和寡"；太"下里巴人"，则会枯燥机械，缺乏美感和情趣。雅俗共赏的语文课，正是追求两极融通的那种"和美"境界。这就如同文学一样，胡适在一篇《什么是文学》的文章里曾经谈道，文学有三种性：一是懂得性，就是要明白；二是逼人性，要动人；三是美，上面两种性联合起来就是美。

　　显然，这样的分解，可以使两极融通的中庸思想内涵更趋丰富，思路更为清晰。

2. 语文教学"亦雅亦俗"的范式

　　"亦雅亦俗"这种形式是把雅和俗先对立起来，雅归雅，俗归俗，各自做到极致，最后在更高层面上将两者转化、融通。以"雅"见长的课的特征是美的，有很强的艺术性和鉴赏性。以"俗"见长的课的特征是朴实简单，语言为本，注重实用，切合儿童的需要。当然，做这样的分解仅仅是为了研究的需要，是"深化""细化"的一种过程，就其本质而言，"雅""俗"共融于一体，"雅"中见"俗"，"俗"中见"雅"，两者无法截然分开。因为只有适合儿童学习的文章，文质兼美，相得益彰，才够得上语文教材的选文标准，才称得上是"好课文"，这就使得文章必须雅俗兼备。而适合儿童成长发展的需要，雅俗和谐共生的课，才称得上是"好课"，这同样要求课堂必须体现雅俗共融。

　　（1）"雅"中求"美"

　　语文教学应充分挖掘文意，使课堂、意味丰满而深长，还应关注教师的课堂语言和课堂结构，使课堂成为一个可供鉴赏的完美艺术品。我们姑且把这样的课称为"阳春白雪"。"阳春白雪"般的语文课追求语言文雅、情意古雅、方式淡雅、结构娴雅。

　　①语言文雅

　　教师的课堂用语是一种独特的语言，既不能有太多书卷气，又不能太过口语化，应该是介于书卷气和口语化之间的一种既有很强的鉴赏性又对儿童有很强的适切性的语言。语文教师的课堂导语应极具课堂效果，是"美言雅语"。教师的导语分为提示语、过渡语、引导语、总结语等。提示语应该做到凝练简洁；过渡语应承上启下，巧妙衔接；引导语要金针巧渡，不露痕迹；总结语则应言简意赅，巧妙提升。和美语文的教师的导语应努力使语言与教师个性、文章特性、课堂课境巧妙地融合在一起，努力追求语言的文雅之美。笔者在教学《番茄太阳》一文时，有这样一段导语设计：

　　"尽管生活对明明来说有着太多的磕磕碰碰，可是天真可爱的明明，却向生活展现出了天使般的笑脸，他笑得那么灿烂，笑得那么满足。谁愿意再来读一读这些描写明明笑的语句，相信你的感受会不一样。"（过渡语）

　　这段过渡语，用诗化的语言，巧妙承接了上文的文意，又自然引出了下一阶段的学习任务，语言抒情、通俗，稍带些文学味儿。教师的课堂导语是学生语言的示

范，要创造"美"的课堂，教师必须注重锤炼自己的语言，努力使自己的教学语言成为"美言雅语"，从而潜移默化地影响学生的语言表述。教师的"雅语"转化为学生的"美言"的过程，便是课堂由"雅"到"俗"的转换过程。

②情意古雅

语文，是情感性很强的一门学科，语文教师也应该是"性情中人"。善于抒情、煽情的语文教师，会使他的课堂魅力无穷。然而语文教师的情感的原点应该在文本之中，是裹挟着语言文字一起呈现的。故而，教师不能脱离文本进行凭空的情感渲染，更不能靠媒体刻意地渲染、催生情感。否则，情意就失去了可依托的根基，变得飘忽不实。"和美语文"课堂的情感催生还应是个逐渐升温的过程，不可指望一蹴而就。情感的渲染应有所节制，我们提倡一种古典式的含蓄内蕴的情感表述，那应是一种淡淡的、美美的、真实的、自然的、容易为儿童所接受的方式，反对表演般的"麻辣烫"式的情感表达。自然、真实的情感是最完美的，是直指儿童心灵的。总之，"和美语文"课堂的情感，应有度、有节、有根、有序，是一种古雅的情感模式。

③方式淡雅

"和美语文"主张采用一种淡雅的学习方式，"雅"且符合儿童的年龄特征，易为儿童接受，有助于发展儿童的心智，启迪儿童的智慧。笔者教授《秦始皇兵马俑》一文时，引导学生以不同的身份去体会并感受军阵的威武雄壮："文学家研究作者的观察顺序和写作顺序，军事家画军阵示意图，导游练说解说词，播音员读出了军阵的威武雄壮。"这样的学习方式，遵循了学生各自的兴趣爱好，又渗透了人生理想的教育，方式简洁，便于操作，使学生在一个单位时间里通过合作共享，实现了很好的学习效果，可谓事半功倍。

④结构娴雅

遇事从容不迫被称为娴雅。"和美语文"在课堂展开的过程中，遵循一个画圆规则：找到一个支点，拉出一条线，画成一个圆，使课形成一种圆形的立体多维结构，其间有一唱三叹的回环往复，有一锤三击的反复捶打，有细节重点处的多次照应，等等，最终使课在从容中生成一个动态、多维、开放的圆形结构。例如，《卢沟桥的狮子》一文的教学，可找到的点是"世界上最好的、独一无二的桥"。根据这个点可拉出一条课堂教学的主线：和平年代狮子的可爱、淘气，以及战争年代狮子的痛苦、沧桑。教师应在教学过程的展开环节中反复点出"世界上最好的、独一无二的桥"，通过反复敲打、多处照应使整堂课的结构成为一个圆，而且是个圆中套圆的同心圆。教学过程也是教师从容不迫地画圆的过程。

总之，以"雅"见长的语文课，应是一个美的艺术品，不仅具有很强的可观性，同时又有很强的实用性。"大雅即大俗"，在成就"雅"的特性的同时，又蕴含着"俗"的特质，雅和俗是相互转换的。

（2）"俗"中生"味"

以"俗"见长的课应该是回归儿童本体、语文本体的语文课。这种课应充分玩味语言，在语言文字上做足文章，采用多种语言训练形式，使学生对语言文字沉潜品味，领悟语言文字的表达规律，悟用结合，迁移运用，使课堂呈现浓浓的语言味儿、儿童味儿。这样的课，也许缺少了些架空的情感渲染，缺少了许多的"调料"，但"味正"，是原味、本味。这样的课，姑且把它称为"下里巴人"。"下里巴人"般的语文课追求"绿肥红瘦"（实实在在，适合儿童的需要，符合语文学习规律的训练繁茂些、"肥"一些，架空的情感渲染稀少些、"瘦"一些）。以"俗"见长的语文课也是美的，一种如出水芙蓉般自然、实用的美。

①语言味

咬文嚼字，沉潜品味 有些文章，特别是名家名篇，作者的炼字造句可谓匠心独运，对这样的语言，应引导学生品词析句，甚至咬文嚼字，"嚼"出语言背后的情味、意味、韵味，"嚼"出弦外之音、言外之意。通过"咀嚼"语言，引领学生走进文本的内核，享受深层的人文陶冶与情感震撼。例如，《燕子专列》一文中，在学瑞士居民寻找燕子一节时，可引导学生这样体会"纷纷"一词。

教师问："都有哪些人去寻找燕子了？"

学生想到可能有老人，有孩子，有政府官员，甚至还有残疾人。

教师再问："这么多不同年龄、不同职务、不同性别的人都加入了寻找燕子的队伍，你能想象到他们走出家门时的心情吗？"

学生说出"迫不及待、心急火燎、三步并作两步、急匆匆"等。

教师最后总结："这么多人怀着这样的心情走出家门，这就是'纷纷'啊！"

这个对"纷纷"一词的品味过程，是个"细嚼慢咽"的过程，是个极力铺陈渲染的过程，是个把"薄"书读"厚"的过程。所以，对这样的语言现象，不着力"品"，不细细"嚼"，是无法品出个中之"味"的。品味词语的方法很多，如分层品味、挖掘深意、以词串文、归类辨析、辩论解词、表演解词、体验解词、动作＋联系文境解词、情境（表演）解词、文境解词、多向感悟解词、读悟结合解词、读演结合解词等，只要抓住重点词句沉潜品味，就能使沉睡在纸面上的静止的语言符号"活"起来、"立"起来，就能使课上出语言的味道来。

迁移训练，悟用结合 语言的理解、积累、运用是语言学习的三部曲，运用是最终目的。在语言学习过程中，在引导学生感悟语义的同时，应引导学生感悟语言规律，理解为什么这么写，并适时将语言表达形式迁移运用。这是直指语言本质的有效的语言训练。读中衍生的迁移训练形式很多，如仿式迁移、转换比较、想象拓展等。

训练案例：

仿式训练

例1：第六个盲人摸到了大象的鼻子，会怎么说？（《盲人摸象》）

例2：伯牙鼓琴，还会志在很多很多事物，仿说：

伯牙鼓琴，志在＿＿＿＿＿＿＿＿＿＿，钟子期曰："＿＿＿＿＿＿＿＿＿＿。"（《伯牙绝弦》）

以上训练，对文本中的语言范式进行模仿、迁移，从而达到积累语言、训练语言的目的。

转换比较

师："背直起来了，我的母亲。转过身来了，我的母亲……"

读了这段话，你的内心有怎样的感受？（生：心疼、心痛，满含敬意。）

师：把文字变成一首诗。

师：这个句子在表达方式上与平常句子有何不同？（反复强调"我的母亲"，并将之放在后面。）

师：这样写有什么好处？（突出了母亲的辛劳。）（《慈母情深》）

以上训练，通过比较、模仿、补充等，学生可领悟语言文字的表达规律，使训练落到实处。

想象拓展

例1：不知道蔺相如的一番话廉颇是否听到了？这一番苦心他是否能明白？

写话：廉颇想＿＿＿＿＿＿＿＿＿＿。（《将相和》）

例2：此时此刻，你最想对钱学森说些什么？写下来。（《祖国，我终于回来了》）

例3：我鼻子一酸，攥着钱跑了出去＿＿＿＿＿＿＿＿＿＿＿＿。（《慈母情深》）

以上训练，让学生补充文本中语言的空白点和文意的空白点，掌握语言文字表达规律，使课堂的语言训练落到实处。

语言的品味和运用是语文学习的重要方式。当我们的语文课既能充分玩味语言，对经典语言"细嚼慢咽"，又能适时进行迁移运用，内化经典的语言范式时，我们的语文教学可真算是走到"正道"上来了。有"语言味"的语文课，"俗"得实用、本真，所以也是美的，是一种本色的美。

②儿童味

"小学语文"首先是"语文"，其次是"儿童的语文"。小学语文教学，应当更多地关注儿童的心态、儿童的感受、儿童的兴趣特征和思维方式……一句话，应当更多地去追寻儿童精神，莫让童心过早地消逝。语文教学，要特别关注童心、童趣，努力建构儿童课堂文化，让高雅、深度、艺术都浸润童真、童趣，使语文课真正走进儿童的心灵世界。笔者讲授《去年的树》一文时，在指导学生朗读小鸟到处急切询问，打听大树的下落时，让两名学生扮演小鸟在教室里自由地"飞"，一边飞一边向"树根、大门、小女孩"询问大树的下落，他们在谁的面前停下来，谁就扮演课文中的角色与"小鸟"对话。这个环节的设计，利用学生喜爱的表演活动，通过表演创设课堂情境，还原课文意境，营造了一个浓浓的情意场，学生很快地捕捉到了文本情感的基调，找到了课文与自身情感的契合点。这样的学习方式是契合儿童的情感、认知和兴奋点的。

儿童味还表现在语文课要引导学生品味、理解、积累经典的语言范例，然后与儿童自身内部的言语认知结构进行同化、顺应，最后建构成儿童自己的语言。语文课要担负起帮助儿童建构自己语言的重任。例如，我们在上语文阅读课时，经常安排学生把阅读的感受用自己的语言表达出来，如"读到这儿，你有什么话想说吗？你想对文中的某某说什么？你有什么独特的感受？"等。这些都是在引导学生把阅读后的思考、感受转化成自己的语言信息，此过程就是建构儿童语言的过程。

以"俗"见长的语文课，首先是"语味浓浓"的课，其次是"童心盎然"的课。一句话，是儿童的语文课。这样的课，也许缺少了些许渲染和噱头，但味正、效实，如同青橄榄，虽一上口有点涩，但经得起品呀，且越品越有味。俗到极致便是雅，

"大俗即大雅"的论点照样成立。俗到极致，直指儿童本性和语文本质的课，难道不是一种最高境界的雅致吗？所以，雅和俗各自做到极致，会互相推进，会在更高层面上相互转化、融通。

3. 语文教学"雅而俗"的范式

在阅读教学过程中，和美语文着力追求一种"雅中有俗，俗中有雅"的境界，用"雅"来补"俗"的不足，用"俗"来补"雅"的缺憾，做到"雅""俗"两个特性相互补充、调剂，相辅相成。

（1）人文性与儿童性融通

语文之美，美在情感的陶冶、精神的滋养、思想智慧的启迪，然而如果这思想的提炼、情感的升华、精神的陶冶超越了学生可接受的"度"，那么这一切就都会变成水中月、镜中花，被虚化了。时下的语文课堂，特别是公开课的教学，教师们为了追求"舞台效应"，着力挖掘文本文意，并把自己对文本解读的结果不加转换地强塞给学生，使教师和学生都"疲于奔命"，"曲高和寡"，结果就造成了师生在课堂上"水油难溶"的尴尬局面。笔者在教李清照词《如梦令》（昨夜雨疏风骤）时，为了让学生体会女主人公爱花、惜花的闺阁情怀，绞尽脑汁，连《红楼梦》中的葬花片段都用上了，结果学生还是无动于衷，因为这样的情感毕竟离学生太遥远了，所以只能"忍痛割爱"，放弃了这个文本，改讲另一首《如梦令》（常记溪亭日暮）。这首词内容浅显易懂，学生容易理解、接受。但为了上出课的厚重感，让学生体会美酒、苦酒意象，课的最后拓展了《声声慢》，结果还是觉得学生无法理解作者的凄苦和沧桑的人生感受，感到自己是迷失在了"自作多情"的厚重里了。五年级的学生，他们幼小的心灵能承载这么多的苦和愁吗？"只恐双溪舴艋舟，载不动，许多愁"啊！

要使文本的思想、情感、精神契合儿童的认知，教师必须把自己钻研文本的结果进行适当的转换、调整，要适当地"降""减"。"降"是一个"深入浅出"的过程，即在教学过程中，要运用合适的方法，把教师解读文本后获得的文意进行"深入浅出"的传递。著名特级教师沈大安先生指出，文意的传递途径有四种——浅入深出、浅入浅出、深入深出、深入浅出，这四种方式其实是按顺序呈现了四种教学境界。"深入浅出"无疑是最高境界。"减"是对教师钻研文本所获做一个选择性传递。对于钻研文本过程中收获的情感、思想、精神、信息，教师应择其精要加以传递，其余则作为"库存"准备随时调用。"适合"是最好的。笔者在第二次执教《如梦令》时，对教学设计做了调整，由开始的追求厚重到后来的回归简约，把人文触点定在"感受大自然的美和郊游生活的无穷乐趣"上，引导学生从儿童的视角去观察美，用儿童的心灵去体验、感受美，把词中所传递的美景和美的情怀深深印刻在学生心灵的底板上，获得了较好的教学效果。上完课，笔者又做了这样的教学反思：

"在今日的教坛，教师们的观课口味越来越重，就像今天有很多人爱吃'麻辣烫'一样。对《如梦令》一课的教学设计的调整，在对课'削枝斩叶'、删繁就简的过程中，我对自己的课境追求也在悄然变化：淡淡清词淡淡吟，让我的课'绿叶'（实实在在，回归孩子的需要，回归语文的本体）再繁茂些，'红花'（架空的情感渲染）再稀少些。'绿'，虽然没有'红'的绚丽夺目，但它养眼、怡心，是生命的颜色。'绿肥红瘦'何尝不是一种至高的语文境界呢！"

（2）人文性与工具性融通

雅俗共赏的课，应是人文性和工具性融通的，语言和精神同构共生的课。人文性和工具性融合的过程也是个言中有意、意中有言的过程。我们在进行阅读教学设计的过程中，应努力地在语言中建构精神，在精神的建构中发展语言，使两者在这个过程中互渗互透，你中有我、我中有你。《卢沟桥的狮子》一文中，描写狮子神态各异、栩栩如生的一段，用"有的……有的……有的……"的句式串联，语言很有规律，用人格化的写法写出了狮子的可爱，读后让人惊叹古代劳动人民智慧的高超。笔者在教学这一课时，设计了两个板块的语言训练，使言和意巧妙融合在一起。

第一板块，让学生在抒情的轻音乐的伴奏下，顺着作者的思路继续想象：

有的狮子（　　　），好像（　　　）。

第二板块，在枪炮声的渲染下，让学生改写和补写文本。

①有的狮子，蹲坐在石柱上，好像（　　　）。

②有的低着头，好像（　　　）。

③有的小狮子偎依在母狮子的怀里，好像（　　　）。

④有的小狮子藏到大狮子的身后，好像（　　　）。

⑤有的小狮子被大狮子用爪子按在地上，好像（　　　）。

⑥有的（　　　），好像（　　　）。

对于这两个板块的设计，学生既在做语言训练，又不是在进行纯粹、机械的语言训练，学生的语言融合了很多情感因素：对古代劳动人民智慧的赞叹之情，对在

"七七事变"中英勇牺牲的勇士的敬佩、怀念之情，还有对侵略者的无比愤恨之情。在语言训练的过程中建构精神，在精神的建构中发展了语言，语言和精神在训练过程中同构共生。

2015 年应邀给中国教育电视台《东方名家》栏目讲课

　　语言是精神建构的土壤，只有当精神的建构扎根在丰厚的语言土壤上，精神才能在学生的生命中生根、发芽，否则，精神便成了符号，成了空洞的说教。反之，语言作为一种符号，承载了太多的情和义，语言的流畅表达需要情感的催发，"情动而辞发"。当学生的身心被情感浸润时，课堂便会焕发出新的活力。当我们的教学能同时兼顾语言和精神，让学生在理解、感受语言文字魅力的同时，享受丰富的文化大餐，经历难忘的精神之旅时，学生就能幸福地栖居在和美的语文课堂上了。

　　总之，两极融通，既是对两极的包含，又是对两极的超越。高雅、雅致的语文课是美的，实用、契合儿童需要的语文课是美的，雅俗共赏的语文课更是美的。在语文教学中，我们既要追求"雅""俗"两极各自独特的美，更要追求"两极融通"后生成的"和"之美。"以俗为雅，俗不伤雅""雅俗互动"，雅俗共赏的语文课，是对雅俗两极的包容和超越，生成的言意相生的和美境界是阅读教学的最高境界。

（三）"和文化"视野下的阅读教学新策略

"和"的内涵非常丰富，有"和畅、和谐、和悦、和乐"等说法。"和文化"是一种消解矛盾、平衡两极、尚美求悦的文化。在"和文化"关照下的语文阅读教学，在对矛盾两极的平衡、调适过程中，追求一种适度、协调之美。下文就小学语文阅读教学中的一些矛盾现象谈几个平衡策略。

1. 长文短教

中高年级的阅读教学，文本篇幅相对都比较长，就像一片茂密的语言大森林，要进入这片语言"森林"，必须有合适的路径。没有合适的路径，学生会在森林中"瞎撞""乱转"，乃至"迷路"。所以，帮助学生在阅读的时候，找到"入口"是关键。这个"入口"也就是一堂课的支撑点，一个支架，也是"课眼"。找到了"点"，接下来就是"拉线"。"拉线"的过程就是选择教学内容的过程。教学内容的优劣是决定一堂课成败的关键，所以要围绕"主线"，在文本的森林中"披荆斩棘"，开辟出一条道来，找到最有价值的教学内容进行突破。线要注意它的"延伸性、流畅性"，是"直线"，而不是"线段"。有了线，等于是把文本的语言进行了重新梳理，课的思路就清晰了。当然，我们不仅要追求课的"主干分明"，还要做到"枝叶茂盛"。在"点"和"线"的牵引下，还需"上挂下联，左右逢源"，做到方方面面整合、前前后后贯通，把跟教学主线相关的文化、语言、知识等信息都整合进来，使课堂内知识点串联起来，使课内外信息融通，使课堂丰厚、充盈，以点带面连体，形成立体的课堂结构。通过对"主体教学内容"的聚焦和"发酵"，加上文本中"背景语言"的烘托渲染，课堂的主线也会变得丰厚、饱满。

寻点、拉线、连成面，一堂课的"骨架"撑起来了，再以"血肉"充实，这课就变成立体的了，就有了活力和气韵。这样的课堂，就实现了"长文短教"。例如，笔者在教授《青海高原一株柳》一文时，找到了"撑立"这个词作为教学的支点，由此拉出一条"体会柳树外形高大茂盛，巍然撑立，精神不屈，顽强撑立"的主线，再以文中的背景语言来充实，最后在"撑立"这个点上反复、着重画一圈又一圈的"同心圆"。整堂课呈现的是一个"圆"的结构。寻点、拉线、丰枝、画圆的过程，是对教学内容的遴选过程，笔者选择了有效的教学内容，实现了长文短教，课堂朝着和美、高效的目标迈进。

2. 深文浅教

找到教学的起点是我们的教学成功的保证。教学内容的确定、方式方法的选择要和学生的已知相匹配，这样教学的功效才能实现最大化。但实际的教学是怎样的呢？"深文深教"者有之，更有甚者，还会"浅文深教"。例如，《父亲和鸟》一文，记述了父亲熟悉鸟性、爱鸟、爱自然的情怀，一位教师在教学过程中，把《珍珠鸟》一课"信赖，往往创造美好的境界"的主题也加在了这堂课中，这就容易使一些学生的认知和教学产生距离感。那么，在教学过程中，该如何实现深文浅教呢？笔者以为，主要的策略有"降、转"等，使内容形象化、具体化、浅显化。

例如，有些课文语言、主题过深，选入教材后也许学生只能读懂一部分内容、感悟一部分意味，这样的课文，也许需要我们在人生的很多阶段一读再读、反复研读，也会读出不同的意味。对于这样的课文，我们在教学时就不要贪多求全，试图一次性输入，全盘给予，一定要适当降低难度，选择合适内容，回避语言的晦涩与难懂之处，留下一些东西让学生有重读的机会。例如，《自己的花是让别人看的》一文，最后一段"做了一个思乡的梦"一句，很难懂，凭学生现有的人生体验很难领悟到季羡林老先生连自己都很难说清的人生感悟，这时我们就该适当地"降"，让学生先有个模糊意会即可。在有了更多的人生体验和知识积累后，重读时可以再悟。

又如，当碰到一些思想内涵和语言都比较深奥的课文时，我们可以采用一些具体、形象的方法、策略加以转换，让学生在学习过程中自然领悟。例如，一次，笔者听一位教师给六年级的学生讲授七年级的课文《童趣》。这是一篇古文，篇幅也不短，而且立意也比较深——体会"物外之趣"，但学生居然能轻松地、兴味盎然地学下来。回顾他的教学，笔者觉得成功的秘诀是他采用了"转"的策略，把深奥的道理、语言用一种生动、形象的教学方法进行了演绎，加以转化，降低了学习的难度。例如，让学生学"又留蚊于素帐中，徐喷以烟，使之冲烟而飞鸣""神定，捉虾蟆，鞭数十，驱之别院"几句时，教师创设情境，师生一起表演，在表演的过程中，学生很容易地就理解了文意，并在眼前再现了当时顽童观物时的有趣情境，学生最后自然感受到了这"物外之趣"确实胜过电脑游戏。又如，江苏的特级教师薛法根在讲《桃花心木》一文时，为了让学生感悟本文"借事喻理"的写作特色，故意让学生一遍又一遍地读教师归纳出来的文章的中心，然后问学生："如果所有的老师都一遍又一遍地告诉你这个道理，你烦不烦？"学生说"烦"。教师顺势告诉学生本文的写作特色，不是直接塞给你道理，而是通过一件事自然地渗透，这就叫作"借事喻理"，学生恍然大悟。笔者认为，对这个写作特色，学生会印象深刻的。试想，如果教师直接把这个写作特色理性地塞给学生，是否会取得本课这样的效果呢？

　　语文教学中的"和"文化是一种追求"和谐、融通"的文化，"长文短教、深文浅教"是根据"和"的原理，对语文教学中的极化矛盾进行"融通、调节"，努力维持语文教学生态，提高课堂教学效率的有效策略。这样的教学，目的是走向儿童、走向语文、走向高效。

与特级教师林学舜等在福州（摄于 2014 年）

（四）课堂教学细节融通面面观

　　《左传》中有"和如羹焉"。羹一般是指五味调和的浓汤；"和"是各种有个性的东西，各不失其个性，却能和谐统一。与"同"相比，"和"更强调对立物的协调统一，"以他平他谓之和"。事物之所以相生，是因为不同物在冲突中得以协调。这就是所谓刚柔相济方为和，同类相对则为敌。

　　"融通"可以化解"极化矛盾"。"两极融通"指两极融合、贯通，相互渗透，生成新质。如何将"两极元素"调和在一起，使之在相互反应中生成新质，是我们要思考的问题。"和美语文"围绕"融通"这个核心理念，采用一系列教学策略，试图

在语文教学的宏观、微观各层面寻求两极元素的融合。在宏观层面，"和美语文"追求雅俗共赏的优课观、显隐结合的学习观、主客相生的师生观、言意相谐的性质观。这"共赏、结合、相生、相谐"之境，便是"两极融通"之果。在微观层面，在具体的课堂操作过程中，"和美语文"主张关注教学细节展开过程中诸多两极元素的融通，如"教与学、讲与练、读与写、入与出"等，在融通中求"和"、生"美"，在融通中生成理想课境。

1. 言意互转，同构共生——"和美语文"教学策略之一

阅读教学言意要相谐。引导学生由言到意的转换过程，也是个穿透"两层"，出入"三境"的过程。言语作品是意的言化形式，它有两个层面：一是外层，即语表层；一是深层，即内蕴层。［这跟印度 10 世纪时文艺理论家新护提出的理论是不谋而合的，他认为词汇有三重功能，能表达三重意义：表示功能——表示义（字面义，本义）；指示功能——指示义（引申义，转义）；暗示功能——暗示义（领会义）。］丰厚的内蕴需要我们在阅读时引导学生"穿透层"，到达意的那一边才能获得。这种"穿透"有具体化的特点。吸收者动用自己的生活体验和知识储备，设身处地地与表达者对话，并用主动的创造性想象、联想等方式为作品"补白"，补充"空缺"，使"意"变得充实而完整。学生透过语言文字的表层，领悟到丰富的意蕴，切身体悟，调动自己的全部心力去触摸文本，与文本共振、共鸣，并从中读出自己。这是在具体化基础上的超越，是对原意的追索和还原。言意转化的路径有两条：由言到意，由意到言。由言到意的转化策略有：据言悟意、由言带意、创言补意。由意到言的转化策略有：由意带言、循意识言、会意生言，最后达到言意共振。

教学片段：《燕子》

师：燕子飞翔的样子我相信大家都见过，可作者在描写燕子飞行时却不是简简单单地用一个"飞"字，它用了一系列的动词。请边默读第三自然段，边圈出表示燕子动作的词。

生 1：斜、掠过、叫、飞、横掠、沾。

师：从这个"斜"字，你体会到了什么，感受到了什么？

生 1：我觉得当时燕子飞得很快，它在滑翔。

生 2：我觉得燕子飞的样子很优美，很潇洒。

生3：我觉得作者观察燕子非常仔细，连身体倾斜的样子都看到了。

师：燕子是斜着身子在空中"掠"过的。你怎么理解这个"掠"字？

生1：就是从一边飞到另一边。

师：仅仅指的是飞吗？那作者在这里为什么不用"飞"呢？

生2：是很快地飞。

师：除了速度快，还有什么呢？

生3：动作很轻。

师：是啊，掠，就是轻轻地擦过或拂过。这里能看出作者笔下的是一只怎样的燕子？

生1：是一只机灵的燕子。

生2：是一只灵巧的燕子。

生3：是一只飞行本领很高的燕子。

师：除此之外，还有哪些词也能看出燕子飞行的速度快，而且很轻松？

生1：一转眼、横掠、沾。

师："沾"字在字典中有很多种意思。〔出示字典中的意思：①浸湿；②因为接触而被东西附着上；③稍微碰上或挨上；④因发生关系而得到（好处）。〕在课文中，这个"沾"字是指什么呢？

生（齐说）：第三种意思。

师：是啊，正因为燕子飞得快，并且动作轻快、灵巧，所以当它经过水面时，才只是稍微碰了一下。难怪有个词叫"身轻如燕"呢！

这个自然段的教学，把理解字意与理解文章内容相结合，引导学生体会作者围绕燕子的轻巧、机灵来选词，动词无一重复，用词精准。同时，在品词的过程中，燕子飞行时优美的形象一次次浮现在学生的脑海中。学生读书的过程，也是给燕子画像的过程，在感受语言美的同时，也在感受燕子飞行时的动态美，读文后留下的，不仅有这些用得极其准确的动词，更有燕子美好的形象。所以，据言悟意，品"词"亦品"形"，言、意紧密融合在一起。

2. 虚实互补，融会贯通——"和美语文"教学策略之二

对空白的关注，是中国美学空间意识的核心组成部分。不论是中国画还是江南

2010年在山东日照举行盛新凤"和美语文"专题研讨活动

园林，都是极尽空白之妙。绘画中的虚实相生，作为生存、运动的形态表现，体现了生命运动的节奏。在画面的结构中，虚实是有无生机的关键。仅有实，无法使生气流通，还必须有虚，才能使"灵气往来"。画面从有形生出无形，有限生出无限，使有限的形式生出无限的容量，这都是虚实相生的结果。密处不透风，疏处可走马（清·邓石如语），大白的世界有大美。有实，虚空世界才不至于落入无意义的顽空，空的意义因有实而彰显出来；正因为有空，实有世界才有生命吞吐的空间，有了气韵流荡的可能。虚实相生，非虚则无以成实，非实则无以显空。

课堂教学作为一门艺术，也要讲究虚实相生。课堂中的"虚实相生"指的是课的空间感与充实感。课要留白，不能填塞得太满。要虚，留白后才能给人以想象与联想的空间，满足人的审美需求。从课堂节奏的角度说，虚实相生即课分舒缓与紧凑，"疏可走马，密不透风"。

教学片段：《青海高原一株柳》

师：同学们，我们可以想象一下，很多时候，也许当它被折磨得死去活来，觉得自己快撑不下去的时候，它会怎么鼓励自己呢？

生1：我要坚强地活下去，一定能克服许多困难，最后长成一株茁壮的大柳树。

师："一定要坚强地活下去"，它是这样鼓励自己的。

生2：马上就好了！马上就好了！只要坚持一会儿就好了！

师：马上就过去了，马上就过去了，它是这样给自己打气的。还有，你说。

生3：它肯定鼓励自己撑下去。因为风雨之后一定能看见彩虹。

师：说得太棒了，正是因为有了这样的信念，所以——让我们再合作来读这一段。"经历过多少虐杀生灵的高原风雪，冻死过多少次——"

生1（接读）："又复苏过来。"

师："经历过多少场铺天盖地的雷轰电击，被劈断了枝干——"

生2（接读）："又重新抽出了新条。"

师："它无疑经受过一次又一次摧毁——"

生3（接读）："却能够一回又一回起死回生。"

师：这是一种怎样的撑立啊！同学们，你能用一个词来概括吗？

以上教学片段，在让学生充分品读课文语言，感受高原柳树巍然撑立的精神风貌的同时，引导学生想象补白：想象高原柳树在苦苦撑立时是怎样自我勉励的，在学生心中逐渐充实、完善柳树顶天立地、不屈不挠的高大形象。虚实融合，使得柳树形神统一。

3. 诗文互融，相得益彰——"和美语文"教学策略之三

"诗"与"文"是两种不同的文学体裁。诗歌是最早出现的文学样式，从语言的直观层面看，诗歌具有韵律之美和高度凝练的特点。它的表达特点是结构跳跃、语言充满情感，容易激发读者的想象。古诗的语言尤其凝练含蓄。这里的"文"指的是有别于诗歌的"散文、小说、戏剧"等文学样式。相比诗歌，"文"的语言比较直白。在教学过程中，如能把"诗""文"这两种截然不同的文学体裁巧妙融通，相互诠释、补充，定能使学生获得更大的语言信息量，同时也有助于学生理解语言、积累语言。在以下教学片段中，笔者在教学古诗时引入现代文，取得了很好的教学效果。

与教育专家陶继新、陈宝铝先生在福州（摄于 2016 年）

教学片段：《春日》《游园不值》

师：同学们，春回大地，春意盎然！在这春光明媚的日子里，盛老师常常想起自己在学生时代学过的一篇由著名作家朱自清写的文章《春》。它写得非常美，我想背几句给你们听听，好不好？

生：好！

师：春天像刚落地的娃娃，从头到脚都是新的，他生长着。春天像小姑娘，花枝招展的，笑着，走着。春天像健壮的青年，有铁一般的胳膊和腰脚，他领着我们上前去。（出示幻灯片，配乐朗诵。）

师：写得美吗？

生：美！

师：你们想不想来读一读？

生：想！

师：好，春天……（教师引读。）

生：春天像刚落地的娃娃，从头到脚都是新的，他生长着。春天像小姑娘，花枝招展的，笑着，走着。春天像健壮的青年，有铁一般的胳膊和腰脚，他领着我们上前去。（出示课件，配乐朗诵。）

（设计意图：教学古诗伊始，引入课文《春》的重点句，既是对课境的营造，又为结课时的诗文对照做好了铺垫。）

......

师：学了这两首诗，请同学们再来看看朱自清爷爷的这三句话。请你自己读一读这三句话，再读一读这两首诗，看看，你有什么新的发现？

（学生自由阅读。）

师：谁发现了？这三句话分别解释了咱们今天学的诗中的哪几句？

生1："春天像刚落地的娃娃，从头到脚都是新的，他生长着。"解释了"无边光景一时新"。

师：你很自然地想到了这一句，那还发现什么了？

生2："春天像小姑娘，花枝招展的，笑着，走着。"想到了"万紫千红总是春。"

师：是不是很巧妙地联系起来啦！还发现什么了？

生3：从"春天像健壮的青年，有铁一般的胳膊和腰脚，他领着我们上前去。"我想到了"春色满园关不住，一枝红杏出墙来"。

师：都是那样地充满了生命力！是啊，同学们，不管是古代的诗人还是现代的作家，尽管他们写作的角度不同，语言的表达方式不一样，但是向我们描绘的春天都是这样的美丽，是这样吗？（生：是。）我们再来读读这两首诗，体会春天的美，配上音乐，好吗？

（学生读《春日》《游园不值》这两首诗。）

师：能背的同学，站起来背一下吧！

（学生背诵。）

（设计意图：诗文对照，加深了学生对两首古诗中几个名句的理解和体会，又对全诗的学习进行了概括和梳理。）

以上教学片段，分别是起课和结课的部分，把两首古诗中的名句和散文中的名句对应起来学习，以文释诗，以诗点文，诗文有效融通，这样也促进了学生的理解和感悟。

4. 一进一出，圆融和美——"和美语文"教学策略之四

王国维在《人间词话》中写道："诗人对宇宙人生，须入乎其内，又须出乎其外。入乎其内，故能写之。出乎其外，故能观之。入乎其内，故有生气。出乎其外，故有高致。"写诗若此，读文也是如此。阅读的过程是学生潜心会文的过程。文本如同作者布下的"迷魂阵"，教师要引导学生潜心会文，在"迷魂阵"里行走，入文是关键。要引导学生与文本做零距离的对话，就要设法让学生转换角色，切己体察。入文阅读，是一种倾注情感、倾注心性的阅读，只有入文，才能与作者同呼吸，才能感受作者的心跳、享受文本的情味，才能与作者、文本实现在精神上、语言上的共通、共鸣。入文是一种让读者心性、情感投注其中的感性阅读。入文是基础，作为读者，从文本中汲取营养的途径有感性领悟与理性审视两种。教师除了要让学生在入文中进行感性领悟外，还要引导学生跳出文本进行理性审视，这就是"出文"。如果说入文是一种近距离乃至零距离的与文本的亲密接触的话，那么出文则是一种远距离的理性欣赏与评价，理解、感悟、欣赏、评价都是语文课要培养的语文能力，所以阅读课要引导学生理解性地读，欣赏性地读，评价性地读，批判性地读。文字的美是需要细细品味、慢慢玩味的，同时也需要理性解剖、犀利审视。入文时感性地触摸文字，能让学生感受到语言文字的情味、韵味，出文时理性地审视、评价文字，能让学生领略到作者遣词造句、布局谋篇的巧妙。

例如，笔者在教授《去年的树》一文时，先引导学生入文，与文本做零距离的接触与对话，甚至让学生"切己体验"，把自己当成小鸟、大树，演读对话，在文本里面"呼吸"。在学生充分体会到了小鸟与大树间深挚的友情后，再引导学生出文——走出文本，理性审读，引导学生读出文本蕴含的多元主题。这一"入"一"出"，就使学生在文本中走了一个来回。

"入"与"出"，在引导学生阅读时应融合使用，因为两者间有着不可分割的必然联系。入文时沉醉其中，学生在出文时才会兴趣盎然；出文时深刻思考，学生才会再次入文品味涵泳。入文是出文的基础，出文是入文的延续和提升。入文与出文，是阅读的两极状态，应巧妙融通，从而提升学生的阅读能力。

5. 一呼一吸，吐纳有序——"和美语文"教学策略之五

阅读是对语言的吸收，写作表达是倾吐。学生学习语文，就在这一"呼"一

2010 年应邀赴马来西亚讲学

"吸"的过程中潜移默化地提高了语文能力，提升了语文素养。在实际的语文实践过程中，语言的吸收和倾吐表达其实是融合在一起的，是个双向互动的过程。如何在阅读教学过程中选择合宜的教学内容，引导学生边吸收边倾吐，使之在最短的时间里实现语言从积累到运用的转换，使"读""写"训练有机平衡，是"和美语文"的追求之一。笔者在《草虫的村落》一文的执教过程中，做了以下尝试：

设计案例：《草虫的村落》设计流程

①感受标点传递的情感。

A. 读悟感叹号，感受兴奋之情。

B. 读悟问号，感受惊叹之情。

C. 读悟省略号，感受丰富意韵。

②用标点表达自己的读书感受。

A. 用感叹号表达惊叹。

B. 用省略号延伸探究。

本课分为两个层次。第一个层次，从三个标点切入，读懂作者。先从感叹句切入，通过重点品读"游侠归来"这部分课文，体会作者的兴奋之情。"我想它一定是游侠吧！"这句感叹句，直接写出了作者看到游侠归来时的惊喜和兴奋。在找句读句，学生初步感受到了感叹句传递的情感后，紧扣"游侠"一词，让学生在语段中找出它是"游侠"的依据，在引导学生品词析句的同时，训练学生的演绎思维能力、逻辑推理能力。学生通过找、品、说、议、想象等活动，充分感受了游侠归来时的有趣情境，再回读感叹句"我想它一定是游侠吧！"，此时，作者的情感已悄悄转化成了读者的情感，学生读出的是自己的惊喜、兴奋。然后，在学草虫们"勤勉劳动"这部分课文时，从三个问句切入：

A. 它们一队队不知道从什么地方来，一定是很远很远的地方吧？

B. 是什么力量使它们这么勤勉地奔忙呢？

C. 我完全迷惑了，在小虫子的脑海中，究竟蕴藏着多少智慧？

引导学生读出问句背后作者的惊奇，感受作者的百思不得其解之情。最后抓两处省略号：

A. 看见测气候者忙于观察气象，工程师忙于建筑设计……

B. 我还看见了许多许多……

通过想象补白，读懂作者的言犹未尽，感受省略号的表达效果。

第二个层次：用三个标点表达自己的读书感受。抓住"蕴藏"造句，用感叹号表达自己的惊叹之情。用问号提出自己读书后的疑问：对草虫的世界，你还想知道什么？最后，教师用省略号结课："同学们真了不起，你们读出了自己的叹号、问号，但老师更希望你们能把这一连串的叹号和问号化作省略号，因为对草虫世界的探究是无止境的。下课后，希望你们通过仔细观察，写出一篇属于自己的草虫村落的文章。"

两个层次的教学，语言的吸收与表达巧妙融通，文章的文意美与语言美和谐整合，文境与课境无痕融合。一标一点总关情，小标点承载的是大语文的信息，标点为轴，情感为径，共奏"和美"的乐章。

6. 一扩一收，伸缩自如——"和美语文"教学策略之六

具体化与概括提炼是非常重要的两大语文能力。前者运用的是感性思维，后者运用的是理性思维。这两种思维都需要在语文课上得到有效训练。两者若能整合训

练，则事半功倍。笔者在六年级《如梦令》的教学过程中，对两种语文思维能力进行了综合训练。本课教学主抓"读胖""读瘦"两个板块，简化目标、简易内容、简化流程设计。在"读胖"这一环节，让学生根据词语联想画面，"日暮溪亭""藕花深处""一滩鸥鹭"，在这些词语的引领下，学生的脑海中出现了一幅幅美丽的画面。那画面有声有色、有人有景、有静有动，充满了无穷的生机与魅力。每个学生言说的都是他自己心中的风景。那风景，已不纯粹是客观的、物化的，而是主观与客观融合的结果。这一板块设计，试图唤醒学生所有的器官感受，用耳朵听，用眼睛看，用口诵，用脑想象，用心灵感受，打开身体所有通道接收词的信息，进入词境，使学生学词的过程成为愉悦身心的过程。"唤醒身体的教育学意味"，强调身体性参与。这也是一种体验学习，这种体验使学习进入了生命领域。"读瘦"这一环节，引导学生读出词眼，学生对词眼的理解也是各不相同的，如暮、兴、醉、惊、记等。在找到词眼后，再让学生联系词的内容说出选择理由，在词的语言环境中，学生再一次细品这些词眼，感受这些字的与众不同。这是多元解读后的曼妙生成。最后，教师用逻辑的力量把它们联系在一起：因为看日"暮"美景，所以"兴"尽忘归，沉"醉"其中；因为沉醉，所以"惊"起一滩鸥鹭。这美丽的意外永久地"记"在脑中，挥之不去，便把它写成文字记录了下来。"读胖"重在培养学生的想象力，是一种感性阅读；"读瘦"培养的是学生对语言的概括能力，属理性阅读。

7. 文字画面，切换补充——"和美语文"教学策略之七

语言文字中蕴含着一幅幅画面，文字的画面感、音乐感使语文充满魅力。如何使文字蕴含的画面与直观的媒体画面相互映衬、相互补充，共同作用于学生的阅读过程？我们应该根据文本提供的语言材料的具体情况来选择。例如，《草原》一文，有很多经典的语言是只可意会无法言传的，如"一碧千里，而并不茫茫"，这样的意境没有亲见无法真切地感受。很多学生因为没亲自去过草原，所以也无法感受这种意境。如果能充分利用媒体，把草原真切地拉到学生的眼前，使之置身于草原的真实情境中，学生的心头一定会涌起"天苍苍、野茫茫，风吹草低见牛羊"的美好意境，会唤起"一碧千里，而并不茫茫"的内心视像。这是用画面来辅助理解文字。在引导学生欣赏了草原的美丽画面后，可引导学生用语言来描述看到的情景：看到这么美的草原，你的脑海中涌现了哪些词句？学生会调用脑海中的语言储备来形容眼前的画面。这个过程，是文字诠释画面。文字与画面相互作用，融合沟通，必定

2015 年参加浙江省教育厅组织的"百人千场"送教活动

能提升学生的语言品质和审美能力，综合提高学生的语文素养。

笔者在教授《趵突泉》一文时，也是采用了画面辅助诠释文字的方法，唤起学生脑中视像，帮助学生理解、感受语言文字。

教学片段：《趵突泉》

师：想看看小泉吗？

生：想。

师：还是读书吧，看看你自己能否把这段文字读懂。

出示图：读图。（这就是小泉冒出的水泡，我用简笔画把它们画下来了。你能用书上的语言来描绘一下它们吗？选择其中一幅吧。）

（学生用自己的语言描绘图片。）

师：你们都能从课文中准确地找出相对应的语言文字，说明我画得还不错，是吗？

师：再读书，哪些词语是我没有画出来的？

（学生交流。抓住"半天、慢慢地、有姿态地、摇动、碎了"等词。）

师：是啊，小泉上来时的速度、姿态、从产生到消失的过程、作者当时的心情，我是画不出来的。

师：画不出来的东西能把它读出来吗？〔引导：有姿态地（好像一个少女在跳舞似的，曼妙动人）。〕能读得再慢一点吗？

师：被你们这么一读啊，我们脑海当中的小泉显得那么有趣可爱。感谢你们通过朗读，把千里之外的趵突泉的美呈现在了我们眼前。

（一位学生读"挤上来……攒"一句。）

师：挤上来，你不让我，我不让你，争先恐后的，让我们想起了什么？

生：很多小朋友做游戏，挤来挤去，好热闹，好调皮，好可爱。

师：跟着他读一读，就能读出这种味道来。

〔一位学生读"极轻快地（上来时的姿态）……走……歪"两句。〕

师：这两个动作可真画不出来，真像一个撒娇耍赖的孩子呀。

师：把你体会到的小泉的可爱通过朗读传递出来，让大家分享。

师：这么有趣可爱的小泉，我是没有本事把它们一一画出来的。但老舍爷爷却用他那支生花的妙笔，那么生动传神地把小泉的水泡从产生到消失的全过程给记录下来了。让我们连起来读一读，分享小泉的美丽，享受语言的魅力。

当然，语言的美在于它模糊的意象唤起的无穷的想象和品味空间，有时直白的媒体诠释反而会扼杀学生的想象，使语言顿失魅力，因为文字唤起的画面是学生心中的视像，跟媒体呈现的直观画面有本质的不同。是否需要提供直观画面辅助学生的阅读，我们应该根据文本提供的语言材料的具体情况来确定。

8. 内容形式，骨肉相连——"和美语文"教学策略之八

在具体的文学作品中，内容和形式是相互渗透、融为一体的。黑格尔说："内容非他，即形式之转化为内容；形式非他，即内容之转化为形式。"世上没有脱离内容的形式，也不存在不依凭形式的内容。二者是互相渗透、互为转化、融为一体的。在教学过程中，我们是该选择文章的"形式"还是"内容"，来作为我们的教学内容？笔者以为，文章写了什么，也许每个人都看得懂；但文章是怎么写的，却不一定每个人都看得见。中高年级的阅读教学，要把阅读的视角从只关注文章"写了什

么"转为关注文章是"怎么写的"。把内容和形式巧妙融合，以形式带内容，这是对文本的全方位吸收，要把课文作为一个完整的审美整体从而引领学生去感受。

教学片段：《读碑》

"只从字面上读读就行了吗？它的背后还有什么呢？难道不是铭刻着的密密麻麻重重叠叠逶逶迤迤起起伏伏，森林般辽阔的烈士的名字吗？要是把那些名字也都复活为血肉之躯，那么，天安门广场是站不下的，加上东西长安街也是站不下的。"

①读出了什么？（更多的名字。从叠词中读出。）

②比读三句话：

A. 难道不是铭刻着的密麻、重叠、逶迤、起伏，森林般辽阔的烈士的名字吗？

B. 难道不是铭刻着的密密麻麻，森林般辽阔的烈士的名字吗？

C. 原句。

③听读，教师的读传递给了你怎样的感受？（悲壮感、气势、崇敬感、惊叹。）

④指名开火车读。让这此起彼伏的感慨在大地上回荡。

……

读到这儿，我想你肯定明白作者为什么要这样写了。他是在用笔呐喊！这一连串的叠词的叠加，喊出了他所受到的震撼，喊出了他的惊叹，喊出了他的感慨万千！（再指名读这句。）

引导：你这样一词一顿，让我们联想到革命的道路崎岖艰难；你这样一气呵成，让我们联想到先烈们的革命气概气贯长虹。

这样的情感只能用这样的语言来表达和喷发。再齐读这段。

以上教学片段，从内容出发，在对内容的交流、讨论过程中，引导学生品味语言表达形式，体会表达效果，使形式与内容共同作用于学生的阅读视界。学生在吸收"文意"的同时，品赏了"文形"，对文本进行了"立体"式吸收。

9. 作者读者，两情互激——"和美语文"教学策略之九

文章的作者一直是隐于文后的"神秘符号"，学生知道作者的文字背景，却感觉不到作者真实的情感世界。如能让作者从"幕后"走到"台前""亮相"，让学生真切感受作者的存在，体察作者真实的情感，使作者情与读者情相互激荡，使学生与文本进行零距离对话，必定能加深学生的阅读感受。

教学片段：《番茄太阳》

师：明明这个小姑娘的形象已深深地印在我们的脑海里了，但课文还有一个人，写得不多，是——

生1：作者卫宣利。

师：凭你对文字的理解，觉得作者是个怎样的人？

生1：脸上挂满笑容的。

……

观看录像（作者与学生交流）："同学们好！我是你们盛老师的朋友……"

师：看了录像后，觉得卫阿姨和你想象中的一样吗？

学生被刚才的录像感动得说不上话来。

师：虽然录像中的卫阿姨脸上看不到笑容，但她的内心是阳光的、坚强的。前段时间她又给我寄来了她的两篇新作，老师截取了其中的两个片段与你们共享。

以后，我就穿着这双鞋，在医生的指导和父亲的扶持下，开始了艰苦的锻炼。后来，被医生断言不能再走路的我学会了扶着双杠走，挂着双拐走，走出绝望，走出封闭，走向了社会，走出了我自己的一片天！——《两双球鞋》

如今，10年的时光过去，我终于用手中的笔趟出了一条自己的路，再也不是当初那个绝望的小女孩儿了。但是那个流泪的中秋节，那团流泪的月饼，仍然留在我心最深的地方。我终于明白父亲的话：人生也像月饼一样，要由各种丰富的滋味才能圆满起来。——《流泪的月饼》

（教师读片段一，学生齐读片段二，配乐。）

师：读到这儿，你肯定有许许多多的话想对卫阿姨说，是吗？人生的路很漫长，卫阿姨的人生之路将比我们走得更艰难。温暖和爱是可以传递的呀，让我们在小番茄纸上写下一两句话去鼓励、温暖卫阿姨好吗？

（学生独立进行写话练习，然后交流。）

生1：你的坚强、开朗，将会伴你走完以后的生活……

生2：卫阿姨，坚强吧，勇敢吧，像明明一样温暖地微笑吧，生活是温暖的、

绚丽的，有温暖就有希望……

　　……

　　师：文章前，卫阿姨提笔写了这么一句话："心里有了快乐，光明就不远了。"愿我们所有人的心中都充满光明，愿明明的笑留在我们每个人心中。

　　学生再读写明明笑的四句话。

　　《番茄太阳》一文的作者卫宣利，与文章主人公明明有着相同的命运，文章的字里行间流露出作者作为一个残疾人别样的、丰富细腻的情感世界。以上案例，在充分触摸文本情感的基础上，通过让学生看作者的视频，与作者真切面对、倾心对话，拉近了学生与作者、文本的距离，学生的心灵受到了很大的震撼。最后，学生的倾吐情真意切，这都源于真情。

和云南少数民族老师们一起

10."不求甚解"？"咬文嚼字"？——"和美语文"教学策略之十

　　汉语言的一大魅力是语言造境，而这个"境"之美是只可意会不可言传的，如李清照词中"绿肥红瘦"一词，所蕴含的情味与意象之美是任何语言都无法诠释的。

诠释得越清楚，美感便消失得越多。汉语语意的模糊性决定了我们语文教学对有些语言的品味应不求甚解，即所谓留一份朦胧留一份美。"墙里秋千墙外道。墙外行人，墙里佳人笑"，是说古代的小姐在后花园荡秋千，墙外的行人（可能是位年轻的公子）从墙外经过，从墙内的笑声中依稀看到里面裙裾飘飘的倩影，回味里面佳人无比美好的形象，这就是一份模糊的美感。倘若外面的人进去或里面的人突然出来，让我们看了个究竟，那么也许会反给我们留下许多遗憾和失望。所以，我们大可不必对每处语言文字都深究含义，做出非让学生说清"粥"乃"一定的米加一定的水持续加热到 100 摄氏度后的生成物"这样的事。然而，有些语言现象，特别是名家名篇，作者的炼字造句可谓匠心独运，对这样的语言现象，应引导学生品词析句，甚至咬文嚼字，"嚼"出语言背后的情味、意味、韵味，"嚼"出弦外之音、言外之意，通过"咀嚼"语言，引领学生走进文本的内核，享受深层的人文陶冶与情感震撼。例如，《燕子专列》一文，在引导学生学瑞士居民寻找燕子的一节内容时，在引导学生体会"纷纷"一词时，教师可设问："都有哪些人去寻找燕子了？"学生想到可能有老人，有孩子，有政府官员，甚至还有残疾人。教师再问："这么多不同年龄、不同职务、不同性别的人都加入了寻找燕子的队伍，你能想象到他们走出家门时的心情吗？"学生可能会说"迫不及待、心急火燎、三步并作两步、急匆匆"等。最后教师总结："这么多人怀着这样的心情走出家门，这就是'纷纷'啊！"这个对"纷纷"一词的品味过程，是个"细嚼慢咽"的过程，是个极力铺陈渲染的过程，是个把"薄"书读"厚"的过程。所以，对这样的语言现象，不着力"品"，不细细"嚼"，是无法品出个中之"味"的。

不求甚解或咬文嚼字，要根据具体的语言及具体的语言环境而定，同一个词语，在不同的语言环境中，可能要采用不同的品词方法。例如，一个"揪"字，在独立的语境中可能并不需要"细嚼慢咽"学生就能理解，可在《景阳冈》一文中描写武松打虎时，这一"揪"字可值得我们咬文嚼字、细细品味：武松能把老虎给揪住，胆何其大、力何其大；武松不揪别的地方，单揪老虎的顶花皮，何其有智慧。所以，我们可以从这"揪"字中品出武松的力大无比、智勇双全。不求甚解和咬文嚼字作为两种不同的品味语言的方法，我们可以将它们看作"两极"，应根据不同情况分类处理，有时这"两极"还是都要兼顾的。如果一味不求甚解，语言的准确性、适切性就无法保证；如果处处咬文嚼字，语言的朦胧美与含蓄美就大打折扣了。只有把这两种方法融通使用，才能领略汉语言文字"横看成岭侧成峰"的多味之美。

三、尚美：和美语文的美学探源

"和"曾由西周太史史伯提出。孔子在中庸教育哲学中提出"中"，庞朴在《浅说一分为三》一书中提出"三"。"和美语文"中的"和"与"中""三"虽不是完全相同的概念，但我们可提取它们当中相同的因素给"和"下定义："和"是事物的两极（矛盾的两个方面）融通后的生成物，是虚化、动态的"第三者"。这个第三者，是一种状态，也是一种境界。"和"的境界便是"美"。

"和"的内涵非常丰富，有"和畅、和谐、和易、和悦、和乐"等之说。"和文化"是一种消解矛盾、平衡两极、尚美求悦的文化。在"和文化"关照下的语文阅读教学，追求"和悦、和润、和融、和济"之美。

（一）和乐喜悦的和悦之美

课堂是有场的，课堂上的物理场决定了学生的心理场。当场发生效应时，课堂便会呈现和乐喜悦的和悦之美。学生的"悦"不是肤浅的快乐，也不是由教师简单地逗乐就能实现的，内心深处的喜悦必须被深层次地激发和唤醒。当我们的教学碰触到了学生的"软肋"时，学生在享受学习需求被满足，思维被激活的高峰体验时，这种"悦"是由内而外的，是真"悦"。和悦的课堂之场可以调和润泽学生的心田。语文课堂拿什么取悦学生？——情趣、冲突。

一直以来，语文教学承载"传道授业"之重任，或是板着脸孔说理讲道，或是正经八百进行语言训练，语文中那些鲜活灵动的文字，醇厚浓烈的情感，很多时候躺在文本里熟睡，学生接触到的是语文干巴巴的表皮。和美语文研究一直憧憬这么一种课境：在情趣化的教学方式中让学生触到语文的胃，甚至其他内脏，享受言语活动中思维碰撞、情感互激、生命悦动的快感。

笔者在《半截蜡烛》一文的教学中，充分挖掘文本的文体和内容特点，使学生的语文实践活动避免枯燥，充满乐趣。采用"导演说戏、演员演戏、编剧续戏、观众评戏"四个板块展开教学，充分挖掘了剧本的文体特点，把几个语文实践活动整合在一个特定的戏剧类文本的文境中。在各个板块的过程展开和细节安排处，也充分挖掘情趣元素。例如，在"演员演戏"板块，通过让学生依据舞台说明描述的杰奎琳的外形特点挑演员，通过说台词竞选演员等活动设计，使整个活动过程妙趣横生、兴味盎然。再加上教师在引导过程中的巧妙穿插、渲染，使语文实践活动一改过去刻板的模式，呈现鲜活、灵动的面貌，起到"化腐朽为神奇"的效果。

如果说外在的情趣化的教学设计给学生带来的是表面的和悦的话，那么刻意制造课堂冲突，激活学生思维，使学生在与伙伴、教师、文本的交流互动中思维产生冲突碰撞，则能使学生享受高峰体验，获得深度的"悦"。

在马来西亚华文教材五年级《三个忠告》的教学中，最后设计了一个"辩"的环节，激活了学生的思维。

教学片段：《三个忠告》

师：好，同学们，咱们暂时把笔放下，这个故事很有意思，你们觉得有意思吗？

生（齐答）：有。

师：有意思的是什么呢？不同的人去读它，会有不同的感受和想法。比如，八哥这个形象，我相信在每个人心目中都是不一样的。你能用一个词来评价一下八哥吗？要说明理由。

生1：我觉得八哥很狡猾。

师：为什么这么说？

生1：因为国王把它抓到以后，它就求国王恕罪，说自己的巢里有一颗鹅卵般大小的宝石，是祖上吩咐它交给国王的，它在此已经恭候多时了。它说这些话其实是骗国王的，不想让国王把它吃掉。

师：狡猾，你读出了一只狡猾的八哥。

生2：我读出了一只睿智的八哥。

师：说说你的理由。

生2：通常，其他人落在敌人手里的时候，他们都会惊慌失措，都不知道该干什么了，可是八哥很冷静，马上就知道该干什么了。

师：所以你觉得它睿智。你也睿智，一般的人都是说人家聪明、机智，他用了一个高级的词，叫睿智，只有睿智的人才会用"睿智"这个词，真不错。谁再来说？

生3：我觉得八哥很聪明，因为它用国王喜欢听的话来骗国王，也保住了生命。

师：哦，你觉得它聪明，听听你的想法。

生4：我觉得八哥很能随机应变，它要被国王吃掉了，一下子就想到了自己要逃掉该怎么做。它就对国王说它有一颗宝石，就骗国王，飞到了树枝上，然后它就说了三个忠告给国王听，国王就觉得自己很愚蠢，就不会再吃八哥了。

师：它一环一环套牢了，是吧？她给了八哥一个什么词？

生（齐答）：随机应变。

师：好词啊，随机应变，我看有道理。现在我发现你们有两派意见。有的呢，给八哥唱赞歌，夸它聪明、睿智、随机应变、勇敢等；有的呢，对八哥有看法，说它狡猾什么的。我觉得你们可以辩一辩，它的行为是狡猾的"小人"行为呢，还是聪明、睿智的行为呢？你们可以发表自己的看法，也可以反驳别人的看法。

生1：我觉得八哥有点狡猾，因为我觉得骗人还是有点不好。

生5：要不是国王抓八哥，八哥干嘛要骗国王。

生2：它这么做是为了保住它的生命，我认为并没有做错什么。

师：求生是吧？

生3：我认为八哥是保护自己。你想啊，你落入了坏人的手里，难道你会心甘情愿让人宰割不成？

生4：我认为这是八哥自我保护的行为。

师：自我保护，自卫。

生6：我认为八哥这样做是为了测试国王，因为它已经给了国王三个忠告，而国王却没有听懂，反而违背忠告，放了它又后悔，想去抓住它。

师：那你对八哥的评价是什么？

生6：它是测试国王。

师：还是好心是吧？是劝告国王。

生7：我反驳他，谁会用自己的生命测试别人呢？

师：它的想法不是测试，八哥这样做最终想达到劝告国王的目的。

生8：我反驳他，八哥是在提醒国王，他有可能在提出捕猎的时候就已经犯下了这些错误，这时八哥故意栽在他的怀里，然后再说出这些谎言，最后说出忠告，提醒国王。

师：我懂了，你的意思是八哥是一个智者，它要用这样一种行为提醒一下国王。

生 2：我认为它的行为和狡猾还是有区别的。一般讲狡猾，都是指某人想获得利益，而八哥是想保护自己的生命才这样做的。

师：够不上狡猾。

生 9：我想反驳，说八哥是故意要去劝告国王的，还说它是智者，我认为既然是智者，就没必要拿自己的生命去开玩笑吧？

师：再听你的。

生 4：我再反驳，因为它要提醒国王，要说那三个忠告，如果它就那样掉下去，不怕国王直接把它杀掉吗，那就说不成话了，反倒没有用。

师：你觉得它起初的动机是保命，然后它的行为最终达到了劝告国王的目的，是吧？

师：我觉得这场辩论会辩下去是没有底的，暂告一个段落好吗？我只想问问大家，经过刚才的辩论，谁改变了原来对八哥的看法？一个、两个……好，看来语言的力量还是挺大的，你们不仅能说服自己，有的人还能说服别人。同学们真能干，不仅读出了自己心目中的八哥形象，更加可贵的是，你们还能把自己的观点头头是道地表达出来。你们也很会听话和说话，像八哥一样，是吧？同学们，故事学到这儿，快学完了，最后盛老师还有一个问题，八哥说这三个忠告对国王是很有用的，我想问问你们，这三个忠告对我们是不是也有点用呢？

生（齐答）：是。

生 1：八哥的第一个忠告对我们是很有用的。社会上有很多人，比如说给他糖果带他到哪里去玩，然后就能把他骗走。我们如果不随便相信别人的话，就不会出现这样的事情了。

生 2：我认为这三个忠告对我们很有用。因为如果有这三个忠告的话，我们就不会一生过得紧紧张张地不安稳了。

师：稍微说得具体一点，你怎么会觉得不安稳呢？什么样的情况下会不安稳？

生 2：就是没法取回失去的东西时觉得不安稳，然后就是你有可能想办法取回那些东西，而那些东西又不知道弄到哪里去了，这样我们就会睡不好、吃不下。

师：我懂你的意思，就是我们经常为过去的事情后悔，设法取回失去的东西，会让我们徒增很多烦恼。是这个意思吗？我有点同意你的看法。其实像我们，特别是我们大人，我们很多时候也或多或少、或轻或重地犯下国王那样的错误。你想想看，我们也会随便相信别人的话，有时候我们也经常为过去的事情而后悔，想要设法取回失去的东西，那这个时候就会徒增烦恼，是不是？所以，这就是寓言故事，它好像是说给我们大家听的，我们每一个人都会从故事当中受到深刻的启迪。所以，寓言故事又叫作智慧之花，你们以后要多读寓言故事。

这个环节设计，通过制造矛盾辩题"八哥是不是小人"引起学生的认知冲突，展开辩论，学生在使用语言表达自己观点的过程中，享受到的是表达、倾诉的快乐，活用语言的快乐。观点的交锋与碰撞，语言的历练与自我完善，以及在表达观点的过程中的自我意识的塑造，是一种迷人的享受，一种高峰体验所带来的内心之"悦"。

在马来西亚讲学（摄于 2010 年 4 月）

（二）和畅圆润的和润之美

和润指的是和谐圆润。从传统的审美观来看，中国人都非常崇尚"圆"，觉得圆是最美的图形，它昭示着流畅、运动、活泼、婉转、和谐、完美等特征，故有圆满、圆通、圆融、圆润等说法。"中国古人推崇圆满和圆融的境界，追求圆融无碍、流转不息的生命境界。圆是中国古人人生理想和艺术理想的表现。""作为造化精神的表现，艺术只有体现圆浑，与造化为一，方能做到气韵生动，而臻于化境，体现出恰到好处的和谐特征。"

教学的圆润之美需要我们关照课堂"内结构"与"外结构"的完整与系统。关照内结构的完整与系统是在画"内圆"，关照外结构的完整与系统是在画"外圆"。内结构的完整性与系统性表现在以下几个方面：着眼三维目标的整合；着眼文本系统的完整；着眼课堂结构的圆润。三维目标的整合在这里不展开赘述。和美语文研究一直关照文本系统的完整性。

一个文本是个完整的系统，是由灵魂统摄的。文本的每个语词都有种向心力，向着文本的整体。文本阅读，只有在整体感受时，才能捕捉到它完整的美，所以文本的整体美是不能被轻易打破的。我们的教学，就要维护、保护这种整体美，把完整的文本的整体美感传递给学生，或者让学生完整感受。不能随意把静躺在文本中的词语、句子抽取出来，使之变成零碎的布片。如果我们的教学破坏了整体美，把文本变成破碎的语言碎片，那么，不管教学艺术如何高超都是不完美的。文不美了，阅读不美了，课也就不美了。

"和美语文"是一种教育教学的美好境界，具体到一堂课的教学设计，必须遵循一定的操作程序，基本操作程序为"寻点—拉线—丰枝—画圆"。

1. 寻点

"和美语文"是一种教学境界，更是一种教学追求，它的落脚点应是"和"与"美"。如何才能使课呈现"和美"的境界呢？在教学设计过程中，教师必须先"寻点"。

（1）寻"课眼"

一堂课，作为一个完整的艺术品呈现，必须有一个主轴、一个中心点。这个"点"如同是一堂课的"课眼"。一堂课有了"课眼"，就可达到"提领而顿，百毛皆顺"的效果。一篇文章有"文眼"，从不同文体的内容来看，诗有"诗眼"，词有"词眼"，小说、散文都有自己独特的"眼"。从"眼"入手，可以窥到文里无限的"风景"，"眼"中可折射出文章的语言、情意、信息等浓缩的精华。"课眼"有时可

以和"文眼"相叠，有时又可另辟蹊径，独立存在。"课眼"可以是文章的语言点，可以是本课的语文能力训练点，也可以是文章蕴含的情意点。我们可以根据文本的特点，确定相关的点作为"课眼"。例如，《笋芽儿》一文，根据文本的语言特点和单元训练要求，我们找的点是"理解提示语，训练朗读"。《打碗碗花》一文我们找的点是"体会人物心情，练习有感情地朗读课文"。这两个点都是语文能力训练点。又如《卢沟桥的狮子》一文，我们找的点是马可·波罗对卢沟桥的评价——"世界上最好的、独一无二的桥"。这个点可以说是个情意点，是文章的文意所在。对于《番茄太阳》，可以找课文中的语言点"看着她的笑脸，觉得那就是最美的'番茄太阳'"。确定了文章的"课眼"，整堂课就有了主心骨，有了方向。

（2）巧定点

找到了"课眼"，还得关注课的"起点、节点、疑点、感点、终点"。所谓"起点"，就是学生的知识水平、认知现状、生活积淀、文化储备的基础，在这个基础上进行我们的设计，开始我们的教学，这才是真正的因材施教，也是教学成功的保证。例如，讲授《青海高原一株柳》一文时，一开课，笔者问学生：你们预习过课文吗？学生说已经读过很多遍课文了。按照常规的做法，应先安排学生自由朗读全文，等学生把课文读通顺、读流利了再开讲，但课文很长，笔者就打破常规，让学生选取几个在预习时还读得不是很通顺、很流利的段落快速练读一下，然后再开讲。这就是充分尊重了学生的学习起点。我们应杜绝一刀切、齐步走，抹杀个性与个人独特性的做法，在条件允许的范围内，应尽可能多地安排一些能让学生发挥个性学习特色的学习流程。在教学中充分尊重学生的学习起点，才是使课堂有效乃至高效的途径。"节点"是课堂的关键所在。一堂课的设计，有重点、难点，即节点，通俗地讲，就是节骨眼上的东西。节点定得准不准，关系到课堂的成败。节点的内容要保证在一堂课的黄金时间段加以落实。课堂还要设置"疑点"。疑点要有现场生成性。疑点的生成最易促成课堂上的师生交锋，课堂交锋越激烈，课堂生成就会越精彩。"感点"是语感生成点，阅读教学的重要目标是培养学生的语感，我们在利用阅读素材引导学生进行阅读训练时，必须找准感点。例如，《青海高原一株柳》一文中，描写柳树外形的一句"这株柳树大约有两合抱粗，浓密的树叶覆盖出百十余平方米的树阴"。这句话的感点就是两个数词"两合抱""百十余"，教师要使学生充分体会这两个数词的意义，使数词形象化。当学生对这两个表示大小和范围的数词有了充分的感觉后，朗读的语感就出来了，对柳树高大粗壮的形象也就有了充分、具体的感受。教学时可以这样引导："两合抱"粗到底有多粗？找个同伴演示一下。我们平时上课的教室大概是四十多平方米，树也就是有相当于两三个教室那么大的一片树阴，可见树冠的巨大。咱们再来读读这句话，一边读一边想象柳树的"高大粗壮"。"终点"是课的目标，你的教学目标要达到的位置就是一堂课的终点，对一堂课的终点在哪儿，教师应该了然于胸。虽然我们主张上不封顶，但应有条基本的底线，有了这条底线，教学操作才会有明确的方向。例如，《燕子专列》一文，我们可以把语文知识点的训练终点定位在"掌握总分段式的基本结构"。有了这个终点，我们就要在课堂教学过程中认真讲授这个知识点，使大部分学生都能掌握它的构段方式。如果没有这个明晰的终点在远方招手，我们的教学就是盲目运行的，也许到最后，只是部分学生可能对这个知识点有些感受。

2. 拉线

叶圣陶先生在《语文教学二十韵》中，有"作者思有路，遵路识斯真"这样一句话。叶老的这一教学思想，是阅读教学的基本方法，有人称之为"遵路教学法"。课文中作者的思路，是教师制定教学思路的指南。正确的教学思路产生的一般过程是：首先，准确把握住作者的思路，这是不可缺少的认识基础；然后，依据《课程标准》的规定，根据教学的目的，参考学生的实际，结合本身的素质修养等因素，择取最本质、最精华的东西，以较完备的形式、科学的方法融化为自己的思想，形成自己的教学思路。因此，教师教学的思路不是课文中作者思路的机械重复和原样照搬，而是以作者的思路为指南，参考相关因素，教师再创造的结果。（王志尚语）

确定教学思路的过程就是"拉线"的过程。线拉得好，课的结构"主干分明"。"拉线"的过程也是选择教学内容的过程。教学内容的选择是决定一堂课成败的基础。教材内容大于教学内容，文本呈现的是个茂密的语言"大森林"。如何从这"大森林"中"披荆斩棘"开辟出一条道来，找到最集中的重点内容进行突破是关键。例如，在《秦始皇兵马俑》一文的教学中，我们可以选择"军阵的布局"和"兵马俑神态的栩栩如生"两个内容重点突破，根据这两个内容拉出课的主线，在"秦始皇兵马俑真不愧为'世界第八大奇迹'"这个点的牵引下，两个板块的内容犹如线的两端，各自延伸。《卢沟桥的狮子》一文的教学可以选择描写狮子神态各异、栩栩如生的一段作为重点内容突破，当学生在朗读中体会了狮子的神态各异、栩栩如生后，

及时锁定语言点"有的狮子（　　　　　），好像（　　　　　）"进行想象拓展训练，在媒体的辅助下，让学生分别想象和平年代狮子的幸福生活和战争年代狮子的饱经磨难，这两块想象的内容构成了这堂课一条明晰的主线。

（1）线的流畅性

在教学设计过程中，要注意线的流畅性。主线应是一条直线，不能旁支逸出、错综盘曲。例如，《草虫的村落》一文，笔者在教学过程中抓住了三个标点符号"！？……"，先让学生读懂作者惊喜、疑问、意犹未尽的情感，再让学生用这三个标点符号表达自己的读书感受。这两个板块的教学内容相互衔接、贯通，串起了一条通过读懂文章标点符号读懂课文的教学主线。这条主线，贯通了文里文外，贯通了语言的吸收与表达，给学生留下无限启迪与思考，所以说，这是一条具有流畅性、延伸性的"直线"，而不是"曲线"，更不是"线段"。

再如，《打碗碗花》的设计，整堂课都抓住"体会人物心情，练习有感情地朗读课文"这个单元训练重点展开。分三个层次。第一个层次，找到表现"将信将疑"心情的句子，体会读。这个层次的教学，以教师指导为主。第二个层次，默读下文，找到表示小作者心情变化的词，并找出相应的有这些变化的句子，读出心情的变化。第三个层次，自读最后一段，自己体会小作者的心情。最后，通过词语的搭配，练习说话，进行语言的迁移。如此以一线贯始末，脉络非常清晰，保证了线的流畅性。又如《笋芽儿》一文，围绕"理解提示语，练习有感情地朗读课文"这个训练点，在第一段课文的教学中，安排了三个层次的教学内容：示范，悟出方法；提示语助读；加提示语。这样，整堂课的结构一线贯通，一气呵成。

（2）线的延伸性

在拉线的过程中还要努力使它成为"射线""直线"，而不是"线段"。这样的课，有回味，有遐想，余音绕梁，课尽而意未尽。

①情感上的延伸

语文是属于精神领域的学科，语文的学习不仅要给学生留下语言，还要留下精神，留下情感，以这些美好的精神养料滋养学生的人生，为学生心灵的幸福栖居打下基础。所以每堂课的结课，还要做情感的延伸。例如，《秦始皇兵马俑》一文结课时，教师可设计一个情感的尾巴："秦始皇兵马俑的出土，吸引了成千上万的参观者，你们知道他们中都有谁吗？"学生的好奇心被点燃后，教师顺势出示一张资料卡，通过阅读，学生知道了，原来有那么多的国际友人都曾经参观过我们的兵马俑，并且还留下了"不看秦俑，不算真正到过中国"的赞叹，一股自豪感油然而生。这种对自己民族文化的自豪感，在以后的人生中，可以转化成对祖国的"爱"，这种爱的教育不是靠空洞的说教达成的，而是一种基于了解的深切体验和感受。这种感受会在一个人的灵魂深处扎下信任的根基。爱首先需要信任，有了这种信任做基础，这种爱才可靠、真诚、坚定。

②知识上的延伸

语文课要放大，要打破学科框架，善于吸纳拓展，应"以言带知"。拓宽知识面是语文本身的需要，也是语文应协助别的学科共同完成的任务。所以，语文课上，教师也应千方百计地引导学生顺势拓展知识领域，把提升语言能力与拓宽知识领域两项功能同时推进。例如，《蝙蝠和雷达》一文，课文学完后，让学生口头填空"人们根据（　　　　　　），发明了（　　　　　　）"。把学生的思绪从课内延伸到课外，使课内、课外融通。这样的延伸，使课意味深长，余音绕梁，提升了课的内涵。

3. 丰枝

"和美语文"课堂教学艺术不仅追求课的"主干分明"，还特别强调"枝叶茂盛"。在"点"和"线"的牵引下，还需"上挂下联，左右逢迎"，做到方方面面整合、前前后后贯通。把跟主线相关的文化、语言、知识等信息都整合进来，使课堂内知识点串联起来，使课内外信息融通，使课堂丰厚、充盈，以点带面连体，形成立体式课堂结构。

（1）以"言"丰枝

教学的主干择取了文本中的主体语言，要使主干丰厚饱满，还必须调用文本中的背景语言。例如，笔者在教授《青海高原一株柳》一文时，先对文本进行了"削枝斩叶"，找到了一个词——"撑立"。以此为支点，撬起了全文这个"宇宙"；以此为线，让散落的"语言珍珠"得以串联；以此为轴心，使全文的语言与情感有了向心力。然而，光有"撑立"这个词还不够，还应为它重新营造一个丰厚的"语境"，好让它在新语境的烘托下"血肉丰满"。于是，"多少、又；一次又一次，一回又一回，为保全生命所做的艰苦卓绝的努力"等词句，便被调用到"撑立"身边，成为丰厚它的语境。这是一个重新组合后生成的新的教学语境。

（2）以"思"丰枝

文本有言不尽意之处，这些空白点给读者留下了许多想象的空间。在引导学生阅读的过程中，我们还可以充分激发学生思维，引导学生想象给这些空白处补白，引导学生把文本读厚。例如，在《青海高原一株柳》一文第七节的教学中，笔者三次引导学生想象："你仿佛看到它被摧毁的样子了吗？""很多时候，当它被高原上的风雪雷电折磨得死去活来，觉得自己快撑不下去的时候，它会怎样默默地鼓励自己？""当这株柳树在高原的风雪雷电中苦苦撑立的时候，它的同类——那些平原柳树在干什么？"引导学生做这样的联想，促使学生在头脑中进行形象的描画，"以境造像""以语生情"，使"语、像、神"三位一体，共同生成。语成，则促像；像成，则悟神。从语切入，通过对"主体教学内容"的聚焦和"发酵"，加上文本中"背景语言"的烘托渲染，柳树高大、坚韧的形象在学生脑海中巍然屹立。学生读懂了一个词"撑立"，同时也就读懂了一棵树，读懂了一种精神，达到了"言意共生"的目的，课堂的主线也因此变得丰厚、饱满。这是利用文本中的背景语言附加想象进行"丰枝"。

（3）以"链"丰枝

课堂要留下余味，达到"课有尽而味无穷"的境界，就必须在课后链接课外资料，达到丰枝的目的。例如，《秦始皇兵马俑》一文，在引导学生充分研读了文本，体会了兵俑神态的栩栩如生后，笔者适时引进课外资料，向学生呈现了一张资料卡：800 多个兵俑如何神态各异，栩栩如生。在让学生读了课外信息后，引导学生利用课外信息练习说话："有的兵俑（　　　　　　　），好像（　　　　　　　）；有的兵俑（　　　　　　），也许（　　　　　　　　）；有的兵俑（　　　　　　　），似乎（　　　　　　　）"。课堂因此显得丰盈、充实。这是利用课外资料"丰枝"。

4. 画圆

中国人都非常喜欢"圆"，认为它昭示着流畅、运动、活泼、婉转、和谐、完美等，故有圆满、圆通、圆融、圆润等说法。书法作品讲究气脉要圆畅，思绪要圆通，结构要圆备，风格要圆熟，语言符号要圆转。艺术语言要求"流美圆转""珠圆玉润""字正腔圆"。诗歌要"声律圆稳""落笔要面面圆，字字圆"等。

"和美语文"教学艺术也追求"圆"，如要有圆通的设计思路，圆转的课堂语言等，特别是课的结构，要力求圆备，把整堂课当成一个整体，有整体的构思、布局，才能带给人美感。一堂课，特别是一堂公开课，作为一个艺术品呈现时，也应该是个圆结构。

（1）画圆的思路

在设计过程中，先构架，再填充，使整堂课充实、圆满。画圆时应遵循以下原则。

①首尾呼应

例如，在《航天飞机》一文的教学设计过程中，一开始，笔者就请学生来介绍一下航天飞机，学生当然介绍不具体了，在学生迫切需要了解的情况下，让他们仔细研读描写航天飞机外形、速度、作用的句子，积累语言、积累知识，最后再以航天飞机自述的口吻介绍，学生兴趣盎然，讲得很好。这样首尾呼应的教学设计，把课上成了一个圆。又如，讲授《五彩池》一文时，杭州的虞大明老师做了以下有创意的设计：上课伊始，虞老师说他有个旅游公司的朋友，拜托同学们做件事，待会上完课后，帮助他们为五彩池写几句广告词。这样，就为学生的学习定下了目标，为下文埋下了伏笔。学完课文后，在学生充分感悟了五彩池的美后，让学生为五彩池做广告，学生兴趣盎然。整堂课首尾呼应，浑然一体。

②呼应中心

每一篇课文、每一节课，都应该有个情感的主旋律。它就像航轮赖以依靠的港湾，众川汇聚的大海，万物仰慕的太阳，是中心，是航向，每一个环节的设计都应呼应中心。"众星捧月"，使教者、学者的情感在同一点上不断回环、共振、升华、深化。例如，《秦始皇兵马俑》一文的教学，在学生充分感悟了兵马俑阵容的威武雄壮及神态的栩栩如生后，师生的思维、情感一直在秦始皇兵马俑真不愧为"世界第八大奇迹"的惊叹中回环。

③细节照应

"给大家留下深刻印象的，往往是那些细微的地方。"（于永正语）故而，在细节处照应，便能给人留下精雕细刻的深刻印象。例如，《青海高原一株柳》一文的教学，开始在研读柳树的样子一段时，引导学生生疑：柳树的外形这样高大粗壮，这是一奇；树枝和树干这样的粗实而坚硬，这是二奇；树叶绿得这样饱经沧桑，这是三奇。结课时又回到这段话，教师继续抛出问题回应开头：这回你知道它为什么长得这样高大粗壮了吗？树干和树枝为什么这样粗实坚硬？叶子为什么绿得如此饱经沧桑？在学生一一回答谈了自己的理解与体会后，教师再逐一把问号擦去。如此从生疑到解疑，过程的清晰展示，前后照应，浑然一体，给人留下了深刻印象。给人的感觉，好像在修整这个"圆"。

（2）圆的特质

在设计过程中，我们所画的圆应有以下特质。

①同心圆

如何才能画成几个同心圆呢？首先，要确定主题，在主题上不断回环。例如，《卢沟桥的狮子》一文，在每个内容的学习告一段落后，反复回环到中心句"世界上最好的、独一无二的桥"上，形成一种一唱三叹的复沓式结构，课堂情感也在这种反复回环中不断推进，给人留下"圆"的印象。其次，还应在细节上照应，如《青海高原一株柳》一文的教学，学生读了描写柳树样子的语段后，生成了三个问题：为什么这株高原柳树这样高大茂盛？为什么高原柳树的枝干这样坚硬？为什么高原柳树的叶子绿得如此饱经沧桑？学完课文后，再让学生一一作答，最后逐个擦去板书中的问号。这种细节上的前后照应会给人留下深刻印象，觉得课上始终在画圆，而且在画"同心圆"。最后，还应在点上敲打，如笔者在教学《青海高原一株柳》时，对"撑立"这个词，反复敲打，先是体会它的表层意思"张开枝干高大粗壮的样子"，然后体会它暗含的意思：在高原的恶劣环境中，柳树拼命地"熬、忍、坚持，跟死神较劲"，就这样在高原上"撑过来"了。最后让学生提炼"这是一种怎样的撑立？你能用一个词概括吗？"这样分几个层次在"撑立"这个点上反复敲打，使文意的挖掘逐步深入，在外观上，好像在修复、完善这个圆的结构。

②开放圆

"和美语文"主张建构开放的圆。系统论中强调：圆如果是封闭的，就等于死亡。所以在课前、课中、课后，我们引导学生搜集信息，使语文学习由课内走向课外，走向更开放、更主动的自主学习的广阔天地。例如，《卢沟桥的狮子》一文，学完课文后，针对学生提出的问题，可让学生自由组成合作小组，分门别类地去网站查阅资料。地理位置组，查阅卢沟桥的地理位置；建筑构造组，查阅卢沟桥的建筑构造，以及有关的图片、文字资料；景物特点组，查阅有关卢沟桥上狮子的图片、文字资料；历史资料组，查阅与卢沟桥相关的历史资料，包括有关抗日战争的资料；游人评论组，搜集查阅有关对卢沟桥的评论文章。这样就像给了学生一个支点，让他们自己到课外再去拉线、画圆。所以在课堂上，我们画的是一个"开放的圆"。

寻点、拉线、连成面，一堂课的"骨架"撑起来了，再以"血肉"充实之，这课就变成立体的了，就有了活力和气韵。这样的课堂，离充满了雅俗之美、生命气息的"和美"之境也就不远了。

在浙江省诸暨市讲课（摄于 2006 年）

（三）调和融通的和融之美

多年来，语文教育一直行进在"一分为二""对立斗争"的崎岖小路上，在发现了某一方面问题而需要做些纠正的时候，人们往往只看到它的不好，并予以彻底否定，这就会从一个极端跳到另一个极端，结果便出现另一种新偏向。总之，语文教育有太多的"对立斗争"的认识误区，而缺失"对立统一"的"两极融通之和"及"言意相谐之美"。这便是笔者提出并追求"和美语文"的思想基础。

"和美语文"努力在教学中求"和"生"美"。中国美学强调协调之美，在审美观中遵循协调原则。协调原则讲究融合性，即努力追求在相互协调、相互消长、相互补充的过程中产生和谐，这个过程便是"融合、融通"的过程。

"融通"可以化解"极化矛盾"，在极化反应中生成新质。"两极融通"指两极融合流通、贯通，相互渗透，生成新质。如何将"两极元素"调和在一起，使之在相

互反应中生成新质，从而使教学生"效"、生"美"，是语文教学要解决的核心问题。"和美语文"围绕"融通"这个核心理念，采用一系列教学策略，试图在语文教学的宏观、微观各层面寻求两极元素的融合。在宏观层面，"和美语文"追求雅俗共赏的优课观、显隐结合的学习观、主客相生的师生观、言意相谐的性质观。这"共赏、结合、相生、相谐"之境，便是"两极融通"之果。在微观层面，在具体的课堂操作过程中，"和美语文"主张关注教学细节展开过程中诸多两极元素的融通，如"教与学、讲与练、读与写、入与出"等，在融通中求"和"、生"美"，在融通中生成调和融通的和融课境。限于篇幅，试举一例说明。

《跨越百年的美丽》是报告文学作家梁衡的作品，选入教材的文本在原文的基础上做了大量的删减与改动。教材文本既有形的描绘、事的记叙，还有理的阐释。针对文本特点，如何选取最合宜的教学内容，使教学内容能承载起"塑形"的功能呢？经过反复比较权衡，笔者选取了两块内容：三个情境下居里夫人的形象描写和文章的议论文字。这两个板块的内容分散在两个课时中落实完成。这样的安排与设计，使教学内容相对集中，板块清晰明了。每个板块内容分层次展开，层层递进，螺旋上升。例如，"形象描写"一块内容，从"画像中的居里夫人"再到"报告会上的居里夫人"到"实验室中的居里夫人"，采用说说、读读、写写三种不同的教学策略逐层展开，从对文本形象描写的阅读到实验室中形象的迁移仿写，教学内容与方法都层层递进，在对人物形象描写这个语文知识点的训练与落实过程中，人物的"形"从模糊到清晰，从单一到丰厚，最后完整定格在学生的脑海中。第二课时聚焦"议论"文字展开教学，从爱因斯坦的议论到作者的议论，最后迁移到读者"我"的议论，也是从读到写，教学内容集中、明确，整堂课气脉贯通，一气呵成。通过研读、抒写"议论"文字，居里夫人的美丽形象实现了从"形"到"神"的转化，形神融合。最后，扎根在学生心田的是从外形到精神人格都"美丽"的丰满厚重的居里夫人形象。两个板块的教学内容，都力图使"读写融合"，实现由读到写的迁移。第一课时的"人物形象描写"一块内容，从对"画像中的居里夫人"的尝试说，到"报告会上的居里夫人"的品味读，再到"实验室中的居里夫人"的迁移写，由读到写，使学生对人物形象描写这个知识点进行了深入的学习、探究，并尝试实践运用。第二板块的"议论"文字的学习，也是经历了三个层次，从爱因斯坦的话引入，链接作者三段议论文字，在品读作者议论文字时，感悟作者议论的方法：作者是采用了对比、排比、引用等方法，表达看法，发表议论。最后拓展几个原文中的小细节，让学生尝试发表自己的议论，表达自己读文、读人后的整体感受，这又是一次语言运用实践。可以说，学生的议论，交融了自己读文、读人的双重感受。教学至此，在语用的过程中，学生心目中的"文"与"人"已融为一体。

专著《语文课堂：教学走向和美》获省教研成果一等奖

（四）走向实践的和济之美

语文是一门工具学科，其目标任务简单地说就是培养学生的语文能力，提高语文素养。而能力不可能靠听说便能获得，它必须更多地通过实践操作来掌握。《课程标准》明确提出："语文课程是一门学习语言文字运用的综合性、实践性课程。"因此，课堂阅读教学，从阅读、理解、内化，到鉴赏、评论、表达，都是对学生进行有目的、有计划的操作训练的过程。但是，传统的阅读教学对训练的意义理解、价值认识、功能开发都是有局限性的。传统语文教学一般仅把训练作为检测讲读结果、巩固讲读知识的手段，致使训练没能发挥最大的功能，最大限度地为提高课堂效率、提升学生语文素养服务。

训练作为检测、巩固学生语文学习效果的手段，当然十分必要，但改变传统课堂教学模式，提高语文课堂教学效率，必须从改变学生训练的功能入手。训练在课

堂阅读教学活动中应发挥更大的功能，如用训练替代讲读之学，用训练促进言意融合，用训练引导学生学习，用训练推进教学流程。

但当训练不是只作为教学结果的检测工具时，必须有一种新型的形式来替代它，应由传统的"以练固学，以练测学"转化为"以练导学，以练促学"，即把训练作为一种载体引导学生更高效地进行语文学习。在"以练导学"的过程中，**练**是载体，**导**是路径，**学**是落点。通过设计有效的练习，以及在学生练的过程中教师有艺术性地、巧妙地穿插引导，达到促进学生高质量、高效地学习的目的。在导练、导学的过程中，化教为学、以学定教、教学相长、主客相生，使导和练真正融合在一起，最终使教学走向和美。还是以《半截蜡烛》一文为例。本课的设计用四个板块的训练推动教学流程，用训练替代传统的讲读式教学，训练前置，所以训练不是学生学后的检测和复习巩固，而是一段展开的教学过程，通过这段过程去推进学生的学习。在前置性的训练过程中，学生通过尝试训练，暴露学情，这为教师的"导学"提供了有效的信息，便于教师找准学生的学习起点，使导学过程落点准确、对准下药、行之有效。教师的"导"和学生的"学"是双向互动的过程，"导"为"学"服务，"导"引领、提升学生的"学"，"学"反过来又促进教师更有效地"导"。在这个相互推进、相互作用的过程中，"教"借"学"势，越烧越旺；"学"攀"教"栏，越攀越高，使教学真正走向"相长"的和美之境，使课堂呈现因实践而生的"和济"之美。笔者的"导演说戏"环节是这样展开的。

教学片段：《半截蜡烛》

师：今天这节课，我们来听一个发生在第二次世界大战中的故事。题目叫作——

生：《半截蜡烛》。

师：这是一个剧本，课前你们读过这个故事了吧？我们先来理一理。这个故事的前面有一个舞台说明，告诉我们故事发生的时间是在——

生：第二次世界大战期间。

师：地点是在——

生：法国伯诺德夫人家中。

师：这个故事当中有这些人物，分别是——

生：伯诺德夫人，法国的一位家庭妇女；杰克，伯诺德夫人的儿子；杰奎琳，伯诺德夫人的女儿。三个德国军官，一个少校、两个中尉。

师：这些少校、中尉都是军衔。少校相当于一个营长，中尉相当于连长级别。故事主要由两部分组成，开始的时候写了将情报藏在半截蜡烛里边，接下来就写母子三人保护蜡烛。你觉得这两部分，哪一部分精彩一些？

生：保护蜡烛。

师：我们这节课重点来读这部分课文。

师：（响起敲门声）你们听，随着一阵粗暴的敲门声，三个德国军官闯进了伯诺德夫人的家中，于是一场没有硝烟的战争就打响了。那么，这母子三个是怎么想尽办法保护这半截蜡烛的呢？把书拿起来，快速默读保护蜡烛这一部分内容，读完之后我们要一起来完成一张情节图。

（PPT 出示情节图，图 2-1。）

图 2-1

（学生默读，教师巡视观察，提醒读完的同学将情节图补充完整。）

师：好，把笔停一下。看看这位同学写的情节图。第一处他写的是"端起"。除了这个端起，还有不同的写法吗？

生：端走。

师：可以。后面这个括号，他填的是"夺回"。

生：被夺回。

师：老师填了这个词——想端走，因为他没有成功地端走。

师：接下来，请同学们做一回导演，说一说戏。愿意吗？

生：愿意。

师：说什么呢？请你看着这张情节图，向剧组人员简单地介绍一下剧情的发展。自己看着屏幕练一练吧。

（学生练说。）

师：导演，请问你贵姓？

生：我姓李。

师：哦，李导。我们请李导简单向剧组人员介绍一下剧情。

生：伯诺德夫人先点燃蜡烛，后来德国军官来了，又把蜡烛给吹灭了。但是德国军官说屋子里太黑了，又把蜡烛点燃了。

师：等等，这个蜡烛到底是谁点燃的？

生：蜡烛是德国军官点燃的。

师：对，你可不能乱导。德国军官先把蜡烛点燃，那谁把蜡烛吹灭了？你只要把"谁把蜡烛怎么样了"说清就可以了。

生：三个德国军官来检查，嫌屋子里黑，点燃了那支藏有秘密的蜡烛。伯诺德夫人拿出一盏油灯，她说还是油灯的光亮，就把蜡烛吹灭了。德国军官说多点几支蜡烛也好，这样就更亮了，于是又点燃了藏有秘密的蜡烛。杰克说那么生点火吧，可是柴房里比较黑，想把蜡烛端走。可是德国军官不让他把蜡烛拿走。最后，杰奎琳对德国军官说，晚上了，天黑，想拿这支蜡烛上楼去睡觉。

师：好，请问你贵姓。

生：姓陈。

师：跟大导演陈凯歌同姓，了不得。但是我觉得说得太复杂了。能不能说得再简洁一点？你们只要说清楚"谁把蜡烛怎么样了"，再加上一些适当的连接词就行了。

生：首先是德国军官点燃了蜡烛，然后伯诺德夫人把蜡烛吹灭了。可是德国军官又点燃了蜡烛，杰克想端走，但是被德国军官夺回了。最后是杰奎琳把蜡烛端上了楼。

师：你贵姓啊。

生：我姓胡。

师：你没有胡导，你导得非常好。

（学生笑了。）

师：这么简洁地交代一下，我们的情节就非常清楚了。更加可贵的是，她还用了一些连接词——首先、然后、最后，把情节发展中的几个波折也交代得非常清楚。

这个故事的情节就是这样，通过母子三人轮流跟敌人的交锋、冲突，把剧情一步一步地推向高潮。听着导演的介绍，你想用一个什么词来形容这个故事？

生：一波三折。

生：层层推进、有惊无险。

师：也可以说是跌宕起伏。剧本，就是这样，通过对话，一步一步地推进了故事的情节。这是剧本的第一特点。

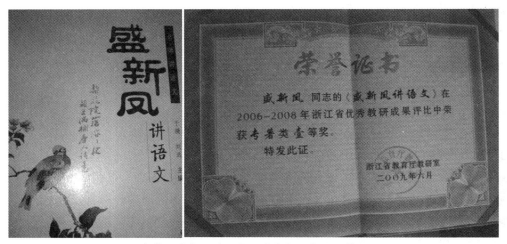

专著《盛新凤讲语文》获省教研成果一等奖

（五）和而不同之美

山东临沂有一种特色小吃叫"糁"，是一种长时间熬制出来的浓汤。这种把不同物品放在一起，调和成一种美味的过程，就是"和"。子曰："君子和而不同，小人同而不和。"语文教学追求"和"的过程，即追求个性，在个性中求共性。这种思想，在《课程标准》中就有充分反映："阅读叙事性作品，了解事件梗概，能简单描述自己印象最深的场景、人物、细节，说出自己的喜欢、憎恶、崇敬、向往、同情等感受。阅读诗歌，大体把握诗意，想象诗歌描述的情境，体会作品的情感。受到优秀作品的感染和激励，向往和追求美好的理想。阅读说明性文章，能抓住要点，了解文章的基本说明方法。阅读简单的非连续性文本，能从图文等组合材料中找出有价值的信息。""一百个读者有一百个哈姆雷特"，对同类教材的处理没有定法。

"和美语文"寻找的是符合自己教学理念的个性教学。"和美语文"对不同类型课文的教学进行了分类研究，对于不同类型的课文，教师在教学时要根据文体特点，抓住不同的融通点施教，这样才能收到很好的功效。例如，写人文章追求"表里融通"，写事文章追求"事理融通"，写景文章追求"情景融通"，状物文章追求"形神融通"，诗词文章追求诗（词）境与语境的融通，民间故事追求"虚实融通"。对于不同的融通方式，教学也应呈现出"和而不同"的和美之境。

"和而不同"的教学思想还可以体现在个性化的阅读中。例如，《去年的树》一文，我们可以从中读出"环保、诚信、友情"等不同的主题。

当然，"和美语文"还要追求行云流水的和舒之美等。总之，语文教学中的"和"文化，是一种追求"和谐、融通"的文化。我们应努力追求"和悦、和润、和融、和济"的理想课堂教学境界，这是对语文教学中的极化矛盾进行"融通、调节"，努力维持语文教学生态，提高课堂教学效率的有效策略。这样的教学，旨在使我们的语文教学真正走向儿童、走向语文、走向高效，使我们的语文教学走向"美不胜收、韵味无穷、百感交集"的和美之境。

2017年11月杭州师范大学"浙派名师"为笔者举办"和美语文"教学成果观摩与研讨活动

四、导练：和美语文的生态诉求

（一）构建"以练导学"小学语文阅读教学基本模式

【内容摘要】 在与"内容分析式"的教学说"再见"后，"运用"成为《课程标准》的关键词和高频词。与此同时，"生态、生本、生学"式的课堂阅读教学也逐渐成为近两年研讨的热点。本模式的构建把"以练导学"作为联通教与学的桥梁，作为撬动教与学方式转变的切口，开掘"以练导学"的丰富内涵，探寻其合理时机，提炼其教学要义，研究其文体差异，开发其多种功能，试图通过多样的"练"起到"向学、多学"的功效。

【关键词】 以练导学，小学语文阅读教学，教学基本模式。

传统的语文课堂，一般以教师为中心，存在着分析多、提问多、讲解多等弊病，学生在教学过程中往往处于被动接受的地位。在与"内容分析式"的教学说"再见"后，"生态、生本、生学"式的课堂阅读教学成为近两年研讨的热点。要改变学生被动的学习地位，实现生本课堂，教师就需要从深度解读和过度讲析中解放出来，化教为学。各种随堂练习设计，作为联结教与学之间的桥梁，成了撬动教与学方式转变的一种重要的切入口和突破口。

"以练导学" 就是把"练"作为一种载体，把教师的"导"当作通往学的路径，把学生的"学"当作落点，通过设计有效的练习，让练的内容聚焦"语言文字运用"，让练的过程凸显实践性、综合性，在学生练的过程中教师有艺术性地、巧妙地穿插引导，使学生更高效地进行语文学习的一种有效的阅读教学模式。

1. "以练导学"小学语文阅读教学基本模式概述

（1）基本式

通过大量的课堂实践及对课堂实践的梳理、比较、分析，我们发现采用"以练导学"的方式进行阅读教学，要抓好六个最主要的关键字。

本——选择教学的内容，这是整个教学的根本。教学内容的选择，必须遵循从学生的学情出发的原则。

读——在检查预习、整体感知、品词析句、自主探究、感受体验等教学的各个环节借助多种形式的读，理解积累言语，习得阅读方法。

讲——根据课文的特点，在课前、课中或课后尝试复述、介绍、辩论，从而内化言语，培养概括、想象、表达等言语能力。

悟——聚焦文本特定的语言，采用涵泳、移情、想象、比较、体察等方法引导学生入境，感悟言下之意、话外之音、文中之旨。

用——在了解内容、有所感悟、积累语言、习得方法或发现规律后，迁移运用言语。

链——将课内与课外、学习与生活、积累与拓展相链接，以主带次，将课内外学习内容进行整合，从而摆脱教材的束缚，走大语文的道路，使学习走向更开放、更主动的广阔天地。

借助这六个关键字，我们可以构建出一个"以练导学"小学语文阅读教学基本模式。

如图 2-2 所示，"以练导学"小学语文阅读教学基本模式包括"读""讲""悟""用""链"五个学习板块。五个板块统统指向"学生需要学什么"这个"本"，这个核心目标，并在循环往复、螺旋上升中达成课堂教学目标，提升学生语文素养。与传统的小学阅读教学相比，"以练导学"小学语文阅读教学基本模式具有两个显著特点。

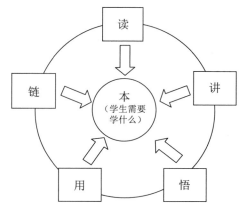

图 2-2　基于随堂任务设计的小学语文阅读教学基本模式

　　一是融通化。纵观整个模式，各个板块的设计不是单纯的教师行为或教学行为，而是教师引导下的"随堂任务"，整个教学流程实际上就是教师的教与学生的学的相辅相成、相生相融。一方面，学生通过"读""讲""悟""用""链"这一系列随堂任务走进了文本，暴露了学情，便于教师"顺学而导""以学定教"；另一方面，教师在学生"读""讲""悟""用""链"这一系列随堂任务中穿插引导、点拨，最大限度地让学生在课堂上运用语言文字，进行言语实践，做到最大限度地让学于生。

　　二是组块化。"组块"是个心理学概念，也可以理解为将"各种不同的信息'比特'整合成较大的信息整体"，这里是组合、统整的意思。"以练导学"的小学语文阅读教学基本模式并不意味着是"读""讲""悟""用""链"一系列随堂任务的固定罗列或随意堆砌，而是根据不同的课文，根据"学生需要学什么"这个"本"，将一系列的训练进行先后取舍、变序等，灵活组块，形成众多适合需要的"变式"。

　　（2）文体变式

　　文体指文章的风格或结构、体裁。不同版本的小学语文教材都选编了不同文体的课文，不同的文本在形式和言语的特色上各有区别。构建了"以练导学"小学语文阅读教学基本模式之后，我们针对九种常见的文体，研究了它们的"练"在流程上、策略上的差异，从而提出了九种"以练导学"小学语文阅读教学变式，进一步促使教学模式与不同文体的教学相适应。

　　①寓言故事

　　"用""读""讲""悟"。（图2-3）

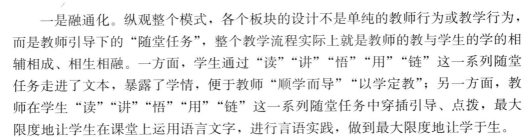

图 2-3

　　"用""读""讲""悟"四个学习板块统统指向"寓言类文本，学生需要学什么"这个"本"，这个核心目标，并在循环往复、螺旋上升中达成课堂教学目标，提升学生语文素养。"活动化"是此变式最显著的特点，即各个板块的设计不是传统的教师行为或教学行为，而是学生主要的语文学习活动，整个教学流程实际上就是学生"学的活动"的充分展开。

　　②写人记事

　　写人记事类文章在小学语文教材中所占比重最大，它构思精巧、事件典型，加

上合适的叙述、描写、议论及抒情，生动地叙述事件，形象地刻画人物。这一类文本内容情节性强，作者的情感表露真实，往往能激起学生阅读的兴趣。这类文章如果能抓住语言的落脚点，分下面三步折射全文，贯通课堂，就能让学生在学习的过程中达到语言和精神同构共生。（图 2-4）

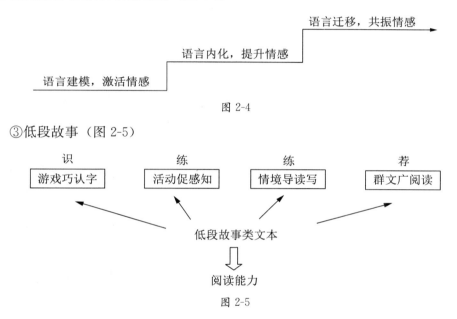

语言迁移，共振情感

语言内化，提升情感

语言建模，激活情感

图 2-4

③低段故事（图 2-5）

识	练	练	荐
游戏巧认字	活动促感知	情境导读写	群文广阅读

低段故事类文本

⇩

阅读能力

图 2-5

该变式改变了传统的平面而单一的教学，使学生在游戏中识字，在活动中阅读，在情境中对话，有效地指导学生在活动化的过程中强化故事阅读实践，循序渐进地引导学生进行语言实践活动。该变式具有"寓教于乐，相映成趣""深入浅出，相辅相成""课内课外，相得益彰"三大特点。

④童话故事（图 2-6）

读，聚焦幻想文字	→	议，丰富幻想画面	→	编，展开幻想情节

图 2-6

因为以幻想为依托，所以童话的美是独特的，是夸张美、变形美、超现实的文学美。当随堂任务指向学习作家展现幻想的写作方式、培养学生的幻想能力，指向文中幻想的语段时，童话教学中的幻想就要和语言的运用、形象的塑造、意境的营造相融相通。

⑤说明文（图 2-7）

图 2-7

学习获取信息、读说明方法、训练科学思维、品味特色语言是说明文教学的四大取向。在教学过程中，到底侧重于哪方面，需根据每篇课文的文本特色而定，可能是针对其中一点设计训练，也可能是针对以上几个方面综合在一起设计训练。

⑥古代诗词（图 2-8）

图 2-8

该变式可以被称为"对读式"，即以课文中的古诗为主，链接一首与之有内在联系的诗，在整个学习过程中以主带次穿插学习。它追求的是将所学的知识融会贯通，化为己有，主要体现为诗与诗的交融，诗与文的挂钩，内与外的链接。

⑦儿童诗歌（图 2-9）

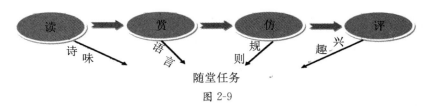

图 2-9

根据儿童诗歌的特征，在儿童诗歌教学中，通过设计有效的随堂任务，以及在学生实践的过程中教师有艺术性地、巧妙地穿插引导，尝试用"读—赏—仿—评"这四部曲来开展儿童诗歌教学，做到"玩味诗言，雅俗融通""仿学诗歌，'技''道'融通""评价诗作，多元融通"，最终使教学走向和美。

⑧写景文章

写景文章画面感强，篇章结构清晰，句式更富变化，是很好的语言示范，具有较大的"语用教学"价值。在基于随堂任务设计的小学语文阅读教学理念的引领下，可以尝试建立以下四步走的教学变式。（图 2-10）

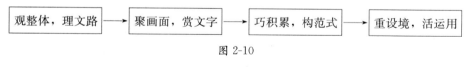

| 观整体，理文路 | → | 聚画面，赏文字 | → | 巧积累，构范式 | → | 重设境，活运用 |

图 2-10

⑨民间故事（图 2-11）

| 多"维"拓展促感知 | → | 因"言"施教显特色 | → | 不拘一格"述"故事 |

图 2-11

学习民间故事，学习我国的语言和文字，唤醒儿童敏感细腻、温润的心灵世界，此变式通过"求味""求梯""求融"，在雅俗共赏、循序渐进、言意融通中传递给学生的不仅是一则故事，更是博大精深的民间文学。

2. "以练导学"小学语文阅读教学基本模式的功能定位

传统阅读教学一般仅把随堂任务作为检测讲读结果，巩固讲读知识的手段，致使其没能发挥最大的功能。将随堂任务从传统的"固学""测学"转化为"导学""促学"，"以练导学"的设计必须包含更为丰富的功能。在阅读教学中，它或点拨学生理解文本，或有助于学生关注文本言语现象，或引导学生运用有效的学法，或熏陶学生的情感，或集以上多重功能于一身。在学生语文实践的过程中，教师辅以有艺术性的、巧妙的穿插引导，能使学生行进在学习的捷径上。根据设计训练的主要意图不同，可将其在推动学生学的过程中发挥的主要功能做以下分类。

（1）为文本理解铺路

阅读教学是基于对文本的理解展开的。在引导学生理解的过程中，教师讲授过多，会使学生的理解趋于模糊，使课堂呈混沌之态。对于文本理解上的难点，可以尝试通过训练来缩短学生理解的路径，使学生的理解清晰化和简化，从而高效地突破文本理解上的难点。

（2）为言语获得搭桥

阅读课教学中需要特别敏锐地关注的就是文本的言语形式和特点。在引导学生发现并学以致用时，口头的暗示或预设等待学生的随机发言会使课堂失去和谐。训练不失为最直接的方式，它能让学生在实践的过程直面独特的言语现象。同时，动态的训练，亦能让学生得到更深刻的体验。

（3）为学路、学法设航

教学的核心应是学生的学习，教学要从学生的学习出发，设计、展开教学过程。"以练导学"是教师引导的体现，因此也需要从学生的学情出发，重点抓住学生对文本的兴趣之处、好奇之处、感动之处，以及不会引起他们关注但又值得讨论之处等进行设计，如此就能为学路标识准确的航向，就能使学生学得投入、学得入境。

（4）为价值情感导向

对学生情感进行熏陶采取的较为常规的教学策略是媒体或语言渲染。这样的引导，教师"教"的痕迹过重，学生的情感价值观是"被树立"的，缺乏能动性。将学生情感价值观的熏陶融入随堂任务设计中，就能减少过多的说教，且更有助于学生表达内心的真实情感。

3. "以练导学"小学语文阅读教学基本模式的运用时机

传统的训练仅仅承载着检测、巩固、复习的功能，因而其设置的时机往往简单地按一节课进程的先后顺序分为课前、课中和课后。通过研究，我们开掘了训练的众多的丰富的功能，功能的转变必然使得训练的设置不仅仅要从时间的先后上考虑，更多的还要从学与导的逻辑先后上去考虑，注重"训练"与"教师引导"之间的双向互动和融通。为此，我们总结出了先练后导、边练边导、导后再练三种方式，试图把握最佳的导学时机，以促进课堂效率大幅度提升。

（1）先练后导

将"训练"置于"教师引导"之前，易于暴露学情，为教师的"导"提供有效的信息，便于教师找准学生的学习起点，使导学过程落点准确、对症下药、行之有效。

（2）边练边导

将"训练"融于"教师引导"之中，"训练"就成了一段展开的教学过程。通过边练边导、边导边练的双向互动，"导"为"学"服务，"导"引领、提升学生的"学"，"学"反过来又促进教师更有效的"导"，进而促进学生更好地理解文本、习得语言、体悟情感。

（3）导后再练

将"训练"置于"教师引导"之后，一方面可以起到传统的检测、巩固、复习之用，更重要的是，它可成为课堂教学的延伸和拓展。导学式的随堂任务形式可以更丰富多彩，如听广播、看新闻、查信息、做调查等。在这些训练的引导下，学生能在实践活动中发现新问题，并在教师的引导下探索、解决新问题，从而使所学所用更加深入、完善。

4. "以练导学"小学语文阅读教学基本模式的操作要义

用"以练导学"的方式展开阅读教学，必须要有语文化教学视野、自主化学习理念、板块式框架建构、活动化学习路径、情趣化学习方式。

（1）板块清晰明了

将一节课或一篇课文的教学内容及教学过程分为几个明显的而彼此之间又有密切关联的教学"板块"，能使课堂教学和谐、高效。训练要摆脱繁杂无序的问题，也需尝试"板块式"的练习设计，即课堂上每一项训练之间需缔结关联，从而使学生的语文实践步步深入、层层递进，与"板块式"的课堂和谐相融。

2014年杨再隋教授到湖州吴兴区参加和美语文专题研讨活动

（2）内容指向语文

语文课程是一门学习语言文字运用的综合性、实践性课程。教师必须在不断的语言实践过程中培养学生理解、积累、运用祖国语言文字的能力。训练的设计必须

直指语言本质，在引导学生感悟语义的同时感悟语言规律，理解为什么这么写，并适时将语言表达形式迁移运用。

（3）方式追求情趣

传统的随堂练习机械、单一，是纯技术的操练，学生容易疲累、厌倦，如能进行有效转化，使之富有情趣，充满艺术性，则效果会事半功倍。在进行练习设计时，可以根据文本的文体和内容的特点，充分考虑情趣的因素，使学生的语文实践避免枯燥，充满乐趣。同时，也可以通过教师巧妙地穿插、渲染等引导，使语文实践一改过去刻板的模式，呈现鲜活、灵动的面貌，起到"化腐朽为神奇"的效果。

（4）导学相互推进

训练不是简单的学生学后的检测、复习和巩固，而是一段教学过程的展开。在训练过程中，学生通过尝试暴露学情，为教师的"导学"提供了有效的信息，便于教师找准学生的学习起点，使导学过程落点准确、对症下药、行之有效。教师的"导"和学生的"学"是双向互动的过程，"导"为"学"服务，"导"引领、提升学生的"学"，"学"反过来又促进教师更有效地"导"。在这个相互推进、相互作用的过程中，"教"借"学"势越烧越旺，"学"攀"教"栏越攀越高，使教学真正走向"相长"的和美之境。

构建"以练导学"小学语文阅读教学基本模式，充分挖掘学生潜能，把学生的"学"置于更重要的位置，使教师的"导"更有针对性。可以说，"以练导学"的提出，是和美语文在生本课堂落实过程中的有效策略，是实现课堂翻转、解放学生学力的有力抓手，是和美语文研究从"哲学视野""美学视野"转向"生态视野"的重要标志。

（二）优化作业，以练导学
传统语文作业呈现的种种弊端

传统的语文作业作为课堂教学的补充，常常在教完知识之后呈现。这种作业呈现是滞后于语文课堂教学的，其主要功能一般也是检测学生对课堂教学知识的掌握程度，进一步巩固、积累语文知识，并努力提高学生的语文能力。反观这种作业形式，其弊端非常明显。

1. 机械操练，语用弱化

传统的语文作业大多是机械的反复操作，以增强学生的记忆为主，如抄写词语、找反义词和近义词、组词等。理解性的作业也强求统一的标准答案，这样的训练没有思维含量，弱化了学生对语言文字的运用。

2. 可控性差，反馈无力

讲完后再练，课堂上留给学生练习的时间少之又少，而作业一般都只能在课后或者课外完成，学生完成作业时的状态就基本脱离了教师的视野。对于一些口头实践作业，教师基本无法了解到学生真实的学习情况，有的甚至没有反馈，长期下去，必会出现学生和家长重书面作业、轻口头表达的现象。

3. 教师主控，生本缺失

传统的作业往往是教师根据教学的要求及相应的教学素材而设计的。主控权在教师手里，是教师一厢情愿的"喂食"，往往没有照顾到学生的需求、意愿，在作业面前，学生的主体地位无法展现。

4. 功能单一，张力不够

传统语文教学一般仅把作业作为检测讲读结果、巩固讲读知识的手段，致使作业没能发挥最大的功能，张力不够，作业的"展学、导学、延学"功能无法发挥。

作业改革的举措

改变传统作业模式，给作业"变脸"势在必行。

1. 聚焦"练"，丰富作业形式

从时空上来看，语文作业主要有学前作业、学中作业、学后作业；从内容上来看，语文作业可分听、说、读、写等不同形式的语文实践活动；而从形式上来看，作业又可以分为书面作业、口头作业和思维作业。语文课堂教学中，我们应构建丰富的语文实践活动，以各种作业的"练"为载体，辅之以有效的"导"，我们探究了课前、课中、课后三个不同时机的不同类型的作业练习。

（1）课前练习

课前练习是教师在充分解读教材的基础上确立合理的教学目标，基于了解学生学习起点而设计的引导性练习。它能起到导学、导教的作用，能帮助教师科学地选择恰当的教学策略。课前练习的设计，要兼顾共性，又要注意个性，根据教学目标的不同要求，设计多种练习形式。

①悟读式

悟读式就是在预习课文时，学生通过各种形式的读达到熟悉课文目的的一种练习形式。朗读是培养学生语感的一个有效方法。读准字音、读通句子是整体感知课文的基本要求。自读形式多样，其中录音式朗读深受学生喜爱。学生通过录音设备记录自己朗读课文的情境，并反复听、录，以达到最佳效果。在学习新课文前，录音式朗读是一种行之有效的练习方式。

示例：

表 2-1

第五册	文体	童话	课文题目	丑小鸭
练习的类型	课前练习		执教老师	孟　丽
练习设计 录音式朗读：通读课文并录音，把感觉最好的一份上交。				

读，既是方法，又是过程，更是衡量学生语文水平与能力高低的标尺。引导学生读通课文，关注并理解字词，才能了解文本所表达的基本意思。纯粹的反复朗读让读变得枯燥无味，而录音不仅让朗读更有趣味，而且学生还能根据复听修正，让课前朗读更富有实效性。

②练说式

练说式练习是预习时依据教学要求而又不拘泥于文本，引导学生走进生活大课堂，观察、感受并搜集、整合所需的材料的一种方式。语文学习的外延是与生活相等的。课前练习丰厚了课堂学习的内容，使练与学相得益彰。

示例：

表 2-2

第三册	文体	诗歌	课文题目	找春天
练习的类型	课前练习		执教老师	杨永红
练习设计 1. 观察自然。走出家门，自己找找春天，仔细观察花草树木及周围的景物有什么变化？ 2. 说话练习。春天到了，小草（　　　），花儿（　　　），树木（　　　）……				

练说式的课前练习设计，让学生走出家门、走出校园，在接触大自然、亲近大自然的过程中，培养了学生的观察能力和发现美的能力。同时，有了生活积累，学生会更乐于表达，会更快乐地交流，也能使课堂学习更加愉悦。

③习写式

习写式就是在课前预习时学生动笔完成一些跟文本有关的习题，以达到在课前更多地了解课文内容、写法等方面的知识的目的的一种形式。习写形式多样，如抄写生字新词、概括段意及文章主要内容等。从三年级开始，学生的概括能力开始快速发展，教师应经常设计一些概括性的练习题。

示例：

表 2-3

第 12 册	文体	记叙文	课文题目	草船借箭
练习的类型	课前练习		执教老师	张学霞
练习设计 1. 通读课文，写出课文中出现的人物。 （　　　）　　　（　　　）　　　（　　　）　　　（　　　） 2. 厘清人物关系，试着概括课文主要内容。				

一篇课文要用几句话概括出主要内容，对小学生来说确实不易。对于这样长的文章，采用这样的练习，既能使课前预习变得有目的，还使初读变得快速有效。学生借助练习，能很快地了解故事梗概，进一步概括出主要内容。

研读教材，选择语言训练点，按照一定的侧重点来设计课前练习，根据实际学情选择和调整导学案，扎扎实实地训练，引导学生学习，牢固地掌握知识，进而形成技能。课前练习探测学情，把准学脉，重视学前交流，可达到投石问路的效果。

（2）课中练习

课中练习是指教师在充分解读教材的基础上，为达成一定的课堂教学目标而设计的用来替代教师的讲、引导学生的学，在课堂教学过程中进行的练习。从课中练习要达到的目标及练习的功能来看，可以分为以下几个类型。

①理解型

理解，就是细细地体会其中的含义。理解语言，就是对文章语言细心揣摩、辨析与联想，体会作者是怎样运用语言表情达意的。语文学习要抓住语言点进行训练。教师应做到以教材为指导，利用课本资源有意识地训练学生运用语言的能力，让学生抓住重点，深入推敲，细细品读，掌握词语、句子的深层含义，掌握一定的表达方式，逐步形成语文技能。

示例：

表 2-4

第十一册	**文体**	记叙文	**课文题目**	老人与海
练习的类型	课中练习		**执教老师**	莘辛云
练习设计 文中六处用了省略号，作用也有所不同，请联系上下文仔细体会。 1. 听到这个消息，我们仿佛又看见老人和海鸥在翠湖边相依相随…… 2. 照片上的老人默默地注视着周围盘旋翻飞的海鸥们，注视着与他相伴了多少个冬天的"儿女"们……				

理解、品读标点，引导学生走进老人的内心，聆听他对海鸥的牵挂。学生对课文语言的补充，将一个个省略号转化为一个个动人的场面、一句句感人的话语，老人的形象深深地印在学生的心灵中，学生对课文情感的体验也进一步得到了提升。

《课程标准》提出，阅读时要"感受作品中生动的形象和优美的语言"，"品味作品中富于表现力的语言"等。而这一切目标的落实都需要以"理解语言"为核心。在浓浓的语文味中，在满怀诗意的情境中，在丰富的语言想象中，让学生通过品读语言文字去理解语言，感受语言的魅力，这样才能让学生感受到语言强大的表现力和美妙的神韵，让语文课散发它真正的魅力。

②积累型

积累是学习书面语言的重要途径，是将范文语言内化为自己的语言的重要方式。

为了加深记忆，我们常常布置一些积累练习。随着阅读和习作要求的不断提高，学生不仅需要大量阅读，更需要积累和运用，通过记诵，丰富自己的语汇，使自己知识渊博，并掌握大量的结构技巧。文质兼美的句段需要积累，而必须掌握的字词也需要积累。

示例：

表 2-5

第八册	文体	记叙文	课文题目	检阅
练习的类型	课中练习		执教老师	莘再洪
练习设计 1. 听写两组词。 　　截肢　　　　挂拐　　　　保持一致 　　沉默　　　　鸦雀无声　　情不自禁 2. 找规律。两组词分别写的是谁？借助两组词复习、概括课文的主要内容。				

这个课中练习听写的两组词分别写的是博莱克和儿童队员们，教师引导学生借助这两组词概括文章的主要内容。一个练习承载两个功能，不仅积累了字词，更重要的是导向学生的概括能力，简化了教学环节。

在小学语文教学中，语言积累的指导是不容忽视的。说中积累、读中积累、写中积累，无论哪种方式都是在积累语言。教师用练习替代提问，引导学生学习。学生在练习的交流中巩固和积累知识，并逐步内化成自己的语言，形成技能，不断提升自身的语文素养。

③运用型

运用就是指学生凭借从课文中习得的规范语言，在特定的语境中，根据表达的需要，灵活、灵动地运用语言规则表达自己的思想。我们应当在阅读文本的基础上，针对文本的特点，与表达交流结合起来，让学生有机会充分表达自己的观点。

示例：

表 2-6

第 8 册	**文体**	记叙文	**课文题目**	鱼游到了纸上
练习的类型	课中练习		**执教老师**	诸利花

练习设计

请你用先概括后具体的方法写一个聋哑青年看鱼的片段。

聋哑青年在忘我地看鱼＿＿＿＿＿＿＿（概括）＿＿＿＿＿＿。

＿＿＿＿＿＿＿＿（具体）＿＿＿＿＿＿＿。

　　这是创造性的课中练习，是根据在课堂学习的过程中习得的一个新的表达形式——"先概括后具体"而设计的一个表达练习。这个练习不仅让学生尝试练习表达形式的仿写，更重要的是，教师用这个练习替代了自己对第二部分"看鱼"的讲解。

　　茅盾说，模仿是学习的最初形式。高尔基也说过，对初学写作者来说，不在读书和模仿中写些什么就很难有什么创造。仿写、扩写等都是运用语言文字的形式，理解是为了运用，运用是最好的理解。在理解中将积累、习得的知识内化成自己的语言，运用恰当的表达方式表述自己的思想才是真正的学习。

　　（3）课后练习

　　课后练习指在课堂教学完成后，为有效延伸学生的学习过程而设计的练习，是课堂学习的巩固和深化，是学生课后学习的重要手段。教师可依据课后练习的设计，在导学案上设计环节，在课堂上有重点地引导学生学习，然后拓展延伸课后学习。

　　①拓展阅读

　　拓展阅读，就是以课文为中心，阅读有关作品，从读节选课文拓展到读整篇文章或者整部作品，从课文扩展到与课文内容相似或写法相近的其他文章等。语文教材一般以一个主题来编排一个单元的课文，每个单元都有侧重点。学习一篇课文还不足以完全了解作者、了解课文主要人物。同时，为了增加阅读量、拓宽阅读的范围，通常可让学生拓展阅读系列作品，以丰腴作品人物、走近作者等，这样也便于沟通课内阅读与课外阅读。

　　《少年闰土》节选自鲁迅的作品《故乡》。课文中的少年闰土活泼可爱、机智勇敢，但是整篇小说想反映的并不是这个主旨。为了让学生走进鲁迅的作品，了解丰腴的人物形象，教师设计了让学生对"鲁迅再次见到闰土"与文中的少年闰土形象进行对比这一教学环节。两幅肖像及两段文字的对比，让学生对少年闰土到中年闰土形象的改变充满了好奇，教师就这样自然地根据课后练习将学生导向课外阅读，让学生关注小说《故乡》，关注人物命运，关注作者。

示例：

表 2-7

第十一册	文体	记叙文	课文题目	少年闰土
练习的类型	课后练习		执教者	王晓文

练习设计
多么活泼可爱的少年闰土啊！30 年后，鲁迅再次在家中见到他时，又是怎样的情形呢？请阅读小说《故乡》后交流。 初见闰土：＿＿＿＿＿＿＿＿＿＿＿＿＿＿＿＿＿＿＿＿＿＿ 再见闰土：＿＿＿＿＿＿＿＿＿＿＿＿＿＿＿＿＿＿＿＿＿＿

一个练习，让学生的阅读活动从课内向课外延伸，以学生自己的思考探究代替了"课堂的呈现"，这是教师积极有效的引导。教师结合教材的特点，以落实重点训练项目课文为"经"，以优秀课外读物为"纬"，从而构建"经纬"交错的阅读教学，有机地扩大了学生的课外阅读量，使学生逐步实现海量阅读。

②多样创编

写是创编的一种形式。写就是表达，就是运用语言文字。学生从课文中提取相关信息，对课文内容进行综合评价或概括介绍，以及依据语言规律进行练笔。这种练习不仅可以让学生加深对所学的语言文字的理解，还可以考查学生运用语言的能力。

《鲸》是一篇说明文。文中运用举例子、列数字、做比较、打比方等说明方法介绍了鲸的特点及生活习性。学习这篇课文时教师设计了课后练习"运用学到的说明方法写写蓝鲸"。在课堂上，教师通过置换、对比、省略课文中的说明方法等多种方式，引导学生明白恰当地运用说明方法能提高说明语言的科学性和准确性，使说明对象更具体、更生动，让读者更能明白。

示例：

表 2-8

第九册	文体	说明文	课文题目	鲸
练习的类型	课后练习		执教老师	徐慧萍
练习设计 我会根据提供的资料，运用本堂课学到的说明方法来介绍蓝鲸。 名称：蓝鲸，又称"海上巨兽"（目前地球上最大的动物）。 体长：成年蓝鲸平均 26 米左右，最长可达 33.5 米。 体重：平均 150 吨。（非洲公象体重为 5 吨左右） 舌头的厚度：3 米多。 舌头的重量：6 吨左右。				

正是因为课堂上教师对说明方法的重点引导，让学生习得了方法，故而课后练习完成有成效。改写、扩写、续写等类型的课后练习能创设具体情境，架起学生读写的桥梁，让学生习作有根可寻、有样可照，读得轻松、写得愉快。

演是创编的另一种形式，这里是指演课本剧。课本剧是以语文教材中的有关课文内容为基础，改编成的学生能够表演的小品或小型话剧。要编写出好的剧本，学生必须对所学的课文进行重新认识、甄别，挑选出好的素材，以课文为基础进行合理改编。从课文到课本剧是一个创作的过程，这个过程会给学生提供一个想象的空间，表演的过程也能使学生的个性得到发展，培养学生的多种能力。

书、唱也是创编的另外形式。学习一首古诗词之后，可设计一个课后练习，可让学生将古诗词写成一幅书法作品以做布置装饰之用；学习一首儿歌之后，可让学生用自己喜欢的旋律哼唱，让文字富有乐感。

③实践探究

实践探究指在教师指导下，学生从自然、社会和自身生活中选择和确定研究专题，主动地获取知识、应用知识、解决问题。学生通过实践活动，可以习得一种积极的、生动的自主、合作、探究的学习方式。

示例：

表 2-9

第十册	文体	语文活动	课文题目	走进汉字王国
练习的类型	课后练习		执教老师	张学霞

练习设计：
我们周围各式各样的门店招牌及各类告示上，错别字、异体字等不规范汉字频频出现，这是城市文明的一种缺失，也是对少年儿童的误导。请啄木鸟纠错小队展开行动，注意取证和纠错。

在校外，小队员们化身成"啄木鸟"，展开了一次大规模的"纠错、改错大行动"。在这次活动中，学生勇敢地走上了街头，真正地将书本中所学的知识运用到了社会生活中。学生走进他们的作业中，也发现了同学们作业中容易出现的错别字。这是一种良好的实践，锻炼了学生的实践能力，挖掘了学生敏锐的洞察力，延伸了课内学习。

课后练习形式多样，每一个练习的设计都是为了引导学生深入体会文本，同时，这些练习又将语文学习生活化，让语文学习更加有效，锻炼了学生的多种能力，也有助于不断提高学生的语文素养。

2. 融合"导"，开掘作业多项功能

要转变作业功能，将传统的"以练固学，以练测学"转化为"以练导学，以练促学"，作业的设计必须包含强大的导学功能。它或点拨学生理解文本，或帮助学生关注文本言语现象，或引导学生运用有效的学法，或熏陶学生的情感，或集以上多重功能于一身。在学生练的过程中，教师辅以艺术性、巧妙性的穿插引导，便于学生行进在学习的捷径上。

（1）使作业发挥导学功能

优化的作业设计可以为文本理解铺路，为言语获得搭桥，为学路、学法设航，为价值情感导向（详见 95 页和 96 页）。

（2）用作业推动学习进程

"以练导学"一方面强调学生"练"的功能，另一方面也强调教师"导"的重要性。因此，"以练导学"的作业呈现时机主要有两种：课前作业和课中作业。这两种作业的"练"在课堂上的操作程序主要为"先练后导"及"边练边导"。

①先练后导

先练后导指在课堂教学过程中，学生先借助一项作业进行前置性的"练"，教师获取教学信息，积极采取有效的对策"顺学而导，以学定教"的过程。先练后导中的"练"，是结合知识逻辑和学生认知规律进行的情境化、生活化、问题化设计和加工，特别注重把知识转化为问题，先呈现给学生，引导学生在解决问题的过程中走进教材。通过对这种作业的练，学生的学习有了更明确的方向和目的；同时，这样做降低了教学难度，为学生学习新知识提供了基础。另外，这种练代替了教师讲解，准确定位了学生学习的起点，真实暴露了学生存在的问题，为"导"提供了方向和依据。

比如，教授《半截蜡烛》一文时，在感知文本的环节中，我们可以设计一项作业，让学生完成一张故事情节图。学生在自主练习的时候，就能显露自己预习时对文本的熟悉程度。交流情节图的过程，又是对以保护蜡烛为线索的文本内容进行梳理的过程。在完成情节图后，跟进第二项练习——导演说戏，这更是对前一学习过程的推进。学生就是在练习的引领、推动下，学会了梳理文本的内容，并进行概括的介绍。

②边练边导

边练边导是指教师在教学过程中，让学生对一项作业进行练习，在学生"练"的过程中及时引导、点拨，揭示学习本质，提升学生语文能力的师生双边即时互动过程。这过程具有生成性和互动性，以作业为载体，师生在"练"和"导"中形成冲突，明确方向，达成共识。

例如，教授《母鸡》一文时，我们可以设计一个"夸夸母鸡"的口语作业，在学生表达有困难的时候，可以引导学生发现母鸡的优点，梳理母鸡所做的事情，再进行口语训练。在学生只关注内容表达，而忽略口语表达的语气时，教师可以引导学生想象：如果你是这只母鸡，主人这样夸你，你会激动吗？我们在夸一个人、一只鸡或者一样东西好的时候，一般会怎么来说话？

这样，借助作业进行训练，边练边导，我们可以站在学生旁边，清晰地觉察学生理解文本、实践文本、创造文本的全过程。

③凭作业简化教学流程

优化语文作业，选择合适的"练"的形式，我们便可以将听、说、读、写、思等各种语文能力的训练召回到课堂中来。语文课堂教学也将一改传统的教师一说到底、学生一读到底的场面。重要的是，一堂课，以几项作业、几个练习贯穿起来，我们的语文课堂也会呈现板块状，课堂结构会变得简单明了，教学流程也将得以简化。

比如，教授《乌塔》一文时，我们可以借助口语表达作业将教学流程简化为"说得简洁""对得自然""驳得有理"三个板块；教授《跨越百年的美丽》一文时，我们也可以借助口语表达作业、提炼概括作业及书面表达作业将教学环节设计为"画像中的居里夫人""报告会上的居里夫人""实验室中的居里夫人"三个部分；教授《半截蜡烛》一文时，则可以根据文本的特点设计作业，如"导演说戏""演员演戏""编剧续戏""观众评戏"等。

3. 落脚"学"，遵循作业操作要义

采用"以练导学"教学模式进行教学设计，要有语文化教学视野、自主化学习理念、板块式框架建构、活动化学习路径、情趣化学习方式。

（1）作业板块清晰明了

我们追求板块式的框架设计，将一节课或一篇课文的教学内容及教学过程分为几个界线明显而彼此之间又有密切关联的教学"板块"，使课堂教学和谐、高效。训练要摆脱繁杂无序的问题，也需尝试板块式的练习设计，即课堂上每一项训练之间需缔结关联，从而使训练步步深入，层层递进，与板块式的课堂和谐相融。

（2）作业内容指向语文

语文课程是一门学习语言文字运用的综合性、实践性课程。学生必须不断地在语言实践过程中培养自己理解、积累、运用祖国语言文字的能力。在语言学习过程中，教师应在引导学生感悟语义的同时，引导他们感悟语言规律，理解为什么这么写，并适时将语言表达形式迁移运用。这是直指语言本质的有效的导学训练。

（3）作业方式追求情趣

传统的语言训练机械、单一，是纯技术的操练，学生容易疲累、厌倦，如能进行有效转化，使之富有情趣，充满艺术性，则训练效果会事半功倍。在进行导学训练设计时，应挖掘文本的文体和内容特点，充分考虑训练的情趣因素，使学生的训练避免枯燥，充满乐趣。在训练时再加上教师在引导过程中的巧妙穿插、渲染，使训练一改过去刻板的模式，呈现鲜活、灵动的面貌，起到"化腐朽为神奇"的效果。

（4）导练过程相互推进

在依托作业展开教学流程的过程中，要处理好"导"和"练"的关系。通过前置性的作业，让学生充分暴露学情，使教师的导学过程落点准确、对症下药、行之有效。教师的"导"和学生的"练"是双向互动的过程，"导"为"练"服务，"导"引领、提升学生的"练"，"练"反过来又促进教师更有效地"导"，在这个相互推进、相互作用的过程中，"教"借"学"势越烧越旺，"学"攀"教"栏越攀越高，使教学真正走向"相长"的和美之境。

4."以练导学"，作业提升语文素养

语文教学是"听""说""读""写"等综合能力整体提升的过程。而多元、丰富的作业载体便能起到"导听、导说、导读、导写"的功效。以练为载体，以导为路径，以学为落点。强化练，凸显学，导练融通，因练向学，才能整体提升学生的语文素养。

（1）以练导读

在作业设计中，将读的功能继续扩大，将读的形式继续丰富，在阅读课中，以"读"为主要作业内容和训练形式，围绕"读"这种核心实践活动开展学习，让学生清晰地经历语文学习由模糊走向清晰的全过程。这种训练可以为文本理解铺路，为言语获得搭桥，为学路学法设航，为价值情感导向。

（2）以练导听

通过听的作业训练，循序渐进地培养学生的倾听能力；改变过去单一的读写课堂，让"听"作为一种常态的作业，以听为练，来引导学生的语文学习，使得语文课堂华丽转身。我们可以以听导记，增加信息吸收量；可以以听导答，学习应对表达；可以以听导辩，激发思维碰撞；可以以听导评，促使学生持续发展。

（3）以练导说

课堂上通过多维度、多形式的口语作业，发展学生的口语表达能力，由学生完成"说"的作业的学习活动推动语文学习的整体进程，努力做到少教多学，提升学生的学习力。这种"说"的作业训练可以在"说话"的情境中学"独白"，可以在"对话"的情境中学"对白"，还可以在"交际"的视野下学"辩论"。

（4）以练导写

通过"写"这种作业形式来激发学习动机或者实现学习结果。和传统阅读课中的"写"相比，"以写导学"的"写"不再是阅读的附属，而是课堂教学的趋势和枢纽。写不仅是技能的操作和结果的呈现，更是促进学习的一种学习方式。我们可以写批注、学仿写、学创编、学补白等。

关于作业改革的后续思考

"以练导学"的研究与推广，一方面丰富了练的内涵，让我们重新审视了"语文作业"的现实意义；另一方面也颠覆了传统的语文课堂教学模式，为学生课内学习语文找到了一条新的道路。但是，进行作业改革，在撬动传统的课堂模式的同时，我们也必须思考以下问题。

（1）文体差异性

文体指文章的风格或结构、体裁。不同版本的小学语文教材都选编了不同文体的课文。小学语文教材中的所有课文，按文体可分为记叙文、议论文、说明文、应用文，按文学形式则可分为诗歌、散文、戏剧，按语言时代可分为白话文、古白话文、文言文。在文体的形式和言语的特色上，不同的文体有不同的特点。如何在作业设计中关注文体差异，设计个性作业，是下阶段研究的着力点。

（2）学段差异性

根据阅读教学在各学段的侧重点，作业设计也应关照学段特点。第一学段应注重字、词、句的导学训练，第二学段应立足于段进行导学训练，第三学段则着眼于篇章进行导学训练。对于相同的训练方向，在不同学段应考虑让学生语文能力的获得保持螺旋上升态势。

（3）个体差异性

在作业设计中，应关照学生个性差异，设计个性化作业菜单，使学生实现"按需而作"的作业理想，真正发挥学生主体作用，让作业成为提升学生语文素养的有力抓手。

五、雅学：和美语文的理性皈依

语文教学要想发生革命性的变革，必须彻底转变教学观念，从研究教师的"教"转向研究学生的"学"。应努力优化学生的"学"，努力激发学生的学习动力，教给学生学习策略与方法，有效地组织学习活动，拓宽学生的学习平台，优化学生学习环境。努力把学习的权利还给学生，把学习的机会让给学生，把核心素养教给学生。让课堂上学生的"学"真实发生，让每一个有差异的学生都能在课堂上"生机勃勃"，让学生的学习过程变成深度体验、亲身经历的过程，从而提高学习效率。

和美语文从前期侧重研究教师的"教"转向全面研究学生的"学"，无疑是一场"革命"。和美语文倡导"雅学"。"雅"是什么？《辞海》中"雅"的多个义项告诉我们，"雅"是"正道，合规范"，是"高尚，不庸俗"，是"美好，不粗鄙"。"雅学"不应是"死学""僵学"，也不全是"苦学"，甚至还高于"乐学"。

用周一贯先生对我们和美语文研究的评价来说，和美语文的雅学内涵为："雅正"的理念是"雅学"之本，"雅素"的转型是"雅学"之路，"雅言"的交流是"雅学"之桥，"雅致"的习练是"雅学"之体，"雅量"的融通是"雅学"之德。（参见《教学月刊》）

（一）雅学是"诗"之学

1. 重视学生的内隐学习

波兰尼（Polanyi）在1958年出版的《人的研究》一书中首次提出了缄默知识的概念，他将人类通过认识活动所获得的知识区分为内隐和外显两种形式，并提出了他最著名的认识论命题——"我们所认识的多于我们所能告诉的。"这就告诉我们，在可以意识到的、可以用言语表达的认知活动之外，还存在一个隐性的内隐认知领域。外显知识就如同浮出水面的"冰山尖端"，而缄默知识则是隐藏在水面以下的大部分，它们虽然比外显知识更难以被发觉，但却是认识的重要源泉。而缄默知识不能以正规的形式加以传递，只能通过内隐学习来获得。1967年，美国心理学家雷伯（A. S. Reber）发表了文章《人工语法的内隐学习》，最先提出内隐学习一词，并将其定义为一种有别于外显学习的、无意识地获得刺激环境中的复杂知识的过程。

内隐学习的表现有很多。例如，儿童学习语词和语法规则，就是不知不觉地学会的；一对夫妻长时间相处，就会不自觉地学会对方说话的语气和神态；我们即使不能清晰表述某个人的五官特征，却可以一眼就从茫茫人海中发现自己的这个朋友，而当我们试图说出依据的原理或规则时，可能也难以说清楚；围棋新手看大量棋谱，即使没有人给予点拨，棋艺也会有长进。这些学习过程都不同于传统的有意识、有目的的获得知识的学习过程，而是发生于不知不觉中的内隐学习中。

杨金鑫先生撰文介绍了内隐学习的特征。自动性：人们能在没有有意识地努力去发现任务的隐藏规则或结构的情况下，学会在任务环境中对复杂的关系做出恰如其分的反应。概括性：假定所需的内隐知识是抽象的，那么将其推广到具有相同深度的结构的新情境中时，所展现的效果与在类似的特殊记忆环境中的效果相等或更好。理解性：内隐知识并非不能被人们意识到，只是人们难以把它们完全地揭示出来，换句话说，内隐学习具有不彻底的理解性。抗干扰性，即低变异性：与外显学习相比，内隐学习不容易受次要任务、年龄、智商和疾病的影响。另外，在一定条件下，内隐学习明显优于外显学习，即所谓"内隐学习效应"，这可以通过实验得到证明。

由于内隐学习在诸多领域表现出更强大、更持久的学习优势，如何在语文阅读教学过程中运用内隐学习，培养学生的语文意识，提升语文能力，提高语文素养，应成为广大小学语文教师迫切要解决的问题。长期以来，语文教学追求科学化、理性化，重知识、轻实践，重显性结果、轻隐性结果，并且忽视环境的作用。总之，我们的语文教学，注重的是看得见摸得着的、易于见成效的外显学习，而不易检测、见效于未来的内隐学习则受到冷遇，这造成了学生心理资源的巨大浪费，也是他们语文素养低下的重要原因。

内隐学习符合语言文学的认知规律。语文具有极强的模糊性和不确定性，包含着诸多非科学的因素，这为内隐学习提供了必要的前提。语文丰富的人文熏陶需要内隐学习；语文学科的实践性，决定了语文学科不仅要学习陈述性知识，更要掌握程序性知识和缄默知识，这与内隐学习的特点相吻合；语文学科的社会性，要求语文学习必须调动生活和学校中的一切因素，特别是一些无形因素，如环境和氛围等。语感的培养，更是需要通过内隐学习来获得，因为，人们获得语感的过程是自动的，无须有意识地努力去发现语言结构的规则，却可以在言语行为中准确地使用它们。语感获得后人们就可以对语言规则进行迁移，从而在以后的言语活动中更加自如地运用这些规则。人们对语感的认识是只可意会不可言传的。基于学生母语学习的特点，在语文教育中，我们应跳出外显学习的单一维度，从多个角度揭示语文学习的本质。叶圣陶先生在《读书二首》中写道："天地阅览室，万物皆书卷。"鲁迅先生在《读书杂谈》中有言："用自己的眼睛去读世间这一部活书。"陶行知先生说得更详细："活书是活的知识之宝库。花草是活书，树木是活书，飞禽、走兽、小虫、微生物是活书。山川湖海、风云雪雨、天体运行都是活书。活的人、活的问题、活的文化、活的武功、活的世界、活的宇宙、活的变化，都是活的知识之宝库，便都是活的书。"

课堂、校园、家庭，仅是语文学习的小环境，大千世界更是蕴藏着无限丰富的语文信息，在这个瞬息万变的信息社会，生活就像万花筒，正以惊人的速度变换着迷人的色彩。"语文学习的外延与生活相等。"学生学习语文的效果与个人语文环境的大小是成正比例的。拓宽语文学习环境的外延，把学生的语文学习与生活紧密挂钩，让学生在广阔的家庭、社会生活中无意识地接受语文信息，培养语文意识，显得尤为重要。我们鼓励学生打开身体所有通道，用所有器官去阅读生活这本无形的书。引导学生用眼睛"读"，用鼻子"读"，用耳朵"读"，用心灵"读"，用整个身心去捕捉、感受生活中的语文信息，有效提高语文学习的效率。

（1）读媒体——变"堵"为"导"

当今社会，各种信息充斥在我们周围，电视、广播等视听传媒正以不可阻挡之势冲击着我们孩子的生活，和我们的孩子抢夺有限的休闲时间。很多学生沉湎于电视不能自拔，而家长束手无策。其实，我们可以变"堵"为"导"，因势利导，把电视、广播等传媒变为有效的内隐语文学习资源，教会学生用眼睛、耳朵"倾听"，吸收语文信息，丰富语文营养。在实验班，我们鼓励学生怀着语文意识"读"视听媒体，观看有益的电视节目，收听广播，如看球赛时引导学生仔细倾听主持人的现场解说，养成每日听记一条新闻的习惯等，并为学生创设各种机会反馈视听所得所感。

我们还可开展"读电影"活动。一部优秀的电影作品是一个综合的语文阅读材料，会全方位地发散语文信息，其中也隐含着丰富的语文缄默知识。引导学生读电影的过程便是进行隐性语文阅读的过程。我们将读电影的活动分两步进行：看电影、写电影。在全方位感知电影的基础上，引导学生进行"写电影"活动。写记叙文即抒写电影内容、情节，写说明文即抒写观后感、影评。通过"读电影""写电影"这种趣味盎然的内隐阅读活动，可有效提高学生的阅读兴趣，提升语文素养。

互联网可以超文本链接形式呈现阅读材料，同一主题或同一形式下可以有多种选择，学生可以根据自己的喜好选择与课文有关的阅读材料，然后再与其他同学进行交流，互相补充，这样可以丰富学生的知识，提高阅读能力。

随着人们生活水平的提高，现在半数以上学生的家里已拥有了电脑，我们可充分利用这一现代化学习手段，进行"读电脑"活动，让学生课前上网查阅与课文有关的时代背景、人物介绍、风俗民情。课后通过查阅资料解决课内留下的疑点，补充阅读内容，开阔学生的视野，培养学生获取信息和筛选信息的能力。

（2）读自然——怡心养情

大自然是一本丰厚的语文书，万物生灵，四季更替，山川大地，日月精华，包蕴着无穷无尽的语文信息。大自然用它那天然的屏障为我们铸就了一道亮丽的语文风景。大自然里四季花香不断，自然的气息会催生我们的语文灵感，滋养我们的语文灵气。我们建议学生在家长的带领下广泛接触自然，到大自然中去接收语文信息。通过组织学生春游、秋游活动，以及节假日与父母外出游玩活动，引导学生在自然中学语文，进行有效的内隐语文学习。学生在名胜古迹收集题词、对联，用手中的笔描绘祖国山川的秀丽，尽情抒写徜徉在大自然怀抱中的快乐心情。学生把观察所得写成日记，及时内化信息，增强语文能力。当学生学会用鼻子去闻自然的馨香、用眼睛捕捉自然的色彩、用整个心灵去拥抱自然的无穷魅力时，就会发现那些沉睡的语文细胞被激活了，语言找到了生长的土地，变得形象、生动，富有活力，充满灵性。引导学生在自然中学语文，语言文字的美才会被充分挖掘出来。

（3）读社会——历练成长

社会是一本复杂的大书，我们一辈子对它翻翻拣拣，在阅读中历练成长，在阅读中了解它的游戏规则，洞晓人情世故。社会这本书，需要我们用心灵去感悟，感悟它的真善美丑，在感悟过程中提高认识水平，增长人生智慧。人生智慧是语文生活的源泉，是语文智慧形成的沃土。所以，有效利用"社会"这个丰富的语文环境，打开学生心灵的通道学语文，学生的语文生活便会变得丰厚而充实。我们应引导学生观察社会，感受社会，感悟人情世故，提高认识社会的能力，并及时让学生把这种对生活、社会的看法写成日记，如"心语点点"。

2. 重视非智力因素的助力作用

"非智力因素"这一概念，从其孕育、产生、发展到今天，已有 80 多年历史了。

广义的非智力因素包括智力以外的心理因素、环境因素、生理因素及道德品质等。狭义的非智力因素指那些不直接参与认识过程，但对认识过程起直接制约作用的心理因素，主要包括动机、兴趣、情感、意志、气质、性格等。非智力因素在学习过程中可起到助力作用。

自 20 世纪 20 年代起，美国心理学家特曼（Terman）对 1 528 名智力超常的儿童进行了长达几十年的追踪研究，其中一部分人的成就很大，另一部分人成绩平平。分析这两部分人的心理特征发现，主要的差别原因在于非智力因素。非智力因素对一个人智力和能力的作用表现在以下三个方面：动力作用、定型化作用、补偿作用。故而，在学生的学习活动中，不仅要重视智力因素，还要重视非智力因素的制约和影响。

（1）激发交往动机

动机是引起和维持个体的活动，并使该活动朝向某一目标进行，以满足个体需要的内部动力。人类动机的分类是复杂多样的。美国心理学家马斯洛通过对各种人物的观察和对人物传记的研究，把人类行为的动力从理论上加以系统整理，提出了需要层次说。在他看来，动机和需要是一回事。他认为人类的需要包括生理需要、安全需要、归属和爱的需要、认知需要、审美需要和自我实现的需要，其中最高级的需要是"自我实现"。以上几种基本需要从低级到高级有层次地排列着，其中认知需要、审美需要和自我实现的需要属于生长需要，生长需要是不可能完全得到满足的，所以需要不断地学习，在学习的过程中不断满足、不断滋生新的学习动力。

激发交往动机，可以更好地满足学生的认知需要。交往动机是指人们愿意与其他人进行交往，建立友谊关系的需要倾向。在教学环境中，学生的交往动机表现为主动参与探索讨论和小组学习活动等。美国心理学家麦基奇研究了交往动机对学生学习的影响作用。他发现，在学习成绩方面，交往水平高的学生优于交往水平低的学生。这项研究表明，在学生从事学习活动的过程中，要尽可能给学生提供交往环境、机会，增强学生的交往动机。

学生最常见的语文学习交往包括师生交往、生生交往、生本交往等。在语文教学过程中，首先要加强师生交往。课堂上的师生交往是相互"给予"的过程，教师给予和传递他所拥有的，学生传递自己的信息，双方相互碰撞激荡，建构新的师生生长。语文教学最容易被忽视的是教师自身信息的给予。语文老师本身就是最重要的语文课程，是缄默知识的一部分。语文老师自身的修养、气质，成就了自己独特的语文课程。一个优秀的语文老师，举手投足必有文雅之气，谈吐之间必有文墨气息。这些信息和资源在教学交往过程中无声地对学生进行渗透，熏染影响学生的素养。优化师生交往，必须充分利用教师自身资源。

其次是生生交往。促进生生交往的主要方式是进行小组合作、共同体学习。这种学习方式可以极大扩充交往容量、提高交往密度，使学生最大限度地参与交往过程。笔者在教授《秦始皇兵马俑》一文第二段对 1 号坑军阵的描写时，采用了小组合作的方式：每个人都有自己的理想，长大后想当军事家的，画、摆军阵示意图；想当导游的，练说导游词；想当文学家的，研究作者的观察顺序和写作顺序；想当播音员的，读出军阵的威武雄壮，有相同兴趣的同学，还可以在一起合作学习。（这是笔者在 20 世纪 90 年代末的一个设计，相信笔者是较早采用合作学习组织学习活动的一个。）如此，个人根据自己的兴趣选择自己的学习方式，有相同兴趣的同学自由组成合作小组，最后大家共享别人的学习收获，学生在相同的单位时间里增加了生生交往的机会，使教学效率最大化。

生本交往是学生和文本的交往。阅读教学的主要策略是设计活动引导学生和文本做亲密交往，在交往的过程中，提升学生语言、思维、审美、文化等诸方面的语文核心素养。激发生本交往的动力的有效方式是帮助学生设计丰富的语文实践活动（下一个章节论述）。

（2）找准兴趣原点

两千多年前，孔子就提出过"知之者不如好之者，好之者不如乐之者"。两千多年后，我国教育家陶行知先生从自己丰富的教育经验出发，认为"学生有了兴味，就肯用全副精神去做事，学与乐不可分"。以杜威为代表的"进步教育"提出了"兴趣中心论"。杜威认为："兴趣是生长中的能力的信号和象征。……兴趣显示着最初出现的能力。因此，经常细心地观察儿童的兴趣，对于教育者是最重要的。"现代认知学派也十分重视兴趣，皮亚杰认为："强迫工作是违反心理学原则的，而且一切有成效的活动，都必须以某种兴趣为先决条件。"赫尔巴特对于兴趣的心理状态做过分析。他认为在兴趣的状态下可产生两种心理活动。一种是"专心"，这是一种"集中在某个主题或对象上而排斥其他的思想活动"的心理活动。另一种是"审思"，是关于"追忆与调和意识内容的活动"，即协调、同化新旧观念的一种统觉活动。他认为只有通过审思活动，把那些被专心活动所接受的新观念与儿童原有观念调和起来，才能保证儿童意识的统一性。因此，审思活动应当与专心活动交替进行，构成所谓"精神呼吸活动"。"兴趣同快乐经常交替出现。这种交替现象的存在是进行智慧活动的最佳时刻。"（林崇德主编《学习动力》）

2010 年 4 月在"和美语文"专题研讨会上执教《半截蜡烛》

兴趣在学习过程中的巨大动力作用不容忽视，找准学生阅读、写作的兴趣原点就显得尤为重要。学生阅读的兴趣绝大部分来自阅读材料的刺激。哪些阅读材料对学生的吸引力最大？从笔者自身的阅读体验及对许多学生的访谈结果看，那些有陌生感的阅读材料最吸引读者，也就是说我们的阅读往往有一种猎奇的心理。例如，我们会对那些从没去过的地方的风土人情的描写感兴趣，也会对超现实的想象类文学作品感兴趣。当然，我们也会对能引起自己情感共鸣的文字情有独钟，这也是因为自己心中有而笔下无，别人代你表达了。从文字的角度来说，这也是一种猎奇。每个人的兴趣点会因为环境、际遇、家庭、性格等因素的不同而不一样，所以每个人的兴趣点不会完全相同，哪怕是相同年龄的学生。所以，我们建议尽可能多地给学生提供阅读材料让学生选择，以照顾到不同学生的兴趣点。写作亦是如此，儿童初期的写作一定要有"心"的参与，要尽可能创造条件让孩子写出"掏心窝的话"，想到什么写什么，随心所欲，这样的写作才能让人享受到"快感"，才能真正激发写作兴趣。笔者在教授绘本《我讨厌妈妈》时，巧妙利用文本语言模板"我讨厌妈妈，她呀，就知道——"让学生链接自己的生活进行仿说、仿写，学生有了宣泄的渠道，每位学生都进行了有效的表达："她呀，就知道自己玩手机，不陪我玩；她呀，就知道自己看电视，不让我看动画片；她呀，就知道自己买漂亮衣服，不给我买"等，这些话他们藏在心里一直没有机会说，或者不知道怎么说，一旦有了这个机会，他们会一吐为快，在不知不觉间他们也锻练了语言表达能力。

自由读写，能有效激发学生语文学习的兴趣。如果有条件，我们的读写学习活动最好还能辅之以优雅的环境。试想，如果我们能在美丽的大自然中阅读合情合景的文字，并能顺势吟咏运用，如此风雅的学习生活，哪个孩子会不喜欢？久而久之，这种优雅会内化为人的内在气质，颐养一生。诗性地学要有诗性的生活做背景，雅到极致便成诗，"诗性"是"雅"的内核与灵魂。

（二）雅学是"和"之学

教师和学生在课堂上的主体角色要不断变换，产生冲突，直至胶合，使课堂生成一种有冲突之和美。

北宋郭熙提出："山有三远：自山下而仰山颠，谓之高远；自山前而窥山后，谓之深远；自近山而望远山，谓之平远。高远之色清明，深远之色重晦，平远之色有明有晦。高远之势突兀，深远之意重叠，平远之意冲融而缥缥缈缈。"高远是"仰视"，深远是"透视"，平远是自近前向邈远层层推去。平远之境最为中国画所看重，因为平远之境平灭一切冲突，主体和眼前的对象处于一片和融之中，给人的性灵提供了一个安顿之所，成了画家最适宜的性灵之居。这是一种无冲突的"和美"。绘画理论给我们课堂教学以很多启发。课堂上，当我们的教学目标定位准确，教学内容选择合理，学生学习状态投入专注时，课堂进程会很顺、很稳，课堂引导会很流畅。这样的课堂，无疑会给人和谐顺畅的平远之美，这是一种无冲突之和美。

但课堂教学还应努力追求有冲突之和美。我们的教学除了要追求和融的平远之境，还要敢于求曲、求险，达成"高远""深远"之意趣。课堂上师生、生生、生本之间要有思维、认知上的冲突，即要有"距"。"教"与"学"要有交锋、有互动，使课形成奇崛、跌宕之势。这样的课，就有了学生的"用点"与教师的"看点"，就有了"境"。教与学的交锋与互动越激烈，生成就会越精彩。有生成的课才精彩。教与学的关系主要表现为以下两种交锋形式。

1. "学"攀"教"栏，越攀越高

教学过程虽是教师的"教"和学生的"学""相长"的过程，但一般情况下，学生的认知起点会低于教师。在学习过程中，学生的思维会时时受阻，认知会跃不过障碍，他的已知和未知间会存在一定的"距"，这个时候，教师该及时"出手""拽"学生一把，缩短这个"距"，使之顺利攀越。教师的"教"的有效性就体现在"出手"的时机、出手的方式的选择上。"出手"的时机应"恰到好处"，踩到正点，正好落在学生的"愤""悱"处，才能引爆学生的思维，为下面的教学环节"引渠开源"。太早，则会以教师之思替代学生之思，助长学生思维的惰性；太晚则错过了思维的"兴奋期"，也达不到应有的效果。"出手"的方式也很讲究，要顺应"文境""学境"。如果文本文风清丽活泼，则应善用幽默、活泼、调侃之法促其打开思路；如文本文风凝重肃穆，则应善用正规有序的讲授之法。"学境"是当下的"学习场"，教师的"教"与"学"的"场"气流相通，才能相互振荡，生成"新质"。

教学制衡点落到"教"的身上时，教师的表现形式有两种形态。第一，大胆表态。新课程改革并不排斥教师的正确引导和清晰地表白自己的观点，如笔者在教授《草虫的村落》一文，引导学生领会省略号的含义时，先请学生为省略号补白，接着追问："既然还有那么多东西可写，作者为什么不写下去呢？"很多学生都说，是因为看到的东西太多，他写不完，所以不写了。只有一个学生说："作者想让我们自己去想象。"此时，教师及时表态："我觉得你说得最好。原来，省略号在这里起到了言有尽而意无穷的作用。"这样的表态，是在帮助学生梳理思维，深化理解。在新课程改革背景下，我们倡导使用激励性的正面评价。很多教师在课堂上不敢轻易表态，往往以模糊的"好""真棒"等词来激励，你好、我好，大家都好。其实，一味这样地正面鼓励，模糊了学生的视听，混淆了优劣，对培养学生判断力，提升学生学力没有切实的帮助，教师该出手时就出手，只要表态的时机适当，语言到位，必定会有助于促进学生的学习。第二，大方给予。学习过程中，当学生思维受阻、学习遇到障碍时，教师应及时出手相助，大方给予。例如，在学习《草虫的村落》一文时，有一个环节，在体会"它们意味深长地对视良久，然后一齐欢跃地走回洞穴里去"

一句时，要引导学生思考："那只娇小的甲虫也许是它的什么人？他们意味深长地对视良久，好像想说什么？"但每次问到这俏丽的小甲虫也许是它的什么人时，学生总猜测是它的朋友、伙伴、邻居等，有的甚至说是它的爸爸、妈妈、舅舅，总之，什么都有。起先笔者觉得很纳闷，学生为什么不猜是恋人或妻子呢？经过思考，得出结论：原因可能有两个，可能是青春期学生对两性话题的有意回避，也可能是学生没这方面的体验，真的体会不到这种情感表达方式的深意。但此处文本传递的信息也可能是，这两只小甲虫是恋人或夫妻关系。教师有义务引导学生读懂作者在说什么。这是读文的第一个层次。于是笔者就做了这样的引导："从它们的情感表达方式看，它们也像是一对夫妻、恋人。你们不懂，因为你们还没有这样的体验，以后就懂了。"教学到这里也可以进一步引导他们思考："它们意味深长地对视良久，好像想说什么？"学生的想象力就会发挥作用，娇小的甲虫好像在说："你去哪里了？""我盼着你回来很久了……"在这基础上，教师再做进一步的引导提升："是啊，游侠云游的路线有多长，亲人的思念和牵挂就有多长。这无言的情感传递，都融化在这意味深长的对视中了，此时无声胜有声啊。"教学到此，应该说是"文境"和"课境"高度融合了。"课境"能跃上这样的层次，多亏"教"对"学"的"救助"。在这个过程中，"教"成了供"学"攀缘的"架"与"栏"，"学"成了时刻在攀缘的"藤"。"学"攀"教"栏，越攀越高，课堂呈现"高远"之境。这"高远"之境是从学生的视角来观察的，对学生来说，这攀缘的过程犹如高山仰止，前方总有一片清明的诱惑，一种需要登攀的高度的诱惑。

又如在此课的教学中，学生对"游侠"一词的理解有失偏颇，很多学生以为"到外面旅游的人就叫游侠"。笔者反问学生："你到外面去旅游就是游侠了？"学生更正说："经常到外面旅游的人才叫游侠。"笔者再进一步引导："那我们经常到外面去旅游就叫游侠了？"学生哑然。感觉学生已被"逼到绝境"了，教师再开始"大方给予"："那些专门喜欢行侠仗义、爱打抱不平的人才被称为'侠'，这样的人往往常年云游在外。你在什么地方看到过这样的人？"学生说："电视里、武侠小说里。"

学生的认知和文本有距离的时候，教师就要给学生"搭桥""引渡"，帮助他们"跳跃"，等到他们跃上了接近文本的平台，再与文本自主对话就成为可能。我们的教学不能回避"给"，该"给"时就要"给"，要"给"在学生的"罔"处，否则，还要我们教师做什么？课堂上应尽可能"给"学生一些有价值的东西，滋养他们以后的人生。

2. "教"借"学"势，越烧越旺

综观现在的小语阅读教学现状，"教"大多是大于"学"的，学生的"学"大多在"教"控制的范围之内。其实，如果在教学过程中，"学"超越了"教"的范畴，偏离了"教"的轨道，造成"学"大于"教"的局面，教学反而会生成意想不到的精彩。

笔者有一次在我区薄弱学校中进行巡回示范教学，与农村学校的孩子一起学习《卢沟桥的狮子》。孩子们全在课境中，状态不错，也许是对本人这个城里来的老师感觉新鲜。在对描写狮子形态各异的第二段课文进行朗读指导时，孩子们读得情趣盎然，小手如林，有的甚至站着举手。后排一个男孩子举着手急切地晃动着，牵动着我的视线。我请他站起来，问他想读哪一句。谁知他头一昂，大声喊道："我什么都不要读，我就读懂了这个省略号。"哎呀，真是半路杀出个程咬金，放着课文中描写狮子形态的精彩语句不品，却要去品这个省略号。怎么办？不理睬他吧，这课就留下明显的破绽了。我一咬牙，跟着他走！于是，就用赞赏的眼光注视着他，说："果然是个与众不同的孩子，就请你说说对省略号的理解吧。"这下他可来劲了，他说从省略号当中他读懂了，还有许许多多形态各异的狮子。我顺势诱导："那你们能想象出，在美丽祥和的气氛中狮子们会怎么玩、怎么闹吗？"这下孩子们思维的闸门都打开了，精彩的语言伴着丰富的想象一齐迸发："有的狮子爬在母狮子背上，好像在帮妈妈捉虱子；有的仰着头，在欣赏蓝天白云；有的相互抱在一起，在抢球玩……"我让孩子们把这些精彩的语言添加到课文中，再去感受狮子形态各异、栩栩如生的模样，孩子们由衷地感受到："这么多的狮子，每一尊都是一件精美的艺术品啊，劳动人民可真了不起啊！"课在孩子的精彩中生成了精彩。真得感谢这个"打横炮"的孩子！这是个临时对自己的教学预设进行"改道"，并因势利导，使课堂化险为夷，出现"柳暗花明又一村"之境的细节。这个细节处理，很明显是"学"大于"教"的，因为"学"超越了老师的预设，是"学"反控了教学进程，使得"教"借助了"学"的势头，使教学这把"火"越烧越旺，课堂内生命之气越聚越浓，呈现出了生命的活力。学生的学习潜力永远是个"暗箱"，犹如我们在山前看山后的风景，留给我们许多遐想的空间。教师需有"透视"能力，要能估测到学生可能达到的"目标"，先透视，再充分挖掘。唯有这种透视与挖掘，才能使学生

"山背后"的风景逐渐显露，课堂才有构成"深远"之境的可能。

其实，"高远、深远、平远"之境，都是课堂教学的至境。只是相比之下，"平远"之境易得，而"高远""深远"之境难求，因为课堂之冲突，是师生思维处于巅峰状态、灵感迸发、激情迸射的"高峰时段"。处于这个时段的师生双方，在享受思维碰撞快乐的同时，也在创造课堂的精彩与生动。处于激烈冲突中的教学才是暴露真实学情的真教学，因"真"故而"美"。课堂冲突生成"和"，有冲突的"和"则会呈现别具魅力的"和美之境"。

"教""学"关系的不断转换，牵动师生关系的转换，师与生各自在"主""宾"角色中不断穿梭，课堂在这种冲突与转换中不断朝良性、佳境转化。

和学员一起做网络直播活动

（三）雅学是"美"之学

"和美语文"追求的是圆通。以圆为美是中华民族最为古老的哲学、美学思想。"圆"作为一个文化原型，在中华民族审美心理构成史上由来已久。远古时期，原始初民认识自然的能力低下，日出日落、寒来暑往，使他们在意识深处形成了"天圆地方"的直观概念。例如，《吕氏春秋》中就有"天道圆，地道方"的记载。东汉以后，随着佛教的传入，"圆美"这一古老的美学思想得到了丰富和发展，最终成为对我国艺术影响最大的、最具民族特性的美学思想。例如，《文心雕龙》中"圆"字多达十几处；严羽提出了"羚羊挂角，无迹可求"的兴趣说，即圆融之美。此后，历代的文论、书论、画论及音乐理论里都继承和发展了以圆为美的美学思想。"圆美"的美学思想成为我国古代艺术家的共同追求。

"从六朝时期佛教进中国以来，中国人的装饰性图案，或是中国人看东西的时候，开始有了完整的圆的观念。……唐朝文化是很充实圆满的，它每样东西都是圆的。圆形的花朵，变成唐朝文化的代表，什么东西都是用花来代表。这个情况一直持续到北宋的中期。也就是说，大概 7 世纪到 11 世纪这段时间，中国的文化成为一个花的鼎盛文化，而且都是喜欢圆满的花。……宋元以后的中国人，非常喜欢圆形，很多图像及器物都采圆形，普及到日常生活中。因为方圆具有世俗化的人文价值，所以很多东西的造型都向它集中。方正圆满是共同的梦想，对中国人来说，是一种对人生幸福期待的象征。中国人对于圆这种几何图形的体认，一直到近世出现了圆桌，用餐时团圆而坐，……中国传统建筑中最美丽的建筑就是天坛里的皇穹宇与祈年殿，它们也是中国惟有的圆形纪念性建筑，其重要性应超过古代的明堂。……然而这是在中国史上第一次出现纯粹的圆形建筑——这，可能是世俗的圆满文化终于落实在完美的空间与造型上。"（汉宝德著《中国建筑文化讲座》）

语文教学应努力汲取中国传统文化的精华，我们试图把"圆美"作为"和美语文"教学的审美形态，追求和谐婉转的圆润之美，流动变化的圆转之美，含蓄蕴藉的圆融之美。

1. 圆润之美——和谐婉转

和谐婉转的圆润之美首先体现在课的节奏上。诗歌中节奏的变化主要表现在诗句的押韵等方面。课的节奏可用前后照应、细节呼应、复沓回环等方式来体现。例如，笔者在《青海高原一株柳》的教学中，就采用了环节间相互照应，反复多次复沓回环的方法。本课主抓一个关键词"撑立"，在体会"撑立"的表层意思时，重点让学生研读了描写柳树样子的语段："这株柳树大约有两合抱粗，浓密的树叶覆盖出百十余平方米的树阴。树干和树枝呈现出生铁铁锭的色泽，粗实而坚硬。叶子如此之绿，绿得苍郁，绿得深沉，自然使人感到高寒和缺水对生命颜色的独特锻铸。它巍巍然撑立在高原之上，给人以生命伟力的强大感召。"通过读这个语段，体会柳树的高大粗壮、树干的坚硬、叶子绿得饱经沧桑，这三个特点生成了课堂上的三个问号。接着引导学生读描写作者猜测柳树生长情况的六、七自然段，感受柳树在高原上苦苦撑立的不易，最后再让学生欣赏描写柳树的样子的语段。此时，学生再读这个语段时，心中的问号渐渐淡去，他们读懂的是柳树苦苦的撑立锻铸了它的筋骨，使它绿得如此的饱经沧桑，使它的生命变得如此的强盛。这样的设计，从读出问题到读懂问题，两次读书，虽然读的是同样的内容，但要求不同，朗读的增量也是显而易见的。这样的照应回环，使课堂结构圆润和谐。

2. 圆转之美——流动变化

语文教学还要追求流动变化的圆转之美。在教学设计中要有意留白、留曲。教学内容不能填塞得过饱、过满，要留空、留白，留下课堂生成的空间。四十分钟一堂课，我们真正设计的教学内容有三十分钟左右就够了，剩下的时间，是给学生的生成预留的。此外，还要"留曲"，"课似看山不喜平"，要有意识地创设"曲径通幽"的课堂结构，使学生的学习情绪一直处于新奇状态，在学习过程中让学生充分领略"柳暗花明又一村"的惊喜。笔者在教授《春日》《游园不值》两首古诗时，先学第二首《游园不值》，在引导学生初步读懂诗的大概意思后，引导学生想象：这园门关着的园子里的春天到底有多美呢？让学生用以前在课本中学过的，或在课外书上看到过的描写春天的古诗或优美语段来描绘。当学生穷尽了自己储备的语言，感觉到了"书到用时方恨少"的遗憾时，再引入第一首诗《春日》，因为《春日》一诗就是用白描的手法描写了一幅绚烂的春光图。这样的设计，使课堂形成了一种"诗中套诗"的巧妙结构，课堂在流动变化中呈现一种圆转之美。

3. 圆融之美——含蓄蕴藉

一个圆形是一个活的生命，一个美的世界。一节课可以是一个独立的圆，也可以是几个相互重叠、交错的圆的组合。圆形的课按照自己的轨迹去运行，以自己独特的审美姿态散发美的信息。如果说"圆润""圆转"是对一堂课外部结构的审美追求的话，那么含蓄蕴藉的圆融之美则是课的流转过程中全方位融合后所达到的深层次的和美境界。笔者在教授《草虫的村落》一文时，以三个标点（!? ……）为线索布局，在引导学生读懂文中的三个标点符号的基础上，再用三个标点表达自己的读书感受，这样就把理解与表达、吸收与吐纳融合在了一起。草虫的世界是个和谐、美好，充满了亲情、友情、闲情的美妙世界。为了和文境相符，笔者特地选取了两首绝妙的音乐《森林的歌声》《追梦人音乐》，为课堂营造了一种轻松、和谐、奇趣的氛围。媒体上的画面也是童趣盎然的，纯美的音乐与画面使文境和课境巧妙融通。在教学过程中，学生时而朗读抒情，时而遐想蓄情；时而进入文本世界与小虫子同欢共乐，时而走出文本世界对草虫世界理性审读……方方面面的融合贯通，使课堂生成一种含蓄蕴藉的圆融之美。

2017 年在浙派名师活动中做专题讲座

"圆美"是语文教学的审美追求，对课堂教学的设计和操作，要讲究画圆的艺术，可以遵循"找到一个支点，拉出一条线，画成一个圆"的画圆规则。追求圆内有圆，画"同心圆"，而且还要画"开放的圆"，即在课内师生一起画圆的基础上，引导学生到课外自己再寻找支点，拉线、画圆。课堂最终呈现的应是一个"圆形"的和美的艺术品。

（四）雅学是"用"之学

《课程标准》对课程性质的表述较之原来做了大幅的修改："语文课程是一门学

习语言文字运用的综合性、实践性课程。"这个修改进一步明确了语文课程的核心任务，强调课程的目标和内容须聚焦于"语言文字运用"，突出"综合性""实践性"的特点。同时，"运用"作为一个高频词在《课程标准》中反复出现。确实，"运用"乃语文学习之根本。语文课程要让学生通过语文实践学会"运用"，或者说驾驭语言文字这种工具。

记得儿子小时候学游泳，我经常陪着去，对游泳教练的教学方法也算领悟了。教练很"狡猾"，因为当看到我们家长在的时候就只教些动作和技巧，家长一走，随即把孩子扔进水里。当时觉得这样的做法未免残酷，可仔细想想，不得不承认教练的教学方法是正确的。事实证明，在教练几次"强行迫泳"下，儿子很快就学会了游泳。道理很简单：只有在游的过程中才能学会游泳。

再回想，自己学开车的经历也是如此，学开车必须要在练习行驶的过程中，在不断磕磕碰碰、不断出错纠错的过程中，慢慢领悟要领，这样才能不知不觉地学会。

这一切，揭示的是同一个道理：学语文，必须充分挖掘语文因素，加强语言运用训练。

但当我们仔细辨别后，发现《课程标准》中用的是"运用"，而不是"应用"。那么"运用"与"应用"到底有什么区别呢？

"应用"用作动词时，其含义为"使用"，如"应用新技术""这种方法，应用得最普遍"等。而"运用"，《现代汉语词典》中的解释为"根据事物的特性加以利用"；《词源》中的解释为"灵活变通以用之"；而《辞海》则解释为"灵活使用"。比如，成语有"运用自如"，《宋史·岳飞传》有"阵而后战，兵法之常，运用之妙，存乎一心"之说。

两个词语含义细微的差别不容忽视。《课程标准》选"运用"舍"应用"不是偶然，有其深刻的用意。

语文课程是一门具有多方面内容和多种目标的综合性课程，运用包括实用的语文运用和审美的语文运用。语文课要加强语言运用训练，但这样的训练不是纯技术的、单一枯燥的机械运用训练，而应该是根据学生语文学习规律、文本特点精心设计的一种灵活的、艺术的、多维的、巧妙的、丰富的、多功能的语用训练。

在教学中，我们要尽可能为学生创设语言运用的机会，使语用训练承载多种功能。实用的语言运用训练要经历一个从积累到模仿再到创用的过程。这是语言学习的一般规律。所以，要加强对规律性语言的积累，只有对规律性的语言积累达到了一定的量，才能化用，乃至创用。用的过程也可分解成两步：仿用和创用。语言只有在不断用的过程中才能深化、活化、内化。语言运用训练要发挥功效，就要设计优质的语言实践活动。语言实践活动要丰化、活化、趣化，才能优化，还要关注活动设计的多样性、层次性、主体性。

1. 多样设计，丰化活动

语文实践活动的设计要多元、丰富，如听、说、读、写，理解型、积累型、运用型，预学型、共学型、展学型等。要用多样活动串起教学流程，展开学生的学习过程。在活动过程中，语感的培养、语言的积累、素养的形成一并融入，共同生成。活动设计越丰富，越有趣味，学生的参与度越高，活动效果就越好。所以，根据文本特点设计合宜、功能强大、张力十足的活动，以活动撬动课堂，激活学生的学习热情，是教学成功的关键。特别要设计一些有新鲜感的活动，这样就能起到事半功倍的效果。

笔者在教授《半截蜡烛》一文时，根据文本的文体特点和五年级学生的阅读水平，设计了四个独具匠心的活动——导演说戏、演员演戏、编剧续戏、观众评戏，把听、说、读、写的语文活动巧妙包装，进行趣味训练，学生兴味盎然，收到了很好的实践效果。

2. 层层递进，螺旋上升

活动的设计还应该追求层次性，几个层次的活动设计，把课切割成几个板块，下一个活动的设计应以上一个活动为基础，做到螺旋上升、步步递进。例如，笔者在设计《乌塔》一文的活动时，安排了三个层次——练习介绍、练习对话、练习反驳，并且根据独白体、对白体、辩白体三种口语训练要求，提出了活动的三个层次要求——"讲得简洁、对得自然、驳得有理"，三个活动对应三个要求，层层递进，并逐渐增加难度，学生在参与活动的过程中如同在爬山，有逐渐登高的感觉。又如《蒙娜丽莎之约》一文，根据文本特点，笔者大胆地把文本当作语言训练的"用件"，设计了"概括介绍、具体介绍、生动介绍"三个活动，学生依托文本读文，内化文本语言，将之转化成自己的语言进行口语表达训练，也是层次感很强的三个板块设计。

3. 主体参与，活化过程

活动的设计和规划者是教师，但开展活动的主体应是学生。我们设计的活动，要尽可能引导学生全员参与，活化过程。让每个学生在活动中都有事做，要让学生"活"起来、"动"起来，这样课堂才能焕发生命的光彩。例如，笔者在教授《天净沙·秋思》时，根据"起承转合"的课堂节奏，设计了"读、写、创、赏"四个语文活动，特别是"创"这个活动，给学生置换了语境，让学生小组合作，共同完成："如果马致远不是断肠人在天涯"，而是金榜题名、荣归故乡，老师把后两句改成"荣归故乡得意人意气风发"，那前面的意象应该选哪些呢？学生小组合作讨论，创造了很多富有个性的意象，如青藤、碧树、喜鹊、阳道、春风、骏马等，最后大家合作完成了一首新的"天净沙"。这个活动设计，既是"活"的，又是"动"的，学生兴味盎然，全员参与，创造的火花不断闪现。每个学生的答案都是具有个性的、独特的，这就是主体化活动收到的神效。还有，笔者在教授《读碑》一文时，让学生做了一个预习作业：摘录有特色和不理解的词、句、段。课堂上，笔者根据预习作业展开教学流程，在引导学生品味自己摘录的特色词、句、语段时，顺势教给学生三种积累语言的方法"摘录积累、朗读积累、背诵积累"，整堂课都是遵循学生的

2019 年在广东中山市上统编教材示范课

学习起点进行教学的，充分体现了学生的主体地位。

在引导学生进行语言实践活动过程中，还要注重情境性和现时性。因为语言学习是在建模过程中进行的，只有在最短的时间里进行迁移运用，才能有效内化，变成自己的语言。所以，语言实践最好是在当下语言情境中进行，在当下的语境中进行迁移运用，因为熟悉的语境可使学生在语用过程中产生亲切感，降低语言迁移运用训练的难度。当然，除了课堂内的实践，学生丰富的生活更是语言实践的大舞台。语文教学呼唤语言实践，语文教学因实践而有效，因实践而回归语文的本质。

（五）指向"雅学"的小学语文阅读教学设计

教师的"设计力"要助力学生的"学习力"。指向雅学的小学语文阅读教学设计，要遵循雅学"诗"之特质，使教学设计充满诗性；要遵循雅学"和"之特质，使教学设计和谐圆融；要遵循雅学"用"之特质，使教学设计走向实践；要遵循雅学"美"之特质，使教学设计富含美感。即"雅学"教学设计充满诗性，和谐圆融，走向实践，富含美感。

所有的生命都要生存，都要发展，生存和发展的途径就是学习。所以，学习是人的天性智慧，它不是后天养成的，重要的是我们必须认识它、激发它，相信学生是天生的学习者。学习活动是学生生活体验的一部分，主要靠学生亲身去体验，亲力亲为，知识是在亲身的体验中获得的，而不是靠成人告知的。著名心理学家罗杰斯认为，在我们这个世界上，没有哪个人可以教育哪个人学会什么东西，所有的学会都是学生自己学会的。

语文教学要发生革命性的变革，必须彻底转变教学观念，从研究教师的"教"转向研究学生的"学"，倡导"雅学"。《辞海》中"雅"的多个义项告诉我们，"雅"是"正道，合规范"，"高尚，不庸俗"，"美好，不粗鄙"。"雅学"不应是"死学""僵学"，也不全是"苦学"，甚至还高于"乐学"。

有效的教学设计必定是指向学生"学"的，教师"设计力"的提升必须建立在学生"学习力"的提升之上。只有优化了学生的"学"，使学生的"学"真实地发生的教学设计才有生命力。指向"雅学"的语文阅读教学设计，旨在努力转变执教者的设计理念，使教师的"设计力"助力学生的"学习力"，让学习结果"可视化"，从而提升学生的学习品质和学习效率。

1. 遵循雅学"诗"之特质，使教学设计充满诗性

"风、雅、颂"是诗歌的类型，"赋、比、兴"是诗歌内容的表现方法。所以，"雅"本来就是一种诗体，"诗"自然就是雅正之言。诗与雅血脉相依，无论是在古代还是在现代，都是无可置疑的。所以，雅学有诗性特质，是"诗之学"。雅学应有诗性的学习内容——开放，应有诗性的学习方式——内隐，还应有诗性的语言表达——灵性。阅读教学设计只有充分挖掘了"诗"之特性，才会充满诗性，有效服务于学生的"学"。

（1）选择诗性的学习内容——开放

叶圣陶先生在《读书二首》中写道："天地阅览室，万物皆书卷。"鲁迅先生在《读书杂谈》中有言："用自己的眼睛去读世间这一部活书。"陶行知先生说过："活书是活的知识之宝库。花草是活书，树木是活书，飞禽、走兽、小虫、微生物是活书。山川湖海、风云雪雨、天体运行都是活书。活的人、活的问题、活的文化、活的武功、活的世界、活的宇宙、活的变化，都是活的知识之宝库，便都是活的书。"语文阅读教学设计不应只囿于眼前薄薄的课本，而应放眼学生多彩的生活世界，选择开放的学习内容，把天地万物、社会生活都纳入语文课程中来，引导学生读媒体——变"堵"为"导"，读自然——怡心养情，读社会——历练成长。教师只有树立了"大设计"理念，才能视野开阔，左右逢源，开发校本、班本语文课程，把语文"教活"，教出诗意，教出情味。例如，温州广场路小学的邓厦秋老师大胆开发了个性化的"电影遇见书"课程，有效利用"电影"这个学生喜闻乐见的媒体，跟书链接，并成功地嫁接到我们的语文课堂，延展了语文的外延，丰富了语文的内涵。

（2）选择诗性的学习方式——内隐

长期以来，语文教学追求科学化、理性化，重知识、轻实践；重显性结果，轻隐性结果。我们的语文教学，注重的是看得见摸得着的、易于见成效的外显学习，而不注重不易检测、见效于未来的内隐学习，这造成了学生心理资源的巨大浪费，也是学生语文素养低下的重要原因。语文阅读教学设计，应更多地指向内隐学习，使内隐的缄默知识外显化。例如，我们要强化学习方法的学习，把具体的学习方法这种内隐知识在课堂上明明白白地呈现出来，并努力设计梯度训练使学生举一反三、学以致用。"授之以鱼不如授之以渔。"笔者在执教宋词《如梦令》时，教给学生一种个性化的学古诗词的方法——"胖读""瘦读"。学生通过"胖读"，把词读成一幅幅画面——溪亭日暮、藕花深处、一滩鸥鹭；又根据自己的理解"瘦读"，读成一个个词眼——"暮、醉、兴、误、惊、记"。

（3）选择诗性的语言表达——灵性

"孩子是天生的诗人。"孩提时代的语言充满童真和灵性，儿童时期是生命中极其宝贵的言语生成期，儿时的语言是一个人生命中极其宝贵的言语财富，稍纵即逝，这个时期的儿童需要成人给予关注和引导。如果保护及时、引导得力，就给孩子打下了优良的言语底子，对孩子终身言语能力的提升和发展都是有好处的，反之就失去了极佳的时机。深谙此道的著名作家周国平先生和夫人，从女儿牙牙学语开始，到上小学六年级这段时期，为女儿记录下了极富灵性的点点滴滴的日常言语，为孩子的生命成长留下了宝贵的财富。我们的教学设计，要给学生留下表达诗性语言的机会，要努力创设活动激发灵性语言的表达。诗性的设计只有催生出了诗性的语言，才有价值和生命。

2. 遵循雅学"和"之特质，使教学设计和谐圆融

"和"是一种融通了极化现象后的美好境界。语文教学的发展史启示我们：语文教学效率不高的主要原因是一直以来极化现象严重，在做钟摆运动。要解决极化矛盾，就需要融通。语文教学从宏观到微观都需要融通，要树立雅俗共赏的优课观、主客相生的师生观、显隐结合的学习观、言意相谐的性质观。这些都是融通之道。还要追求方方面面的细节融通，如言意互转、同构共生，教学合一、互促互融，虚实互补、融会贯通，诗文互融、相得益彰，一进一出、圆融和美，一呼一吸、吐纳有序，一扩一收、伸缩自如，文字画面、切换补充，内容形式、骨肉相连，作者读者、两情互激，不求甚解、咬文嚼字等。针对不同文体的课文，要寻求不同的融通点，如状物文章——形神融通，写人文章——表里融通，写景文章——情景融通，叙事文章——事理融通，民间故事——虚实融通，绘本教学——图文融通，寓言故事——言意融通，诗词文章——诗（词）境与语境融通。融通就能生"和"，故而语文阅读教学设计追求融通，平衡两极，是解决长期教学沉疴的有效策略。教学设计要解决的主要极化矛盾是关于"长和短、高和低、深和浅"的问题，教学设计的指向要追求长文短教、高文低教、深文浅教。

限于篇幅，前两条在这里不再展开，只展开论述一下深文浅教。一切经典作品都需要重读，学生在一生中也会碰到许多重读的机会，不同的年龄阶段读同一篇文章，往往会有不同的收获和感悟。例如，著名作家毕淑敏的《常读常新的"人鱼公主"》，在8岁的时候作者绞尽脑汁要把结尾改得皆大欢喜，18岁的时候作者从中读到了爱情，28岁的时候作者开始担心人鱼公主的家人，38岁的时候作者开始思考它的写作技巧，48岁的时候作者认为人鱼公主是在严峻的考验中锻造高贵的灵魂……所以，我们的语文阅读教学设计应凸显年龄特征，不能无谓拔高为难学生，同时也为难教师自己。笔者在教授《天净沙·秋思》一文时，就回避了对主题的深挖重掘，把教学设计的重心移到了对古诗词的积累运用上，通过设计"读、说、创、赏"等语文活动，引导学生学习"胖读、瘦读、创读"等读古诗词的方法，感悟"借景抒情""不同的景抒不同的情"等写作方法。学生在活动中悟法，初步赏析了这首小令的意境，学得轻松，学得有实效，教学效果明显。我们的教学设计，只有放低姿态，适度降一降，降到童心可以触摸的地步，才能在真实的课堂实践土壤中开出"花"来，才能清晰地听到课堂上学生生命成长的拔节声。

3. 遵循雅学"用"之特质，使教学设计走向实践

"雅"在词典中的其中一个义项是"正的、合规范的；素常、向来"。语文教学本来、素常的样子应该是怎样的？我们的教学设计如何遵循语文的正道，回归语文的本性？《课程标准》指出："语文课程是一门学习语言文字运用的综合性、实践性课程。"这就提示我们，语文教学要凸显一个"用"字，要强化学生的语言实践。课外的语文实践活动姑且不谈，对占据了我们学生大量时间的语文课堂，我们该如何丰化、优化、趣化语文实践活动？可以通过"多维组练，整体提能；多层展练，阶梯提能；主体促练，自主提能"。我想关键是要追求语文实践活动设计的多样性、层次性、主体性。

（1）多维组练，整体提能

课内语文阅读教学设计要追求多样、丰富。我们的教学设计只有丰富、多元、有创意，才能在课堂上充分激发学生的学习潜能，引爆学生的思维，激发学生学习的热情。在多年的课堂教学设计实践中，笔者就课堂上"读"这种常用的语文实践，设计了许多个性化的活动方式，如导语助推、诗文对读、诗诗套读、设境演读、拓展链读、积累诵读、批注自读、转换巧读、循法美读等。笔者在教授《跨越百年的美丽》一文时，在引导学生学习居里夫人在实验室中一丝不苟地做实验一段时，就采用了批注自读法，让学生先根据一个批注作业自读课文，自主完成笔头作业，再根据作业交流分享，结合进行朗读指导。（图 2-12）

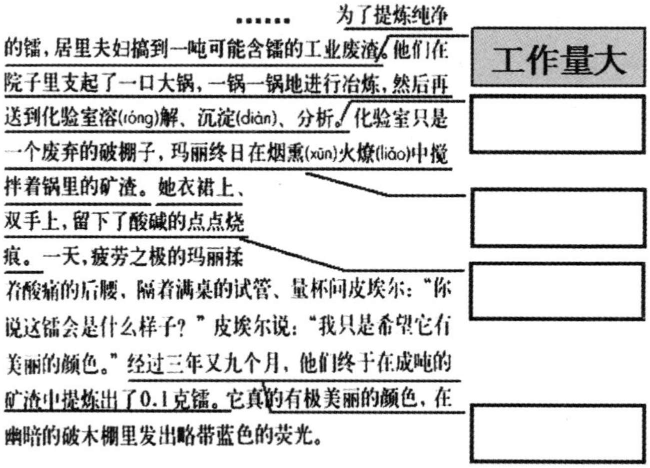

为了提炼纯净的镭，居里夫妇搞到一吨可能含镭的工业废渣，他们在院子里支起了一口大锅，一锅一锅地进行冶炼，然后再送到化验室溶(róng)解、沉淀(diàn)、分析。化验室只是一个废弃的破棚子，玛丽终日在烟熏(xūn)火燎(liǎo)中搅拌着锅里的矿渣。她衣裙上、双手上，留下了酸碱的点点烧痕。一天，疲劳之极的玛丽揉着酸痛的后腰、隔着满桌的试管、量杯问皮埃尔："你说这镭会是什么样子？"皮埃尔说："我只是希望它有美丽的颜色。"经过三年又九个月，他们终于在成吨的矿渣中提炼出了0.1克镭。它真的有极美丽的颜色，在幽暗的破木棚里发出略带蓝色的荧光。

工作量大

图 2-12

这样的活动设计，使全体学生都参与进来，在自主笔练中深度思考，笔者根据交流时反馈的学情相机指导，并融合了朗读指导，这项张力十足的活动针对性和实效性都很强。（限于篇幅，其他方法不再展示叙述）

（2）多层展练，阶梯提能

语文实践活动的设计还要注意体现层次性。每一堂课的设计以三个活动为宜，还要体现层层递进。试以笔者一组阅读课中开发口语交际训练的教学设计为例。对于《乌塔》一文，笔者设计了"练习介绍——训练独白体语言；练习对话——训练对白体语言；练习反驳——训练辩白体语言"三个活动。对于《蒙娜丽莎之约》一文，设计了"概括介绍、具体介绍、生动介绍"三个层次的活动。对于《文成公主进藏》一文，设计了"聚焦神性讲故事、聚焦人性讲故事、聚焦圣性讲故事"三个活动。这样的设计，几个活动由易到难，层层递进，梯度明显，而且板块之间相互咬合渗透，体现了教学设计的整体性。

（3）主体促练，自主提能

语文实践活动的设计还要体现主体性，大胆翻转课堂，实现学、教方式的变革。笔者在《读碑》一文的教学中进行了尝试，先让学生做了一个预习作业：摘录一组有规律的词语；摘录不理解的词、句；摘录一个有特色的语段。教师根据预习作业中暴露出来的学情进行教学设计，指向语文积累的方法"抄写积累、朗读积累、背诵积累"，这样的教学设计完全建立在学生的学习起点上，充分体现了学生的自主学习、自主提能。

在设计语文实践活动的过程中，要坚持"训练板块清晰明了，训练内容指向语文，训练方式追求情趣，导学过程相互推进"。我想，一切能充分激发学生学习动力，能开展意趣不俗、富有情趣的学习活动，能让学生充分享受高雅愉悦的审美体验的深度学习的语文实践活动设计，都是值得提倡的。

4. 遵循雅学"美"之特质，使教学设计富含美感

"雅"在辞典中的另一个义项是"美好、不粗鄙"。故而，一切雅的事物必定是美好的。语言是美的，语文教学更应该是美的，我们的语文教学设计要追求"音乐美、绘画美、建筑美"，要追求"和谐婉转的圆润之美、流动变化的圆转之美、含蓄蕴藉的圆融之美"，还要追求"走向实践的和济之美、调和融通的和融之美、和畅圆润的和润之美、两极平衡的和谐之美、和乐喜悦的和悦之美、行云流水的和舒之美"，但更要追求和而不同、有冲突的和美。笔者在教授《去年的树》一文时，引导学生在与教师、文本的交锋中，产生认知冲突，学生自主从文本中读出了不一样的主题。

《去年的树》结课教学片段：

师：课文学到这儿，其实我们已经学完了。但是作为这篇美丽的文章的读者，你还有什么话说？想对谁说？

生1：我想对那些可恶的伐木人说，那些伐木人只为了制造一些火柴，而去拆散一对这么要好的朋友，真是太可恶了！

生2：我想对全世界所有的人说一句："诚信是难能可贵的。也许这回失去了，下回就没了。"

生3：我想对小鸟和大树说："你们的真情把我感动了！"我也要对天下所有的

人说："愿你们珍惜友情，永远地和你们的朋友相处下去。"

　　生4：我想对作者说："你为什么要写出这么悲惨的结局？"

　　清代阮元写过一首《吴兴杂诗》："交流四水抱城斜，散作千溪遍万家。深处种菱浅种稻，不深不浅种荷花。"这首诗诠释了一个语文教学设计理念：一切顺应学生个性，激发学生个性学习结果的设计都是好的、美的；美的设计促成美的教学；语文教学要走向美，必须要有生本理念做基础。

下校指导青年教师（摄于2018年）

　　任永生先生曾提出："课改是一场心灵的革命，课改是一场观念的革命，课改是一场课堂技术的革命，课改是一场行为的革命。"理念决定行为。一个优秀的语文教师，要树立"改造课程、建构学程、变革课堂、指向成长"的生本教育理念，教学设计要始终坚持以学习者为中心，为不同层次、不同类型的受教育者提供个性化、多样化、高质量的教学设计，才能促进学习者主动学习、释放潜能、全面发展，才能使教师的设计力有效地服务于学生的学习力。

和美之器
——我的语文教学实践

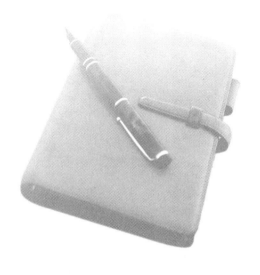

一、教学内容的重大发现

——《乌塔》教学实录及评析

浙江湖州吴兴区教育局教学研究与培训中心　盛新凤

（一）预习导入

1. 揭题，学习部分字词

（师生问好。）

师： 今天，盛老师要跟你们一起学习一篇略读课文，27课，题目是——（PPT出示课题）

（学生齐读题目。）

师： 你们肯定已经预习过课文了，盛老师看一看你们这些词会不会念。咱们一起来读一下，预备起！（PPT出示：一时语塞，不合逻辑，马上反驳）

（学生齐读词语。）

师： "一时语塞"，"塞"（sè）是多音字，这个词再读一次。

（学生齐读。）

师： 这几个词你们都理解吗？挑一个，用自己的话简单地说一下。

生： "一时语塞"的意思就是：一下子不知该怎么说这件事情。

师： 一下子不知道说什么好了，说不出话来了，叫"一时语塞"。

生： "不合逻辑"的意思是不合正常的事情。

师： 不合正常的思维，就是他讲的话没有——

生： 逻辑、道理。

师： 没有道理叫不合逻辑。还有一个词"马上反驳"，我们在什么情况下会马上反驳？

生： 一个人说话说错了，你马上反对。

师： 这个人说的话是错的，和你的观点不一样，这个时候你要"马上反驳"。再把这几个词一起读一下。

（学生齐读。）

2. 提取重要信息，初步了解乌塔的故事

（PPT 出示语段 1：她还告诉我她叫乌塔，已经 14 岁了。这次趁暑假游历欧洲，已经去了法国、瑞士、奥地利，在意大利去了威尼斯、米兰、佛罗伦萨，最后还要去希腊。）

师：这段话会念吗？谁来念给大家听一下？

（教师指名读。）

师：谢谢你，念得非常好。这段话传递的信息不知道你们有没有懂。乌塔去了哪些地方旅游？简单地说。

生：乌塔已经去了法国、瑞士、奥地利，还去了意大利，最后还要去希腊。

师：你们有没有发现，刚才他介绍的时候，就介绍乌塔去过的一些——

生：国家。

师：比作者写的要简单一点，可以说得更简单一点吗？

生：可以直接说成欧洲，乌塔去了欧洲。

师：整个欧洲都游览过了？这样好像不准确。

生：乌塔去了欧洲的法国、瑞士、奥地利、意大利、希腊。

师：谁有办法讲得简单，又不像他那样把所有的国家都列举出来？你试试看。

生：乌塔去了欧洲的一些地方。

师：一些地方，刚才他说的这些地方都是国家，那可以怎么说呢？

生：乌塔去了 8 个国家。

师：那是 8 个国家吗？

生：不是。

师：意大利的威尼斯、米兰、佛罗伦萨，那是什么？

生：城市。

师：在这里面列举了几个国家？你数数看。

生（不一致）：4 个、5 个。

师：到底几个？这里面忘记的是哪个？

生：希腊。

师：对，简单地说，乌塔去了欧洲的好几个国家。你们看这样就很简单了。

（PPT 出示语段 2：乌塔说，她在家里就设计好了旅行路线和日程，每到一地就先查警察局的电话号码，以便遇到危险和困难时请求帮助，再给家里拨个电话或寄张明信片。她还说，自己用了三年的时间准备这次旅行，阅读了很多与这些国家有关的书籍；为了挣旅费，每个周末去帮餐馆或超级市场分发广告单，假期还到别人家里陪小孩玩。）

师：再请同学们来读一段话。这一回请你们小声地自己快速读。读了之后请你归纳一下，乌塔有哪些旅行经验？

（学生自由读。）

师：好，你们梳理出来了吗？她有哪些旅行经验？简单地说。

生：乌塔的旅行经验是：她在家里已经设计好了旅行路线和日程，每到一地就先查警察局的电话号码。

师：说到了两条旅行经验了。还有谁要概括？

生：乌塔还在 3 年时间里阅读了很多与这些国家有关的书籍。

师：这个经验能不能说得再简单点？在旅行前进行了——

生：阅读书籍。

师：在旅行前进行了大量阅读。这样就可以了。

生：还自己挣旅费。

师：这么一来，你们概括出几条旅行经验了？

生：四条。

师：谁能一个人简单地向大家介绍一下？

生：乌塔在家里先设计好旅行路线和日程，到一个地方先查警察局的号码，阅读与这个国家有关的书籍，还自己挣旅费。

（二）讲得简洁

师：同学们，如果把这两段信息结合在一起，我们就可以介绍乌塔这个人了。接下来我们就来练习介绍。（PPT 出示：练习介绍）

师：介绍乌塔的时候，盛老师要给大家提个要求，就是我们要讲得尽可能地简洁（板书：讲得简洁）这个要求其实是很高的，你可以这样开头。（PPT 出示：爸爸妈妈，我向你们介绍一位 14 岁的德国小女孩乌塔，她——）接下来就把这两段话提供的信息加在一起。（PPT 出示语段 1 和语段 2）说要点就行，简单地介绍。自己先练习一下，开始吧。

（学生练习。）

师：谁向大家介绍一下？你来试试看。

生：爸爸妈妈，我向你们介绍一位 14 岁的德国小女孩乌塔，她在暑假游历了欧洲的很多国家，她在家里设计好旅行路线和日程，每到一个地方就查警察局的号码，阅读了很多书籍，周末还自己挣旅费。

师：怎么样？你们感觉她说得简洁就鼓鼓掌。（学生鼓掌。）

师：如果她的旅行经验你能够用 1、2、3、4 这样的数字来列出来说，就更加清晰了，这是一个小秘诀。同学们，课文可不是这样简单地写的，它主要是通过写乌塔和我的对话把故事写得具体生动，是不是？

生：是。

（三）对得自然

1. 边读边画，聚焦语言

师：请你把书打开来，快速浏览全文，一边浏览一边把课文中乌塔说的话用线画出来，画完之后把手举得高一些，让盛老师看到。

（学生一边读一边画，教师巡视。）

师：好，把乌塔说的话读给大伙听一听，你先读。

生："我是德国人，住在汉堡。"

师：嗯，这句是乌塔说的话。还有吗？

生："当然。"

师："当然。"虽然只是两个字，但也是乌塔说的话。

生："我也是家里的宝贝，爸爸妈妈、爷爷奶奶也很爱我。不过我们兴趣不同，所以我们有时候一起出去玩，有时候单独出去玩。爱孩子，为什么就不能让他们单独出门？我不明白。你的话不合逻辑。"

师：这也是乌塔说的话。还有吗？

生："中国的孩子缺少很多乐趣吧？"

生："光从电视和书本中认识世界总不完美。我从电视上经常看见意大利，但只有亲自来到这里，它的美丽才深深感动了我。"

　　师：好，都找完了吧？盛老师把这些话都打在了屏幕上。

　　2. 揣摩语气，练说对话，领悟"对得自然"

　　师：这回我们都做一次乌塔，来说一说她说的这些话。盛老师读提示的话，你们直接说她说的话就行了。

　　（师生说对话，一边说一边以 PPT 的形式出示内容。）

　　师：嗯，你们读得不错，但是存在一个问题，有一种读书腔。其实在对话的时候，就像我们说话一样，要自然，所以我们要——对得自然。（板书：对得自然）接下来我们再来练习一下这两句对话。

　　（PPT 出示：我是中国人，现旅居德国。她一听，高兴得大叫："我是德国人，住在汉堡。"）

　　师：盛老师是文中的"我"，你们就是乌塔，我们要开始对话。我是中国人，现旅居德国。你是乌塔，你怎么说？

　　生（语气平淡）：我是德国人，住在汉堡。

　　师：乌塔是这么说的吗？应该怎么说？

　　生（语气略微上扬）：我是德国人，住在汉堡。

　　师：你们满意了吗？谁提醒她一下？

　　生：我是汉堡，住在德……

　　师：你不是汉堡，你是乌塔。

　　生（激动）：我是德国人，住在汉堡。

　　师：都想起吃汉堡了是不是？汉堡是德国的一大城市。你看，他一激动就读错了。

　　师：当时的乌塔高兴的时候应该怎么叫呀？

　　生（兴奋）：我是德国人，住在汉堡。

　　师：你应该再高兴点，你应该叫出来。

　　生：我是德国人，住在汉堡。

　　师：他有点叫的感觉了。

　　生：我是德国人，住在汉堡。

　　师（惊奇）：原来我们住在同一个国家哎！这么巧的事情！

生：我是德国人，住在汉堡。

师：你太高兴了！好，现在你们都是乌塔。我是中国人，现旅居德国——

生（齐声说）：我是德国人，住在汉堡。

师：原来这么巧啊，是不是？（学生再次练习。）

（PPT 出示：我有点惊讶："你一个人吗？""当然。"）

师：有一点说话的味道了，我们再来练习一组。我有点惊讶："你一个人吗？"

生："当然。"

师：我觉得你好像有点自豪，但是这里说的是：她很自然地答道。这是多么自豪的一件事情呀！她为什么是自然地答道，谁来说一说？

生：因为她觉得她本来就是一个人，没有什么可以惊讶的。

师：我们这里的人都是这样的。你来补充。

生：乌塔经常一个人出去，她觉得很平常。

师：哦，所以应该是自然地答道而不是自豪地答道。我们再来。

（师生练习这组对话。）

师：这么说对话就自然了，就好像平时说话一样了，对不对？

3. 想象情境，表演对话，实践"对得自然"

师：接下来我们再来练习一个情境，打开书，读一读第五段，待会儿我要请一个同学跟我对话，演乌塔。

（学生读第五段。）

师：好，谁做乌塔跟我对话呀？

（学生举手。）

生：你好！

师：你好，你叫什么名字？

生：我叫乌塔。

师：你从哪来呀？

生：我从德国来。

师：你几岁了？

生：我已经 14 岁了。

师：你都游历了哪些国家？

生：我去了法国、瑞士、奥地利、意大利，还有希腊。

师：希腊已经去过了？

生：没有。

师：你从哪句话知道希腊还没去过？

生："最后还要去希腊"。

师：嗯，好的，你们觉得我们对得自然不自然？

生：不够自然。

师：还不够自然，再请一位。

生：你好。

师：你好，你叫什么名字？

生：我叫乌塔，你是中国人吗？

师：是的，我是中国人，现旅居德国。你呢？

生：我是德国人，住在汉堡。

师：哎呀！我们原来生活在同一个国家哎！你都去了哪些地方了？

生：我去了法国、瑞士、奥地利，在意大利游览了很多城市，最后还要去希腊呢！

师：你一个人吗？

生：是呀！当然！

师：你们觉得怎么样？很自然。给点掌声。（学生鼓掌。）

师：同学们，对话就要很自然地像说话一样，同桌之间可以演一演。

（四）驳得有理

1. 聚焦对话，反复品读，领悟"驳得有理"

（PPT 出示：然后，她问我，中国的孩子是不是也这样旅游。我一时语塞，想了一会儿才说："在中国，像你这样年纪的孩子都是家里的宝贝，爸爸妈妈、爷爷奶奶很爱他们，会带他们一起出去玩，但一般不放心让他们一个人出远门。"乌塔对我这番解释很不满意，马上反驳说："我也是家里的宝贝，爸爸妈妈、爷爷奶奶也很爱我。不过我们兴趣不同，所以我们有时候一起出去玩，有时候单独出去玩。爱孩子，为什么就不能让他们单独出门？我不明白。你的话不合逻辑。"）

师：掌握了这种窍门，我们再来读一组对话，请你在座位上先练一练。

（学生练习。）

师：请两个同学来读一读这组对话，（指定两个同学）盛老师为你们服务，我来读提示的话，你们来做评委，看我们读得自然不自然。

（师生合作读对话。）

师：怎么样？觉得好就鼓鼓掌。

（学生鼓掌。）

师：盛老师要采访你（扮演"我"的学生）一下，当我问你"中国的孩子是不是也这样旅游"的时候，你为什么一时语塞？

生：因为中国的孩子，爸爸妈妈不放心，怕他们受伤，所以不是这样旅游的。

师：我当时这样问的时候，你的心里有点儿——？

生：着急。

生：吃惊。

生：有点惊讶，有点不可思议。

生：还有一点担心。

师：你没听懂我的话。

生：我是觉得有点脸红。

师：有点脸红，有点难为情，有点不知道怎么回答。所以才会一时语塞，现在你明白了吧？

生：明白了。

师：再采访你（扮演"乌塔"的学生）一下，你当时为什么要马上反驳？

生：因为他讲的话不合逻辑，我也是家里的宝贝，爸爸妈妈、爷爷奶奶也很爱我。他们为什么不放心让孩子出远门？

师：你觉得我的话不合逻辑，你的话就合逻辑，谢谢你。来，我们看看乌塔的话是不是合逻辑的，大家一起读。

（学生读句子：爱孩子，为什么就不能让他们单独出门？）

师：你们觉得乌塔的话合逻辑、有道理，是不是？那她到底说了什么道理呀？用自己的话说说看。

生：如果爱孩子的话，他们想去做什么就让他们做什么。

师：让他们自由，你的意思是。

生：既然爱孩子就让他们自由，不能像笼中之鸟一样，整天让他们待在家里。

师：也要自由。还有不同的说法吗？

生：爱孩子就应该让他们自己闯天下，不应该让他们天天待在家里，受爸爸妈妈保护。

师：就是让他们独立。你们觉得乌塔的这句话是针对我的哪句话进行的反驳？

生："但一般不放心让他们一个人出远门"。

师：然后她就反驳了："爱孩子，为什么就不能让他们单独出门？"是不是？现在盛老师就做一回文中的"我"，你们就来反驳"我"，准备好。

（师生合作反驳、对话。）

师：你们看，乌塔就针对我的观点进行了有力的反驳，你们觉得她反驳得有道理吗？

生：有。

师：所以我们觉得她驳得有道理，简单地说——驳得有理。（板书："驳得有理"）

（PPT 出示："光从电视和书本中认识世界总不完美。我从电视上经常看见意大利，但只有亲自来到这里，它的美丽才深深感动了我。"）

师：乌塔还说了一段话，看这段话，我们来读一读。

（学生齐读。）

师：这句话又是针对我的哪句话进行的反驳呢？你说说看。

生：针对"中国有电视，有儿童图书，有游乐园，孩子们很快乐"。

师：现在你们再来反驳我，我做文中的"我"，"中国有电视，有儿童图书，有游乐园，孩子们很快乐"。

生："光从电视和书本中认识世界总不完美。我从电视上经常看见意大利，但只有亲自来到这里，它的美丽才深深感动了我。"

师：你看，乌塔就是这样，针对我的观点进行了有力的反驳，她驳得有理。

2. 梳理观点，现场辩论，实践"驳得有理"

师：读到这里你的脑海中出现了一个怎样的乌塔？用一个词概括。

生：非常独立、自强的人。

生：她是一个自己动手、丰衣足食的人。

师：这样一个乌塔的形象出现在我们的脑海中，你们喜欢这样的乌塔吗？

生：喜欢。

师：你们向往乌塔这样的生活吗？

生：向往。

师：如果你把你的这种愿望向你的爸爸妈妈提出的话，估计爸爸妈妈会有怎样的反应？会说怎样的话？

生：我爸爸妈妈会说：要是你被绑架了怎么办？

生：我爸爸妈妈会说：不放心你去，万一你走丢了怎么办？

生：我爸爸妈妈会说：你怎么会有这种思想？

生：我爸爸妈妈会说：你独立也要长大一点再独立，现在太小。

生：我爸爸妈妈会说：如果你想去，我们陪你一起去，你自己不能去。

师：明白了，梳理一下，我们的爸爸妈妈可能都有这样的一些观点。（PPT 出示：（1）要出去玩，爸爸妈妈可以陪你去！（2）爸爸妈妈很爱你，不想让你去冒险！（3）你现在的任务是在学校好好学知识，不要总想着玩！（4）长大了再独立也来得及！）

师：同学们，如果爸爸妈妈抛出这样的观点，我们该怎么进行有理的反驳呢？请拿出你们的这张作业纸，结合课文内容，结合我们课前阅读的资料，写几句反驳爸爸妈妈的话，记住你反驳的话要合逻辑，待会尽量要把爸爸妈妈说得——一时语塞。

（学生写话。）

师：好了，如果你有很长的话没写完，你可以直接说出来。现在，我们先做一回爸爸妈妈，把他们的观点亮一亮。每人说一条。

（教师指名读四种观点。）

师：反驳的时候到了。你们都做好准备了吗？记住要有理，合逻辑，要把爸爸妈妈说得一时语塞。你先来。

生：爸爸妈妈，你们知道吗？小鹰只有靠自己才能练就过硬的翅膀，如果我不知道怎么生存，我很快就会被大自然无情地淘汰，我们也想跟小鸟一样，在大自然中自由地飞翔。

师：你们觉得他反驳得有理的话就给他鼓鼓掌。

（学生鼓掌。）

师：练习反驳的时候可以这样开头。（PPT 出示：爸爸妈妈，我不同意你们的观点……）

生：爸爸妈妈，我不同意你们的观点。温室里的花朵是经不起风雨的，我们的路有一天是要自己走的，不如现在先尝试一下。

生：爸爸妈妈，我不同意你们的观点。长大了我们要自己动手，丰衣足食，为什么不早点让我们这样呢？

生：爸爸妈妈，我不同意你们的观点。人还是要靠自己的力量吧！我要养成靠自己的习惯，像乌塔那样去发现世界，感受世界带来的美丽。

师：你觉得这样也是一种学习，是不是？是针对爸爸妈妈让你盯着书本学习进行反驳的。

生：爸爸妈妈，我不同意你们的观点。不经历风雨怎能见彩虹？如果我们现在不独立，长大后就会一直依赖别人，怎能做出自己的成就？

师：你们觉得怎么样？有理吗？有理就鼓鼓掌。（学生鼓掌。）好，我知道你们还有更合逻辑的话要向爸爸妈妈说，今天回去可以把乌塔的故事讲给爸爸妈妈听，试着提出自己的意见。如果爸爸妈妈这样说，你就怎样？

生：反驳。

师：记住要——驳得有理。

（五）小结全文

师：同学们，今天我们读了乌塔的故事，认识了一个热情可爱、独立自信的小女孩。虽然我们不一定要像乌塔那样周游世界，但是学习独立是现代人必备的本领，对不对？今天这节课我们更重要的是学到了三个在平时说话的时候用的小秘诀，也就是进行口语交际的小秘诀，那就是要——

生：讲得简洁、对得自然、驳得有理！

师：今天这节课就上到这里，下课！

板书设计

27. 乌塔
讲得简洁
对得自然
驳得有理

2016 年在云南执教《乌塔》

（六）名家点评

重大的发现

——评盛新凤老师《乌塔》教学

浙江龙游县教研室　著名特级教师　赖正清

盛新凤老师真够大胆的，竟然挑了这样一篇课文，讲给四千多位老师听。

《乌塔》是篇略读课文，真的"略读"一下，是篇"四无"文章。"语言文学"

"语言文章""语言文化""语言文字"，都很难找出亮点。没有情节发展的惊险或谐趣，没有布局谋篇的严谨或意外，没有遣词造句的精致或绚丽，没有文化渊源的传承或时尚。就算是"语言文字"，似乎也很难撬出半片秦简汉册。什么语言、动作、行为，什么开端、发展、高潮、结局，都找不到典型之处。如果说，把一些很精美的文章定成略读课文，简直是暴殄天物，那么这篇文章被定位为略读课文就该是实至名归了（别当真——笔者注）。人民教育出版社选文是以内容为主进行架构的。位于四年级上册"成长的故事"的单元中，这篇课文讲的是一个德国小女孩单身闯天下的事，这是一种有别于中国孩子的"成长"，是符合主题的，只是文章比较平淡罢了。

可见，陶醉于通过课文来教语言文学、语言文章、语言文化、语言文字，那就要大失所望了。公开课避开这样的课文也就理所当然了。

盛新凤老师就高明在这里：众人皆醉吾独醒，众人皆弃吾独选。

她发现了这篇课文的独特价值——语用价值，即对话和争辩的实用价值。

第五自然段是"我"和乌塔的三组对话，也是现实生活中遇到陌生人互相打招呼、做介绍、嘘寒问暖、说天气等经常用到的生活交际用语。盛老师和孩子们模拟交际说话的口气分角色"朗读"这三组对话。盛老师当"我"，好处是一方面示范了"说话口气"，一方面又可以把握两者间的交际速度。她非常清楚地强调和指导，朗读不要用读书腔，就像真的说话一样。这一环节，既是课文的朗读练习，更是生活应用的历练。

第六、七自然段是"我"和乌塔另两组对话，已经有些"辩驳"的味道了。学生学第五段已经见识了怎样说（实际是读）好对话，盛老师在这里就让孩子们同桌互练这两组对话。要知道，课文中乌塔的话有很多地方并没有加引号，术语叫"间接引用"，学生是要在练习过程中"直接引用"的。老师并没有去解说什么"人称转换""增删词语"这些术语，学生在练习过程中居然没有什么疙瘩。可见知识术语是语言训练的大敌，"语用情境"才是语言转换的亲友。

争论辩驳是在第八、九自然段，这是有别于一般对话的。这种对话，有理由的碰撞，有观点的交锋，有语气语调的变化，能很好地让学生进行争论辩驳训练，对在社会生活中应用大有好处。盛老师让孩子们依据文本，充分进行了这种互相辩驳的训练。这些训练，既是在练朗读，又是在练情境交际，也是在练语言转换，但主要还是练文本语言。如何让文本语言迁移为实际生活语言，盛老师安排了一次练笔。她顺势模拟了爸爸妈妈不让孩子们独自外出游玩的几条理由，让学生们选择写出反驳理由。这样的练笔，内容是文本的，形式是文本的，就地取材，从学生的交流情况看，很有效果。

写到这里，我们似乎觉得这个文本实在是太好了，独白、对白、辩白暗暗铺设，朗读、对话、练笔层层推进。极其普通的文本，开出了绚丽之花。情人眼里出西施，只要你去发现，每一篇课文都有明珠暗投在里边的。近年来，"学案"的说法被人们看好。笔者也曾在1991年1-2期的《山东教育》上发表过《"教案"也应该姓"学"》的文章，算有一点"先见之明"。所谓学案，就是教师站在学生的角度，设身处地为学生设计的"学习"方案。而所谓"学习"，"学"是效仿，"习"是反复练习。如此"掉书袋"，是想说明盛老师这份教学设计的"学案"的特点。

学习目标真的是"学习"目标。第一条确定了整堂课的"学习"内容和过程，第二条是关于课文交际语言的学习和领悟，第三条是交际语言技术要领的情境运用。尽管都是"目标"，但明显有内容—过程—目标的三个层次。

课堂主体部分都是"学生的活动"。三个板块，"讲得简洁、对得自然、驳得有理"，讲述、对话、反驳都是学生的活动；简洁、自然、有理都是活动的达标要求。

每个板块做的事都是有"学"更有"习"的。以第二板块为例。设计安排了四个环节，第一环节是确定操练内容，第二个环节是掌握技术要领，第三个环节是示范操练（这是"学"），第四个环节是自由操练（这是"习"）。

在"学案"中，当然不能屏蔽老师。引领方向，适当裁判，指点迷津，放下身段，老师的这些活动也都在设计当中。

前些时候，我们总在纠结"预设"和"生成"。从教学本质上说，预设，尤其是真正站在学生角度的预设，才是课堂教学的根本。在这份教学设计中，教师很少用"术语"，基本上是学生的话语系统；很多的片段模拟，也不见"强扭的瓜"，只见"瓜熟蒂落"的情境。

把教案编写成学案，也是盛老师的重大发现吧！

二、以说导学、分层实践

——《蒙娜丽莎之约》教学实录及评析

浙江湖州吴兴区教育局教学研究与培训中心　盛新凤

（一）设计理念

把课文当用件，展开指向口语表达的教学过程，分"概括介绍、具体介绍、细节介绍"三个层次逐步展开介绍过程，使学生对画的认识和感受逐渐丰满；"以练导说"，解放学生的学习力，使教学过程真正转为学生的语文实践过程，提高学生的语文素养。

（二）学习目标

通过练习，理解蒙娜丽莎、《蒙娜丽莎》、"蒙娜丽莎"不同的含义，体会文章内在的层次。

通过"练说解说词"这项语文实践活动，领会文章"把看到的和想到的自然地融合在一起写""似写人实写画"的写作方法，内化课文语言，学会语言表达。

感受世界名画的艺术魅力，受到美的艺术熏陶。

（三）教学流程

1. 以三个"蒙娜丽莎"的练习导入，揭示全课线索

师：同学们，今天盛老师要跟同学们一起来学习一篇新的课文，大家一起来读一下。

生：蒙娜丽莎之约。

师：这是一个外国人的名字，不太好读。听盛老师来读——蒙娜丽莎。是不是好听一点？再读一遍，好吗？

生：蒙娜丽莎之约。

师：很奇怪的，这一篇课文当中的"蒙娜丽莎"，有的带上了书名号，有的带上了双引号，有的呢，什么都没有带。

出示问题：

下面三个"蒙娜丽莎"，分别表示什么？

（1）《蒙娜丽莎》是世界上最杰出的肖像画，世界上有多少人能亲睹她的风采呢？（　　　　　）

（2）蒙娜丽莎的身姿和交搭的双臂使她显得大方、端庄。（　　　　　）

（3）"蒙娜丽莎"是全人类文化宝库中一颗璀璨的明珠，她的光辉照耀着每一个有幸看到她的人。（　　　　　）

师：那么，这三个"蒙娜丽莎"分别表示什么意思呢？我们来猜猜看，好不好？先来看一个句子。谁来给大家大声地念一下。

生：《蒙娜丽莎》是世界上最杰出的肖画像，世界上有多少人能亲睹她的风采呢？

师：有一个词语你没有读好。是肖像画，不是肖画像。这个词语，你再带着大家读一遍。

生（齐读）：肖像画。

师：好，肖像画，指的是描绘人物形象的画。有的是半身的，有的是全身的；有的是坐着的，有的是站着的。那么，这里的"蒙娜丽莎"，加上了一个书名号，表示什么？

生：表示《蒙娜丽莎》这幅画。

师：表示一幅画。你们有意见吗？（板书：画）

生：没有。

师：好，我们再来看第二句话。谁大声地给大家念一下？

生：蒙娜丽莎的身姿和交搭的双臂使她显得大方、端庄。

师：你说说看，这个"蒙娜丽莎"表示什么？

生：这个蒙娜丽莎表示一个人。

师：一个人，对吗？（板书：人）

生：对。

师：再来看，第三句话。这句话，盛老师请大家一起读吧。

生（齐读）："蒙娜丽莎"是全人类文化宝库中一颗璀璨的明珠，她的光辉照耀着每一个有幸看到她的人。

师：这个"蒙娜丽莎"加上了双引号表示什么？谁来猜猜看？

生：这个"蒙娜丽莎"有可能是画中的人。

师：有可能是画中的人，他这么猜。还有吗？

生：我认为它可能是一件文物。

师：可能是一件文物，那么，你们都不太确定是吗？好，我们学完课文之后，再来讨论这个问题。（板书：?）

师：同学们，刚才你们说，"蒙娜丽莎"加上了书名号，就表示一幅画，对不对？（板书：《》）

这节课，我们就要在课文的帮助下，来练习介绍这幅名画。（板书：介绍）

2. 抓《蒙娜丽莎》，介绍一幅画，练习"概括介绍"

师：请同学们把课本拿起来，自己快速默读全文。除了要在最快的时间里把课文读通顺、读正确外，我还要提醒你，关注关于这幅名画的非常重要的信息。听明白的同学开始读。

提醒：有的同学读完了，他悄悄地和盛老师打招呼了。举个手，朝我看一看，我就知道你已经读完一遍了。已经读完一遍的同学，我们把手举一下。一遍还没读完的同学，我们抓紧时间读完。

师：好了，差不多都读完一遍了，是吗？关于这一幅画的这些信息，你都关注了吗？（出示表 3-1）

表 3-1

画作名称	
画家类别	
收藏地	
现展出地	

生：我选画家。

师：能说的都说吧。

生：画作名称是《蒙娜丽莎》。

师：好，（出示：蒙娜丽莎）意见一样吗？一样是吗？还能再说吗？

生：收藏地是巴黎。

师：收藏地是巴黎，谁有补充的吗？

生：他的收藏地应该是巴黎的卢浮宫。

师：这样就更全了，是吗？你还能再说吗，这位同学？（出示：法国巴黎卢浮宫）

生：现展出地是……（学生迟疑了一会儿）

师：现在展出地是哪里？

生：纽约大都会博物馆。

师：哦，这一回他找到了。（出示：纽约大都会博物馆）好，还有一个，你自己能说吗？

生：类别是肖（xiāo）像画。

师：读错了。你再读一遍。

生：肖（xiào）像画。

师：对。而且还是世界上最杰出的肖像画（出示：肖像画）。

师：同学们，看着这一张表格（出示表3-2）。接下来，盛老师要请你在这一张表格的帮助下，练习简要地介绍这幅名画。（板书：简要）看着表格说，大声地在座位上先自己说给自己听，盛老师到下面来听哦。

表 3-2

画作名称	蒙娜丽莎
画家	达·芬奇
类别	肖像画
收藏地	法国巴黎卢浮宫
现展出地	纽约大都会博物馆

（学生尝试自己介绍。）

师：好，能说的同学把手举得高一点。我先请一个同学来说。你来试试看。

生：简要内容是，画作名称是《蒙娜丽莎》，画家是达·芬奇，类别是世界上最杰出的肖像画，收藏地是法国巴黎的卢浮宫，现展出地是美国纽约大都会的博物馆。

师：怎么样，信息全不全？说得已经很好了。但是我觉得他说起来太"老实"了一点，有的信息可以交换顺序，有的信息还可以合并，对不对？谁能达到这个要求啊？来，你来试试看。

生：这幅叫作《蒙娜丽莎》的画作是著名画家达·芬奇画的世界上最杰出的肖像画。收藏地是法国巴黎卢浮宫，现展出地是美国纽约大都会博物馆。

师：听起来是不是更加简要了呀？我知道你可以说得更简要。由于时间关系，我们先说到这里。

3. 抓蒙娜丽莎，介绍一个人，练习"具体描述"

师：同学们，如果你是一个游客，听到解说员对这幅油画解说到这样的程度，你满足了吗？为什么不满足呢？你说说看。

生：如果这样介绍的话，我们并不知道它到底是什么模样。

师：哦，我明白你的意思了。因为这是一幅什么画呀？

生：肖像画。

师：肖像画是描绘人物形象的，是不是？听到最后，连这个人物形象是什么样都不知道，游客肯定是不满足的。那接下来，盛老师就要请同学们在课文的帮助下，对"蒙娜丽莎"这个人物形象（板书中擦去书名号）做具体的介绍（板书：具体）。

（1）朗读课文，填写提纲

师：请同学再次把书拿起来。这回，盛老师请你朗读课文的第五段和第七段。注意至少读两遍以上。然后，要请你先完成一个解说词的提纲。明白的同学自己开始。

提醒：做得比较快的同学，我建议你再回过头去，读一读相关的句子。看看你摘录的关键词准不准、好不好。

（2）交流表格

师：请同学们暂时把手中的笔停一下，好吗？我们首先来听这一位同学填的。待会儿有补充的话你再补充。有的地方，可能答案是唯一的；有的地方，

可能每个人的理解是不一样的，我们按顺序说好吗？你在这里填的是什么？（出示表 3-3）

表 3-3

部位	关键词
	泛着红光　垂落双肩
眼神、嘴唇	
	血液流动
身姿、双臂	
脸部、颈部、双手	
	清晰细腻　生命的活力

生：第一个我填的是"脸颊"和"黑发"。

师：好，接着说（出示：脸颊、黑发）。

生：第二个我填的是"柔和与明亮"和"栩栩如生"。

师：哦，"柔和与明亮"这个词语是他从课文中摘录的，"栩栩如生"是自己归纳的，是吗？还有别的答案吗？

生：我觉得是"柔和与明亮"，还有"真的血肉"。

师：像是真的血肉，她还摘录了一个短句。还有吗？盛老师和你差不多。我们尽量从课文中摘录关键的词语。好，你看，我也是摘录了两个词（出示：柔和与明亮　真的血肉）。再往下说。

生：第三个，我填的是"颈项"。

师：颈项，有意见吗？（出示：颈项）颈项，就是我们常说的什么呀？

生：脖子。

师：对呀，脖子。接着说。

生：第四个，我填的是"大方、端庄"。

师："大方、端庄"，好，还有不同的吗？（出示：大方、端庄）

生：可以直接写成"端庄大方"。

师：哦，你是"端庄大方"，都可以。再接下去往下说。

生：第五个我填的是"在阳光里格外明亮动人"。

师：他摘录了一个短句，可以的。还有不同的吗？

生：淋浴在阳光里。

师：淋浴在阳光里。呵呵，阳光的淋浴。那叫什么？沐浴。来，最后一位男生，说吧。

生：好像沐浴在阳光里。

师：我发现你们都关注了一个词——沐浴，是不是？

生：我摘录的是"明亮动人"。

师：明亮动人，也非常好（出示：沐浴　明亮动人）。好，最后一个。

生：最后一个，我填的是"右手"。

（最终出示表3-4）

表3-4

部位	关键词
脸颊、黑发	泛着红光　垂落双肩
眼神、嘴唇	柔和与明亮　真的血肉
颈项	血液流动
身姿、双臂	大方、端庄
脸部、颈部、双手	沐浴　明亮动人
右手	清晰细腻　生命的活力

（3）根据提纲具体介绍

师：好。这一回，请同学们看着这张解说词的提纲。盛老师要请你在这张提纲的帮助下，来具体地介绍"蒙娜丽莎"的形象啦。赶紧大声地读一读这张提纲。用自己的话，把它说一遍。开始吧。

（学生根据提纲说。）

提醒：你先要自信地说给自己听，待会儿才能说给大家听。

提醒：说得再大声点、自信点。

师：谁说一下蒙娜丽莎的形象。我请一位不举手的同学来说。来，开始吧。

生：蒙娜丽莎的脸颊泛着红光，黑发垂落双肩，眼神柔和与明亮，嘴唇像是有真的血肉。颈项像是有血液在流动。身姿大方、端庄，双臂——

师：这里说不好了。身姿和交叉的双臂，显得——

生：身姿和交叉的双臂显得大方、端庄。脸部、颈部、双手像是沐浴在阳光里，格外明亮动人。右手刻画得极其清晰细腻，像是有生命的活力。

（4）体会课文语句

师：我建议给他点掌声。已经很不错了，已经能够具体地介绍了。但是，我觉得还不够。我觉得还没有做到生动，顶多算个二级解说员。你们来看一看，作者是怎么介绍的？我们来看看作者介绍的话。自己读读这些句子，自己读。

出示句子：

1. 她的眼神是那样柔和与明亮，嘴唇看来不像是涂抹的色彩，而是真的血肉。

2. 仔细看她的颈项，你会怀疑血液真的在里面流动。

3. 她的右手，刻画得极其清晰细腻，富有生命的活力。

（学生齐读。）

师：谁一个人来读给大伙儿听？挑一句来读。

生：她的眼神是那样柔和与明亮，嘴唇看来不像是涂抹的色彩，而是真的血肉。

师：嗯，你一边读，一边在想象。谁再来挑一句读？你来。

生：仔细看她的颈项，你会怀疑血液真的在里面流动。

师：在介绍的时候啊，你是有感情的。好，再来一句。

生：她的右手，刻画得极其清晰细腻，富有生命的活力。

师：同学们，你们有没有发现，作者在介绍的时候，我们仿佛看到他一边儿欣赏，一边儿在想象，一边儿还在心里默默地赞叹，是不是？他在赞叹什么呀？你听出来了没有？他没有写出来，你从他的话里面听出来了没有？你说。

生：他在赞叹蒙娜丽莎的美。

师：哦，更在赞叹什么？是赞叹蒙娜丽莎长得美吗？

生：是赞叹达·芬奇画得好。

师：画得好。一个词，就是刚才有一位同学说的，画得——

生：画得栩栩如生。

（5）融入赞叹之情，进行具体介绍

师：是呀，所以我们在介绍的时候，也要把这种赞叹之情融进去。用你的语调、语气，传递出来，这样就生动啦。会吗？谁来试试看？难度比较大，谁来？好，请这个男生吧。我给你开个头，好不好？蒙娜丽莎就像真人一样，你看——

生：蒙娜丽莎就像真人一样，你看，她的脸颊泛着红光，黑发垂落双肩，眼神柔和与明亮，嘴唇像是真的有血肉，颈项像是有血液在流动，身姿大方，双臂端庄……

师：双臂交叉，显得大方端庄。

生：双臂交叉，显得大方端庄，脸部、颈部、双手，像是沐浴在阳光里，格外明亮动人。她的右手刻画得极其清晰细腻，好像富有生命的活力。

师：再加一句总结句。达·芬奇——

生：达·芬奇笔下的蒙娜丽莎——

师：真是——

生：真是栩栩如生。

（6）小结

师：怎么样？怎么没有掌声啊？我觉得好多了，是不是啊？同学们，如果你是那里的游客，你听到解说员这么解说，那他刚才已经可以算个一级解说员了。

4. 抓"蒙娜丽莎"，介绍一件艺术品，练说"特写镜头"

（1）找读"微笑"语句

师：你们满足了吗？为什么？为什么还不满足呢？

生：因为他没有介绍蒙娜丽莎的微笑。

师：对啊，连这个微笑都没有介绍，怎么能说把这幅画介绍好了呢？这一回，我们还是在课文的帮助下，要抓住"蒙娜丽莎微笑"这个细节再来生动形象地介绍（板书：细节）。再来，把课文拿起来，读一读课文的第六段，然后一边读一边把你认为好的词和句圈画下来。大声地读，开始。自己读。

（2）交流，呈现语段

师：你认为哪些词哪些句对你待会儿的介绍会有帮助，你就把它圈画下来。你画了哪些词句啊？

生：微抿、微挑、舒畅、温柔、矜持。

师：好，还有补充吗？你呢？

生：我画的句子是：那微笑，有时让人觉得舒畅温柔，有时让人觉得略含哀伤，有时让人觉得十分亲切，有时又让人觉得有几分矜持。

师：好，你有一个词读错了，哀伤。画出这个句子的同学把手举一下。大家都画出来了，是吧。自己再把这个句子好好读一读，体会体会。开始，看着屏幕读。

出示句子：

那微笑，有时让人觉得舒畅温柔，有时让人觉得略含哀伤，有时让人觉得十分亲切，有时又让人觉得有几分矜持。

（学生朗读。）

师：好，谁能一个人读给大伙儿听？来，听听你的。

生：那微笑，有时让人觉得舒畅温柔，有时让人觉得略含哀伤，有时让人觉得十分亲切，有时又让人觉得有几分矜持。

师：我听她读的时候，我觉得她是一边读一边想象，好像一边像作者那样在琢磨。谁再来读？

生：那微笑，有时让人觉得舒畅温柔，有时让人觉得略含哀伤，有时让人觉得十分亲切，有时又让人觉得有几分矜持。

师：你们看哦，一个微笑的定格，激发了我们这么多的想象。你说达·芬奇了不起吧？了不起，太了不起了！来，再一起把这个句子读一读。你们也要像作者这样一边读一边想象一边品味。那微笑——预备，起。

生（齐读）：那微笑，有时让人觉得舒畅温柔，有时让人觉得略含哀伤，有时让人觉得十分亲切，有时又让人觉得有几分矜持。

师：这样的微笑，用课文中的一个词来说，叫什么呀？

生：神秘的微笑。

师：对，叫"神秘"。还叫什么？

生：转瞬即逝的面部表情。

师：对，还叫什么？

生：永恒的美的象征。

师：你们看，因为那微笑是耐人寻味，令人难以捉摸的。

（3）练习介绍蒙娜丽莎的微笑

师：同学们，这回你看到她微笑的画像，你会介绍她的微笑了吗？会啦？试试看好吗？来，让你看一看，那令人难以捉摸的、耐人寻味的、神秘的微笑。赶紧在座位上练一练。如果你能把你课外获取的资料也加一点进去，那就更好了。开始吧，自己大声地练。

（4）指名介绍

师：会说了吗？来，手举得高点。一个，就说他的微笑吧，来，两个、三个、四个，哇。推荐一个咱们班里的"学霸"，好不好？你们推荐谁呀？哦，是你吗？给他点掌声。我们把他请到"蒙娜丽莎"的画像前来，好吗？你就是大厅里的解说员了。此刻你就站在美国纽约大都会博物馆的《蒙娜丽莎》画像前，看着她的画像，这里全部是来自世界各地的游客。你要记住，不仅要解说得好，还要跟大伙儿交流交流哦。问个好，开始吧。

生：大家好，我们现在正站在世界名画《蒙娜丽莎》面前。蒙娜丽莎的微笑，有时候让人觉得舒畅温柔，有时候让人觉得略含哀伤，有时候让人觉得十分亲切，有时候又让人觉得有几分矜持。蒙娜丽莎微笑的含义是世界十大未解之谜之一，五百多年来，很多人研究过这个微笑。有人用情感识别软件进行分析，最后得出蒙娜丽莎的微笑包含百分之八十三的高兴，百分之九的温和，百分之六的冷淡和百分之二的伤心。

师：没啦？你和大家互动一下，交流一下。你们觉得这个微笑有什么感觉呀？

生：你们觉得这个微笑有什么感觉呀？

师：你看了有什么感觉呀？你有感觉吗？你觉得有时怎么样？

生：我觉得有时略带几分矜持。

师：你也觉得略带几分矜持。你呢？

生：我觉得蒙娜丽莎的微笑十分动人，引发人们的无限猜测。

师：你们看，你们每个人去看她的微笑，都会读出你们的内容来。这就是这个微笑的传神之处。你们对刚才他的这种介绍感到满意的就鼓鼓掌。

（学生鼓掌。）

（5）小结

师：你们看，达·芬奇用他那神奇的画笔，将一个转瞬即逝的表情定格成了永恒的美的象征，也使这一幅画成了千古名画。怪不得作者强烈地感觉到，我们一起把这个句子读一读。预备，起。

> 出示句子：
>
> "蒙娜丽莎"是全人类文化宝库中一颗璀璨的明珠，她的光辉照耀着每一个有幸看到她的人。

（学生齐读。）

（6）对"蒙娜丽莎"新的感受

师：同学们，这一回，我们回到课前的问题。如果盛老师再给"蒙娜丽莎"加上引号的话，（板书："　"）你觉得他表示什么？你有什么新的理解和感受吗？

> 出示问题：
>
> 下面三个"蒙娜丽莎"，分别表示什么？
>
> 1. 蒙娜丽莎的身姿和交搭的双臂使她显得大方、端庄。（　　　　　）
>
> 2.《蒙娜丽莎》是世界上最杰出的的肖像画，世界上有多少人能亲睹她的风采呢？（　　　　　）
>
> 3. "蒙娜丽莎"是全人类文化宝库中一颗璀璨的明珠，她的光辉照耀着每一个有幸看到她的人。（　　　　　）

生：我觉得这个引号表示这是一幅画，也表示这是一个人，这也是蒙娜丽莎的微笑。

师：这是那永恒的微笑，是吗？还有不同的理解吗？

生：我觉得加了引号，这个"蒙娜丽莎"就已经成了神秘的代言词。

师：神秘的代言词，说得真好。你觉得呢？

生：我觉得加上了引号，作者就已经把蒙娜丽莎当成人了。

师：还是当成人。不是一个普通的人，是一种——

生：我觉得是一种美的象征。

师：是一种美的象征！说得太好了。还有不同的说法吗？

生：我觉得这还是一种文化。就像作者说的，因为她已经不光是一个人、一幅画了，它是一件艺术品，而且还是一件伟大的艺术品，是一件艺术珍品、艺术极品。

师：那这个问号，盛老师可以擦去了吗？

生：可以。

（板书上擦去"？"。）

师：我们把它改成感叹号吧（板书：！）。再一起来读一读最后一个句子：蒙娜丽莎——预备，起。

生：（齐读）"蒙娜丽莎"是全人类文化宝库中一颗璀璨的明珠，她的光辉照耀着每一个有幸看到她的人。

（7）在音乐中欣赏名画，结课

师：好，同学们，今天这一节课，我们和作者一起赴了"蒙娜丽莎"的约会。（板书补充课题：之约。）我们通过简要介绍——（指板书）

生：具体介绍、细节介绍。

师：把蒙娜丽莎刻在了我们的心中。下课之后，同学们可以按照这样的步骤，再练习完整地介绍这一幅画。

师：课上完了。最后，让我们一起再来静静地欣赏一下这一幅举世闻名的名画。你准备好了吗？睁大你的眼睛，调整你的呼吸……蒙娜丽莎像真人一样（音乐起），向你走近了。同学们，让我们像作者那样，先近看，看她脸部的每一个表情，看她每一个部位，看她那迷人的、神秘的微笑；我们再稍微走远一些看，看她的身姿，看她交搭的双臂，看她那梦幻般的背景。这一幅画的构图如此精美，人物形象如此生动，色彩如此逼真，怪不得五百多年过去了，《蒙娜丽莎》的艺术魅力依然使全世界的人为之倾倒。同学们，关于蒙娜丽莎的信息，课文当中，好多都没有介绍。还有许多关于她的传说故事呢，你们想不想去进一步了解？那就下课之后，进一步搜集整理，然后添加到你的解说词中来，让我们把这一幅画介绍得更加生动、具体，好不好？

师：今天这节课就上到这里。

板书设计

画　　　　　　　　　　　　　　　　简要

人　　　　"蒙娜丽莎"之约（三步改）　　具体　　　介绍

品（？—!）　　　　　　　　　　　生动

2014 年在"千课万人"执教《蒙娜丽莎之约》

（四）名家点评

融通两极　和美生辉

——盛新凤老师"蒙娜丽莎之约"一课评析

江苏常熟市教研室　居文进

非常有幸能在"千课万人"这一平台再次欣赏到著名特级教师盛新凤老师的课堂风采。这次她执教的是人教版六年级上册的略读课文《蒙娜丽莎之约》，学生来自五年级。如何结合学情，用教略读课文的方法引导学生感受、体会名画的魅力，学习语言文字的运用？如何践行她"和美语文"的教学主张？这成了笔者听课前思考的问题。听完盛老师的课，笔者的感受是：课堂洗练的节奏、语文的气息、婉约的情致、实在的效果、艺术的享受交织共融，令听者如坐江南杨柳岸边，手捧香茗，直觉和风送爽，清香阵阵。美哉斯课！

1. 长文短教，展简约之美

本课的篇幅有 940 多字，在小学高年段是属于比较长的课文了。它在教材中又是作为略读课文出现的，一般只能用一课时来完成。课文内容涉及名家名画欣赏，与学生也有一定的距离。因此，组织教学有一定的难度。盛老师秉持"两极融通之和，言意相谐之美"的独特理念，针对教材特点，采用了长文短教的阅读策略，大胆取舍，删繁就简，设点拉线，紧扣关键，使全课呈现出一种简约之美。全课聚焦一点，即《蒙娜丽莎》这一名画之名，抓住其在文中三处不同的标点符号使用，精心组织教学。在导入揭题后，盛老师说，文中的蒙娜丽莎，有的带书名号，有的带双引号，有的什么也没有加。你猜猜看，三个蒙娜丽莎，分别表示什么意思？接着出示三个相关的句子，让学生读中体悟，学生指出带书名号的是指一幅画，没加什么的表示一个人，加双引号的学生一时回答不出来。盛老师没有马上告诉学生，而是引导说，你们现在不能确定，是吗？等我们今天学完了之后再来解答。这一环节盛老师围绕名画之名的"猜一猜"的练习，精心编织起统领全文的一根主线，也通过巧设疑问，有效激起了学生的阅读期待。其后，盛老师重点以名画为媒，以文本为基，运用多种方法层层深入，引导学生练习介绍名画，进行口语交际训练。最后，再次出示课文三个使用不同标点符号的蒙娜丽莎的句子，引导学生体会带双引号的蒙娜丽莎的句子。教师提问：你现在对这名字上加双引号，有什么新的理解？师生互动后小结，这是美的象征，是一种文化，还是一件伟大的艺术品、艺术珍品、艺术极品！并把课始板书的问号改为感叹号。以上教学，紧扣一个词语、三个句子展开，化长为短，化繁为简，一节课较好地达成了课时目标。

2. 导练结合，张语用之美

听完本课，笔者以为，最成功之处莫过于盛老师结合《课程标准》的精神切切实实地强化了语言运用的训练，彰显了浓浓的语文味，大张了语用之美。盛老师对强化语用训练有独特的见解。她认为："语言运用训练应该是根据学生语文学习规律、文本特点精心设计的一种灵活的、艺术的、多维的、巧妙的、丰富的、多功能的语用训练。"在进行语用训练的过程中，她还特别注重语用训练的情境性和现时性。她是这样想的，也是这样努力实践的，本课即有鲜明的体现。课中，她正确处理教师"导"和学生"练"的关系，教师只做精要的点播引导，重在导向、导法，给学生比较充分的自主实践的时空，通过由浅入深、由易到难、由仿到创、由简到丰地逐层练习名画介绍，扎实地进行口语交际训练，引导学生积累内化，及时将消极语言转换为积极语言，并以练促读，在练中加深对名画艺术魅力的感悟品味。笔者以为，这也体现了略读课文教学的特点。这一环节她重点分三步进行引导。

（1）捕捉信息，练简要介绍

这一步，教师首先要求学生速读课文，在读准、读通的基础上，关注名画的重要信息。教师课件见表 3-5。

表 3-5

画作名称	
画家	
类别	
收藏地	
现展出地	

围绕表格选择性交流，完成表格后教师要求学生在表格的帮助下自主练习简要介绍名画，在适时进行点拨引导后，教师创设交际情境：如果你是游客，听到这样的解说后满足了吗？为什么不满足？引导学生激活生活积累，设身处地体会，初步激发学生入情入境倾吐表达的欲望。

（2）围绕提纲，练具体介绍

这一步，教师首先要求学生朗读课文相关自然段，并进一步提供表格（表 3-6），完成名画解说词的提纲。

在此基础上，引导学生在提纲的帮助下展开具体介绍，并将自己的介绍和课文语言进行比较，领悟具体介绍的方法：边欣赏边想象边融情入境，同时进一步创设情境，进一步激起表达的欲望。上面两步，还有一点值得关注：盛老师将课文内容转化为精心设计的两张表格，巧妙链接了非连续文本的阅读形态，体现了高年段的目标要求，训练了学生捕捉和提取文本关键信息的能力，也拓展了学生的阅读视野。

表 3-6

部位	关键词
	泛着红光　垂落双肩
眼神、嘴唇	
	血液流动
身姿、双臂	
脸部、颈部、双手	
	清晰细腻　生命的活力

（3）紧扣细节，练生动介绍

在这一步中，教师围绕"蒙娜丽莎的神秘微笑"这一细节引导学生生动形象地解说名画。先让学生圈画对自己解说最有帮助的词句，组织朗读体会，在读中悟情，进行铺垫蓄势，然后组织自由练说，最后指定一名学生上台模拟情境示范练说。至此，口语交际训练和学生的神往、赞美之情均达到高潮。

3. 雅俗相映，透韵味之美

盛老师的课追求课堂的韵味，语言讲究情韵，设计讲究意韵，课末讲究余韵，课堂力求呈现出雅俗相映的风格特色。韵味的追求把她的语文课带向一种审美的境界。本课结尾的教学鲜明地体现了她的这个特点。课末，教师出示名画《蒙娜丽莎》，舒缓庄严的音乐声起，教师用深情的语言描述，声像结合，视听同步，引导学生凝视画面，入境想象。她款款道来："最后，让我们一起再来静静地欣赏一下这一幅举世闻名的名画。你准备好了吗？睁大你的眼睛，调整你的呼吸……蒙娜丽莎像真人一样（音乐起）向你走近了。同学们，让我们像作者那样，先近看，看她脸部的每一个表情，看她每一个部位，看她那迷人的、神秘的微笑；我们再稍微走远一些看，看她的身姿，看她交搭的双臂，看她的梦幻般的背景。这一幅画的构图如此精美，人物形象如此生动，色彩如此逼真，怪不得五百多年过去了，《蒙娜丽莎》的艺术魅力依然使全世界的人为之倾倒……"这一段教学，教师用诗一般的语言，伴之以恰到好处的音乐，再一次唤起了学生的情感，开启了学生的想象空间，激起了学生无限的遐思，教师的情、学生的情与文本的情至此和谐共振，可谓余音袅袅、余韵悠悠。

总之，在这堂课上，盛老师紧紧以课文为例，通过简明流畅的板块设计，环环相扣的读说训练和不疾不徐的情感调动等，有效地整合、融通多种两极元素，使和美语文熠熠生辉！

三、借助非连续性文本，培养信息能力

——《文成公主进藏》教学设计及评析①

浙江湖州吴兴区教育局教学研究与培训中心　盛新凤

学习目标：

根据民间故事的文体特点，通过"收集、整理、运用"语言信息，"听、读、讲、编"故事等一系列语文实践活动，读出立体的文成公主形象。

通过连续性文本与非连续性文本的融合阅读训练，相互补充、借力，提升阅读这两类文本的能力。

课前读歌：

播放《文成公主》歌。从歌词中读到了什么？

（生活处处有语文，日常生活中的听歌，看电视、电影，都是一种语文学习，都是一种阅读。在生活中我们要树立语文意识，我们要练就一双语文的眼睛、语文的耳朵，去看，去听，打开我们身体的所有通道去接受语文的信息。）

（一）关照整体，读故事

揭题：《文成公主进藏》。

这个故事你自己能读懂吗？语言浅显、通俗，是民间传说。知道什么叫民间传

---

① 本教学设计中的地名均采用原课文中的说法。

说吗？（老百姓口头流传下来的故事。）快速浏览全文，找一找，哪几个自然段写的是公主进藏？把它标出来。

1. 词语集锦

（1）多音字练习

谁能一口气把下面加点的几个多音字读准？

吐蕃　　树干　　血书　　头发散了　　背走　　可恶

（2）下面哪些词让你联想到西藏？（要学会"整理"信息。）

吐蕃	大臣	吉祥如意	沼泽地	松赞干布	豌豆
荞麦	拉萨	达尤龙真	路纳	乃巴山	公主

2. 课文哪几个自然段写了公主进藏的经过？那其余部分写的是什么？（梳理文章思路，也是整理课文信息的一种方式。）

顺势理出课文思路：求婚—进藏—贡献。

（二）聚焦"神"性，讲故事

民间故事，口耳相传，千百年来，藏族人民是怎么来讲这个故事的呢？我们先来读课文。

1. 填表格，整理信息

自由读"进藏"部分课文，完成"进藏"部分表格内容。[读了这部分课文，我们发现文成公主很"神"，简直无所不能。让我们读读这部分课文，找找哪些事让我们感受到了她的"神"。读完后，把重要的信息收集、整理在下面的表格中。表格也叫作"非连续性文本"，我们一起来完成这个非连续性文本。要完成这个表格（表3-7），首先必须先读懂这个表格。你能读懂吗？]

表 3-7

	碰到什么困难	怎么克服
进藏（神）		

2. 讲故事，运用信息

简单讲故事——进藏经过。（我们不仅要学会"**收集**""**整理**"信息，还要学会"**运用**"信息。接下来让我们来运用这张表格提供的信息讲故事。要求：简洁、连接自然、突出"神"，顺势用上一些关键词，如"一……就……"等）。

小结：藏族的孩子们就是听着这样的故事长大的，等他们长大后又讲给他们的孩子听。就这样，这个故事在藏族百姓口中传了一代又一代，距今已有 1 000 多年了。

（过程中奖励信息条，把教师收集到的信息条奖励给学生。）

（三）聚焦"人"性，编故事

那么历史上，文成公主真实的进藏情形又是怎样的不容易呢？让我们让一位历史学家来说说吧，让我们通过我们的耳朵来获取重要的信息。

1. 听故事，整理信息

听录音：公元 641 年，文成公主忍痛辞别了亲人，离开家乡，带着一批能工巧匠，用马队驮着农作物的种子、生产工具和各类书籍，前往西藏。唐蕃古道全长 3 000 多千米，其中有 100 多千米位于高寒无人区。一路上，气候恶劣、道路艰险，高原上空气稀薄，还会让人产生强烈的高原反应。文成公主历尽千辛万苦，长途跋涉，终于来到了拉萨。

边听边抓主要信息记录。（概括地记要点。）

你能把刚才记录的信息再概括整理一下吗？文成公主进藏，实际碰到了哪些困难？（环境恶劣、路途遥远、思念亲人）

2. 编故事，运用信息

在进藏途中，环境恶劣到怎样的地步呢？请你们读几组词。

积水泛滥	广阔无边	河沟交错	时风时雨	灭顶之灾	腐臭气味	人迹罕至
终年积雪	鸟兽绝踪	气候无常	空气稀薄	极度缺氧	头痛腰酸	筋疲力尽
汹涌澎湃	浊浪滔天	一泻千里	波涛滚滚	河水暴涨	水流湍急	剧烈摇晃

让这些词语信息对号入座，再一次**整理**信息。（分别描绘的是哪一个场景？）

那么，一位公主又是怎样艰难地过沼泽、爬山、渡河的呢？请你运用这些语言信息自选一个内容简单地自编一段故事（表3-8）。（过沼泽；爬山；渡河。）

表3-8

		碰到什么困难					怎么克服
进藏（人）	过沼泽	积水泛滥 腐臭气味	广阔无边 人迹罕至	河沟交错	时风时雨	灭顶之灾	
	爬山	终年积雪 头痛腰酸	鸟兽绝踪 筋疲力尽	气候无常	空气稀薄	极度缺氧	
	渡河	汹涌澎湃 水流湍急	浊浪滔天 剧烈摇晃	一泻千里	波涛滚滚	河水暴涨	

回读课文"就这样，文成公主和她的随从们，跨过一条条大河，翻过一座座高山，走了一程又一程，终于来到了西藏"。通过这样创编故事，你还觉得文成公主是一个"神"吗？

小结：（配录像、音乐）正如你们描绘的那样，文成公主就这样顶着高原恶劣的气候，忍着背井离乡的痛苦，怀着建设西藏和让藏汉人民永远团结的美好心愿，在这条崎岖的唐蕃古道上艰辛跋涉的过程中，这位大唐女儿留下了多少思乡的泪啊。同学们通过编故事，还原了一个真实的文成公主，一个有血有肉、有情有义，又脆弱又坚强的真实的文成公主，她，是一个"人"（板书：人）。

（过程中奖励信息条。）

（四）聚焦"圣"性，品故事

文成公主既然是"人"，为什么在藏族人民的心中成了"神"了？

读课文最后一段。这段课文又传递给了我们怎样的信息？"往来更加密切了"，有多密切？"其他技艺"，还有哪些技艺？（谁来补充一下你课外自己**收集**到的信息？）

请刚才获得奖励信息条的同学把这些信息跟大家分享一下。

信息条

1. 文成公主入藏的时候，带去了许多经书、诗书、佛像和有关医药、生产、工艺等方面的书籍，还带去了大量的粮食、蔬菜种子和生产工具。

2. 她还教吐蕃妇女纺织，刺绣。

3. 她带去的水磨深受吐蕃人民欢迎，使他们学会了利用水力资源。

4. 唐朝诗人陈陶在诗中写道："自从贵主和亲后，一半胡风似汉家。"

5. 松赞干布去世后，文成公主一直居住在西藏。她热爱藏族同胞，深受百姓爱戴。

正因为文成公主为西藏做出了巨大的贡献，西藏人民感激她、爱戴她，所以，西藏人民把身边的一切都跟文成公主联系了起来。这样的信息，你还能从课文中找到吗？请大家继续读课文，到课文中去收集、整理相关的语言信息。（内地桥、树木稀疏、公主脚印）

视频渲染、小结：

藏族人民把身边的一切都与公主联系了起来，还有公主柳、公主庙，唐卡上、广场上的公主像等，人们用各种方式怀念她。

她在雪域高原上传播汉族文明，她成了西藏人民，乃至整个华夏儿女心中的"圣"。

（五）总结提升，留余味

今天这节课，我们通过"收集、整理、运用"信息，通过"听、读、讲、编"故事等一系列的语文实践活动，我们读到了一位立体的文成公主：她既是一个"人"，又是一个"神"，更是一个"圣"。

其实，文成公主进藏一事，史书上的记载只有短短的几句话。（呈现古文："十五年，妻以宗女文成公主，诏江夏王道宗持节护送，筑馆河源王之国。弄赞率兵次柏海亲迎，见道宗，执婿礼恭甚，见中国服饰之美，缩缩愧沮。归国，自以其先未有昏帝女者，乃为公主筑一城以夸后世，遂立宫室以居。"——《新唐书·吐蕃传》）

但一千多年来，有关文成公主的电视、电影、戏剧、小说多如牛毛，有关公主的传说就像高原上的格桑花，开遍了整个雪域高原（配以图片，电视《文成公主》主题曲）。愿意为国家、人民牺牲自我的人，会永远活在人民心中。

（六）创意作业，巧迁移

把板书设计成一个非连续性文本（一张表格）。

板书设计

文成印象

人　　　　神　　　　圣

学习活动　　　　　收集信息　　整理信息　　运用信息

听　说　读　写

（七）名家点评

借助非连续性文本，培养信息能力

——兼谈《文成公主进藏》的教学

浙江湖州吴兴区教育局教学研究与培训中心　盛新凤

2011 年版的《课程标准》第一次提出了"非连续性文本"的概念，并在第三学段"阅读"教学目标中明确提出："阅读简单的非连续性文本，能从图文等组合材料中找出有价值的信息。"所谓"非连续性文本"，是相对于以句子和段落组成的"连续性文本"而言的阅读材料，如统计分析图、表格、说明书、清单等，具有直观、简明、醒目、概括性强、易于比较等特点。为什么要加强非连续性文本的阅读训练？这源于 2009 年上海学生首次参加 PISA（Program for International Student Assessment，国际学生评估项目）国际阅读测试。测试中人们发现，上海学生测试成绩中的"非连续性文本"分量表和"连续性文本"分量表的成绩差异高达 25 分，是参与国家和地区中差异最大的。从这里可以看出我国学生阅读"非连续性文本"的能力缺失，学生的阅读能力处于偏重一隅的"跛足状态"。非连续性文本的阅读训练除了在专门的教材文本中进行针对性训练外，还要与连续性文本结合起来进行融合训练，这样才能提高训练的密度。

"信息能力"指的是对信息的收集、整理、运用的能力。《课程标准》总目标第10条就有让学生"初步具备搜集和处理信息的能力"。人教版实验教材五年级下册专门安排了一个"走进信息世界"的综合性学习板块。搜集和处理信息能力应是一个人立足社会的最重要的语文能力。现代社会信息量越来越大，传递信息的速度越来越快，人们获取信息的途径越来越多。我们每天都要面对无数信息的狂轰滥炸，而这些信息又都是良莠不齐的，有精华也有糟粕。能从纷繁芜杂的信息世界中梳理出有价值的信息为自己所用，是一个现代人必备的一项能力。所以，在语文课堂上渗透对这种能力的培养是很有必要的。信息能力的培养，除了要在综合性学习活动中专门进行外，更多的需要我们在阅读教学中加以渗透。

阅读教学主要以培养学生的阅读能力为目的，阅读能力包括"认读能力、理解能力、概括能力、评鉴能力"等，从笔者掌握的研究资料看，现在人们还没有把"信息能力"纳入"阅读能力"的范畴，但其实阅读能力的培养过程中都融合着信息能力的培养，当然更多的是指向"语言信息"的。例如，在培养"理解能力"时，我们主要的策略是"获取语言信息，推论词句的含义"，这个获取语言信息的过程，就是一个收集、筛选、整理语言信息的过程；又如对"概括能力"的培养，我们往往通过厘清文章的内容关系，把握文章的主要内容进行。那么在厘清文章内容关系的过程中，就涉及对语言信息的梳理、整理的过程。所以，阅读教学时时处处都在培养学生的语言信息能力。也只有把信息能力的培养与阅读能力的培养交融在一起，两者才能相互促进、共同提升。

《文成公主进藏》一课的教学，试图以"非连续性文本"为载体，培养学生收集、整理、运用语言信息的能力。本课教学内容的选择和安排非常集中、清晰，富有层次感，通过一系列语文实践活动，引导学生读出"神—人—圣"立体的文成公主形象。根据这篇课文的文体特点——民间故事，设计的语文活动有"听故事、读故事、讲故事、编故事"等。实践活动的过程是这样展开的：先把故事的内容巧妙转换成非连续性文本——表格的形式，然后依托表格，利用"教师示范、师生合作、学生独立练习"等多种形式，对表格的内容进行阅读、补白、整理、运用；在分层次对表格中的语言信息进行"收集、整理、运用"的过程中，既让学生认识了"非连续性文本"这种特殊的文本形式，又帮助学生理解了故事内容，使听、说、读、写等语

高了语言训练的效率。在利用表格进行多层次的语言

言实践活动有了凭借和抓成公主"神性、人性、圣性"的感受，从而渗透了语言
训练过程中，学生力，也培养了学生"认读、理解、概括"等阅读能力。
信息能力的培养相互转换、相互作用、相互借力，引导学生在两种文本的阅
　　本课也有效地推进了阅读活动的进行，在培养信息能力的同时提高了学
文本上力。

四、深文浅教，古文趣教

——《天净沙·秋思》教学实录及反思

浙江湖州吴兴区教育局教学研究与培训中心　盛新凤

师：同学们，在我国古代文学史上，唐诗、宋词、元曲、明清小说被誉为文学史上的几大高峰。今天，我们要学的是被称为"元曲四大家"之一的马致远写的一首散曲中的小令，叫作"天净沙·秋思"。（指着课题）"天净沙"是曲牌名，"秋思"是它的题目，中间用小圆点隔开。我们一起把这首小令的题目和曲牌名读一下。

生：天净沙·秋思。

（一）起——理解单个意象之美

师：这首小令被称为"秋思之祖"（课件出示：秋思之祖）。它为什么在历史上有这么高的评价呢？我们今天先来细细地品味。请你自己小声地读上几遍，争取在最短的时间里把它读正确、读流利。

（学生自由读小令。）

师：一个人来读，你可以看着课文纸，也可以看着屏幕。

（男生读。）

师：不错。读正确、读流利这个要求已经达到了。如果你在读的时候，稍稍有些停顿，就能读出味道来了。谁再来读一读？

（女生读。）

师：你们有没有听出一种拖音，一种停顿？有些味道出……
起来把这首小令读一读。就这样读，天净沙·秋思——预备，起……是？咱们一

（学生齐读。）

师：第一次读就能读得这么好，已经很不容易了。同学们，你们……
的时候，从里边读到了哪几种景呢？赶紧把它圈出来。

（学生圈景。）

师：请你把圈出来的景报出来，然后盛老师帮助你把它贴到黑板上。

生：枯藤。

师：你说一个我贴一个。

生：老树、昏鸦、小桥、流水、人家、古道、西风、瘦马。（学生边说，教师边
贴磁贴。）

师：你已经说了9种了，还有吗？

生：夕阳、断肠人。

师：噢，最后一句里面还有夕阳，那人也是其中的一景了。盛老师把它括出来。
（将夕阳、断肠人打上括号）谢谢你！同学们，刚才你们说到了这首小令当中有条路，
在古代，路叫"道"。那么，这是一条怎样的路呢？我们看一下视频，帮助你们联想。

（教师播放有关古道的视频。）

师：刚才同学们看到的是一条怎样的路呢？你能不能用一个自己的词语来概括
一下？

生：荒凉的路。

师：荒凉的路。你呢？

生：人迹罕至的路。

师：非常好。还有吗？

生：僻静的路。

师：僻静的路，不热闹。

生：崎岖的路。

师：不好走。还有吗？

生：荒无人烟。

生：高低不平。

师：对。所以在这里说这是一条古道，可见是年久失修了，对不对？同学们，刚才一个"古"字，还有盛老师放的一个视频，唤起了我们这么多的联想。接下来，请你再想象一下，（指着黑板磁贴上的景）这又是怎样的藤，怎样的树，怎样的乌鸦，怎样的马，怎样的风呢？你选择其中的一个景，也在前边用一个词来概括一下。选择一个景，就用你自己的词说说看。

生：我觉得西风是萧瑟的风。

师：萧瑟的风，所以是西风。

生：凋零的树。

师：嗯，凋零的树，树叶落下来了。

生：骨瘦如柴的马。

师：这个词用得好！还有吗？

生：潺潺的流水。

师：嗯，那可是一幅美妙的景。

生：低垂着没有生机的枯藤。

生：稀疏零散的人家。

生：饱经风霜的断肠人。

生：黄昏时归巢的乌鸦。

师：看到乌鸦我们会有什么感觉？喜欢不喜欢？

生：不喜欢。就是会有一种凄凉的感觉。

师：是的，你说得很好。她说乌鸦带给我们凄凉的感觉。古诗当中经常有"寒鸦""暮鸦"这样的词，包括今天的"昏鸦"，都给我们传递了这样的情感。

生：疲惫的马。

师：因为是瘦马。同学们，你们看到的景啊，藤是枯萎的，树是苍老的，乌鸦是黄昏归巢的，道是年久失修的，风是萧瑟凛冽的，马是瘦弱、疲惫不堪的。像这些景，你们从中读出了作者怎样的情绪和情感呢？

生：感受到作者漂泊在外，非常孤单，非常凄凉。

师：哦，你读出了一种孤单、凄凉的感觉。还有谁有不同的感受？

生：有一种寂寞的感觉。

生：我读出了作者内心的凄楚。

师：像这种传递了作者情绪和情感的景，我们给它一个词，叫作"意象"（板书：意象）。

师：马致远一生都不得志，常年漂泊异乡。所以，这些意象就很好地传递了他的那种孤寂、凄凉、思乡的情绪和情感。我们再把这些意象读一读。

（教师指磁贴，学生读意象。）枯藤、老树、昏鸦、小桥、流水、人家、古道、西风、瘦马。

师：你们有没有发现这三组意象中"小桥、流水、人家"放在这里，好像有点不协调？刚才你们说，这些意象好像传递给我们一种比较温馨、温暖的美好的感觉，那我们把它改成像上面和下面这样的意象，好不好？

生：因为这三个词写的是作者看到的一些美好的事物。当时作者漂泊在异乡，看着这些温馨美好的事物，更加能反衬作者当时孤独寂寞的心情。

师：你说得太好了，水平太高了，用了"反衬"这个词。所以，你们觉得这三个意象是不能替换掉的。那让我们连起来再来读一读整首小令，感受一下作者的这种孤独、寂寞、思乡的情怀。慢一点儿，注意停顿，天净沙·秋思——预备，起！

（学生齐读小令。）

（二）承——体会重叠意象之美

师：同学们，在这首小令当中，前三句都是每句三个意象放在一起。那这三个意象放在一起，描绘的是怎样的情境呢？接下来，盛老师要请同学们分工合作，我们要把它改成一篇散文。第一组的同学，盛老师标的是1，（指第二组）你们是2，（指第三组）3。拿出你们的稿纸，写一句就行了。

（教师播放古筝背景音乐，学生改写，教师巡视。）

师：同学们，把笔放下。盛老师刚才走了一圈，发现同学们写得都不错。这样，盛老师已经在你的本子上打上记号的几位同学，拿着你的本子到上面来。

（四位学生上台——下文用生1、生2、生3、生4表示。）

师：按照顺序排好。接下来，我们来合作一下，你们读一句小令，他们把他们写的散文读出来。

生（齐读）：枯藤老树昏鸦。

生 1：凋零的树的叶子在萧瑟的西风中一片一片地落下，传来沙沙的声音。挂在它身上的老藤也无力地垂下，它上面长着已经快枯萎的灰色的苔藓。

生（齐读）：小桥流水人家。

生 2：一座简朴的小桥在潺潺的小溪上，一些农家上升起袅袅炊烟，阵阵菜香从窗里飘出，一派温馨的景象。

生（齐读）：古道西风瘦马。

生 3：荒凉的古道上，萧瑟的秋风里，走着一匹骨瘦如柴的马儿。

生（齐读）：夕阳西下，断肠人在天涯。

生 4：夕阳缓缓地从天空落下，漂泊在外的旅人独自走向天涯海角，更加忧伤了。

师：先把掌声送给他们。如果读的时候声音再大点儿，让大家听清楚，感觉会更好。同学们，你们有没有发现，听了刚才他们写的，其实我们这里三个三个的意象都是有联系的。接下来我们完整地把他们的散文听一遍。你一边听，一边在心里默诵这首小令。我们一起给他们读题目。

（生 1、生 2、生 3、生 4 合作读散文。）

师：你们看，就这样，我们自己把它改成了一篇优美的散文。掌声欢送他们。同学们，这里的这首小令只有 28 个字，但是前三句用三个三个并排叠加的意象写景，后两句直接抒情，向我们描绘了一派苍凉的意境。接下来，盛老师请同学们配上音乐，想象你们刚才自己写的这个情境，再来诵读这首小令。

（配乐，学生齐读小令。）

（三）转——体会不同意象之用

师：同学们，你们在这首小令中读得到一个"秋"字吗？读得到一个"思"字吗？（学生摇头。）但是，我们却处处感受到这种秋意，这种思乡的情怀，难怪它被称为"秋思之祖"。这首小令写了马致远漂泊一生的孤寂、思乡之情。接下来盛老师要请你们做一个大胆的猜测：如果马致远不是在夕阳西下的时候漂泊在天涯，而是荣归故里，金榜题名、意气风发。盛老师给它改两句（用磁贴将原句覆盖，改成：荣归故乡，状元郎意气风发），我们一起大声读读这两句吧。

生（齐读）：荣归故乡，状元郎意气风发。

师：这个时候，他看到的意象还会是这些吗？（学生摇头。）那会是怎样的意象呢？接下来，我们小组合作，来改写意象。在盛老师发的卡片（指课前发给学生的磁贴）上写下你们改写的意象。写完之后，赶紧贴到黑板上来。

（学生改写，并贴到黑板上：新藤、和风、玉柳、青藤、秋桂、翠鸟、嫩草、喜鹊、骏马、碧草、琼枝、飞燕。）

师：你们自己选的要自己说明理由，说出理由我们才能把它替换哦。

生：我们写的是"骏马"。我们觉得作者如果是荣归故乡，那他肯定会骑着一匹骏马回到他的故乡。

师：哇，骑着高头大马回故乡。让我想起了一句诗：春风得意马蹄疾，一日看尽长安花。那你为什么不用"壮马"呢？

生：壮马太俗。（学生笑。）

师：那我就用你这个"骏马"（将写有"骏马"的磁贴覆盖原本的"瘦马"）。继续说。

生：我们写的是"青藤"，因为我们觉得青藤有一种生机勃勃、特别有活力的感觉。新叶子都长出来了，也代表了作者荣归故乡特别高兴和自豪的心情。

师：正好跟"枯藤"对应。这里还有"新藤"，好不好？"新藤"是谁家的，赶紧说理由。

生：新藤也与枯藤对应，而且新藤感觉生机勃勃，枯藤上长出新藤更让人能感受到生机。

师：我觉得这两个词都不错，暂时先选一个（将写有"青藤"的磁贴覆盖在原本的"枯藤"上）。接着说吧。

生：我们组写的是"秋桂"，我们想用"秋桂"代替"老树"。老树的叶子一片片落下，上面还长着灰色的苔藓。而"秋桂"是秋天独有的花朵，桂树上长满绿叶，中间还透着点点桂花，显示出一种生机勃勃的感觉。

师：折桂就有考中状元的寓意，所以你要选"桂"。我看到这里有"柳"，说明这些同学想写成是春天的时候回来，那这个同学（指着"秋桂"），她要写成是秋天的时候回来。你们觉得"玉柳"怎么样？

生：我们想拿"玉柳"和"老树"对应。老树给人凋零的感觉，而"玉柳"代表春天生机勃勃，我们要产生一个对比，所以选择"玉柳"。

师：但是我很奇怪，我们经常看到的是"绿柳"，你们为什么要创造这么一个意象呢？

　　生：我们觉得它景色比较美。"绿柳"只代表绿色，"玉"有一种柳树姿态美好的感觉。

　　师：你再给她加一个词。

　　生：晶莹剔透的。

　　师：还充满生机，有一点光泽。我觉得这个"玉柳"太好了。这是你们创造的意象，盛老师第一次听到，第一次看到，了不起！（将写有"玉柳"的磁贴覆盖在原本的"老树"上）

　　生：我们写的是"飞燕"，"飞燕"和"昏鸦"可以对应。因为燕子代表春天的到来，让人感到喜气洋洋。

　　生："飞燕"是春天时从南方飞往北方的，荣归故乡。而且燕子居住在屋檐下，有一种温馨美好的感觉。

　　师：还有一种动感是不是？同意吗？（学生点头。）同意我就替换了（将写有"飞燕"的磁贴覆盖在原本的"昏鸦"上）。

　　生："和风"是我们写的，可以和"西风"形成对比，因为"和风"更能体现出春天温暖的感觉。

　　师：我就把它替换了（将写有"和风"的磁贴覆盖在原本的"西风"上）。

　　生：我们写了"碧草"，想代替"古道"。因为古道很荒凉，如果作者是荣归故乡，那么荒无人烟的道路也会充满生机。"碧草"中的"碧"是绿得似乎快要滴出来了，很耀眼、很鲜艳，所以想用"碧草"。

　　师：说得太好了，我同意。

　　生：我觉得"嫩草"更好。因为碧只是绿的意思，而"嫩草"则是春天刚刚发出芽的草，更鲜嫩。

　　师："嫩草"也是一种生机的体现，我觉得也未必不可。还有这个"琼枝"是谁家的呀？

　　生：我想到一个词，"玉叶琼枝"，"玉"和"琼"是代表美丽、美好的意思。那时候作者意气风发，他眼中的树都是美好的。

　　师：太好了，我觉得一个都舍不得扔下。"喜鹊"是谁家的呀？

　　生：因为"喜鹊"名字里有"喜"，再加上它本身也表示喜气洋洋，和"昏鸦"

形成鲜明的对比。

师：这么多的意象，我都不知道选什么好了。暂时把你们替换的意象放进去读一读。

生（齐读）：

青藤　玉柳　飞燕

小桥　流水　人家

碧草　和风　骏马

荣归故乡

状元郎意气风发

师：你看，这是你们自己创作的一首小令。那如果这样的一首小令，题目还能叫"秋思"吗？你们想把它改成什么名字？

生："春归""荣归"。

师：好，就改成"荣归"。我们一起把我们自己创作的《天净沙·荣归》再来读一读吧。

（配乐，学生再次齐读。）

（四）合——再悟意象之凄美

师：可惜，马致远一辈子都没有这样的机会。他一辈子都在流浪，一辈子都在思乡，所以只有用刚才他小令当中的意象才能把他的那种孤寂、凄凉的思乡之情充分地表达出来。再配乐读整首小令。

师：同学们，古代的这种曲子就好像我们现代的歌词，它是谱成曲子演唱的。马致远的一首《天净沙·秋思》谱成曲子之后，到处传唱。几百年来，它还被写成了无数的书法作品。接下来，请你们一边欣赏书法作品，一边来听他的吟唱（播放视频资料：书法作品）。

师：古代人都是这样唱的，传递给你一种怎样的情绪和情感？

生：有种淡淡的忧伤。

师：一种淡淡的忧伤。同学们，这首小令，我们就暂时学到这儿了。我相信同学们以后还有很多的机会再次读到这首小令。到那个时候，你有了自己的人生体验之后，我相信你对这首小令的理解会更深刻的。下课！

在杭州"和美语文"专题研讨活动现场执教《天净沙·秋思》（摄于 2017 年）

（五）教后反思

1. 深文浅教

《天净沙·秋思》被誉为"秋思之祖"，是元曲四大家之一马致远的千古名篇。整首小令用了一连串的意象组合，勾勒出了萧条、苍茫的景象，传递了作者伤感、寂寞、孤独的思乡之情。像这样的名篇，可谓字字珠玑，读者可以从中开发出无限的解读空间。但这样深沉的情感传递，如要一个毫无阅世经验的小学生去体验和领会，有点勉为其难。故而，在本课的教学中，笔者采用"深文浅教"的方法，把目标定位在引导学生感受"不同的意象可以传递不同的情感"。先是通过对课文意象的品味，感受文中的意象是如何传递作者孤独、寂寞的思乡之情的。而后话锋一转，引导学生思考：如果马致远不是潦倒流浪，而是高中状元、荣归故乡，那他会选择怎样的意象呢？学生经过分组讨论，想到了很多能够传递作者"荣归故乡，状元郎意气风发"的意象，如"青藤、碧树、欢鸦、锦道、阳道、暖风、春风、壮马、骏马"等。最后大家各抒己见，充分表达了自己选择此意象的观点，合作完成了一首新的《天净沙》。这样的教学，看似冲淡了对原文情感的感受和体会，但我们相信，像这样的名篇，学生在一生中会有很多"重读"的机会，当他以后远离家乡，一个人在外拼搏，真正体会到了思乡之切、孤独之深，再来读这首《天净沙·秋思》，哪怕没有教师的指导帮助，他也能读出个中滋味，并能深切领会。

2. 古文趣教

古诗词语言凝练、意境深远。像这首散曲，全文只有 28 个字，几个意象的组合所形成的意境，要学生去体会和感受却不是易事。置换情境，让学生创编新的意象组合更是不易。基于以上学情，本课采用活动化教学，通过设计几个富有情趣的语文实践活动，化难为易，化涩为趣，收到了很好的教学效果。设计的教学环节有四个。第一步——"起"，通过读通、读顺，并根据关键词想象画面，初步走进散曲描绘的意境中。第二步——"承"，小组合作把散曲改写成散文，进一步走进散曲描绘的意境中。第三步——"转"，小组合作讨论新的意象，再集体讨论，择优选择合适的意象，完成一首新的《天净沙》。第四步——"合"，再一次回到原曲，在了解时代背景后，进一步体会作者的孤独、寂寞的思乡之情。通过设计"读、写、创、赏"这样的语文实践活动，使课堂呈现了层层递进的幽深"课境"，解构了传统的封闭的、以"线"串联的课堂，学生的学力被充分挖掘，参与的热情被充分激发，课堂因此而生动多彩。

五、教给方法，艺术积累

——《读碑》教学实录及评析

浙江湖州吴兴区教育局教学研究与培训中心　盛新凤

（一）课前聊天

师：同学们，知道什么是"碑"吗？

（学生沉思，未作答。）

师："碑"就是在石头上刻上文字，纪念重大事件或功勋，所以这个"碑"字是什么偏旁？

生（齐声响亮回答）：是石字旁。

师：你们见过碑吗？可能我们见的最多的还是英雄纪念碑吧？（看纪念碑视频）（大部分同学点头表示见过。）

师：在祖国辽阔的土地上，在英雄们生活过、战斗过的地方，矗立着许许多多的纪念碑，在南京雨花台、重庆歌乐山、南昌八一广场——一座又一座的纪念碑巍然耸立，遍布神州，装点着先烈们曾经洒过热血的土地。杭州有这样的纪念碑吗？你去瞻仰过吗？

生：在我们杭州西湖的湖滨公园里有一座纪念碑，我去游玩的时候见过，但不知道那是一块什么碑。

师：现在不知道不要紧，等我们学完这篇课文，你一定会想重游一番好好读读那块碑的。

（二）预习反馈，摘录积累

师：今天我们要学习一篇新的课文，这篇课文的题目，盛老师已经写在黑板上了。来，读一下吧！

（学生齐读课题。）

师：《读碑》是著名作家刘成章写的一篇美文。像读这样的美文，我们要特别注意积累语言，摘录积累就是一种很好的方法（板书：摘录积累）。

（学生自读板书。）

1. 交流摘录的有规律的词语

师：所以，课前盛老师请同学们做了几个预习作业，我们读一下这几个预习作业的题目（出示课件：预习作业的题目）。

生：摘录一组有规律的词语；摘录不理解的词、句；摘录一个有特色的语段。

师：好，谢谢你！课前我们做了这三个摘录作业，接下来，盛老师给大家看几个你们摘录的作业。我选择了几个，这是某某同学摘录的有规律的词和有特色的语段（出示课件：学生摘录的有规律的词和有特色的语段）。

师：来，某某同学，你把第一组词语给大家读一下。

生（大声读）：密密麻麻，重重叠叠，逶逶迤迤，起起伏伏。

师：你为什么要摘录这几个词？

生：因为这几个都是有规律的叠词，都是 AABB 型的。

师：对，这是叠词。你们还知道这样的叠词有哪些吗？

（自由说，每位学生都能说出很多个。）

生：红红火火，斯斯文文，浩浩荡荡，高高兴兴，郁郁葱葱，来来往往……

师：对，很多很多，是吧？很多同学都摘录了这样的有规律的叠词，来，我们一块儿来读一读！（示意学生读屏幕上的四个叠词）

（全体学生大声且整齐地读四个叠词。）

师：你看，他还摘录了这组词语，你再给大家读一下（出示课件：该学生摘录的有规律的词）。

（该学生继续读。）

生：牙牙学语，缓缓流淌，默默耕作。

师：你觉得这组词有什么规律？

生：这是 AABC 形式的。

师：这样的词语你还知道有哪些吗？

生（快速地说出了四个词语）：洋洋得意，孜孜不倦，啧啧称赞，窃窃私语。

师：好！请坐。大伙儿一起来读一读！（示意学生读屏幕上三个 AABC 形式的词语）

（学生齐读。）

师：像这些词语读起来都有一种音乐般的美感，很有节奏，是不是？这里还有一位同学摘录了这组词，来，我们一起来读一下吧！（出示课件：学生摘录的有规律的词）

生（起立读）：沁入我心，牢记在心，怦然心动，心头涌现。

师：这一组词语有什么特点呢？

生：这组词语里面都有一个"心"字。

师：没错，可见作者读碑是用心在读的，是吧？来，我们再一块儿读一读这组词语。

（学生齐读。）

2. 交流不理解的词、句

师：盛老师看了一下，有的同学还摘录了不理解的词，有——（出示课件：学生摘录的不理解的词）

生（齐读）：题词、碑文、浮雕、竟、铭刻。

师：我选择了这些，前面提到的题词、碑文、浮雕，这些都是英雄纪念碑上的内容。让我们先像作者那样来读一下这块人民英雄纪念碑，顺便来理解一下这些词。

师：你们看，这就是矗立在北京天安门广场上的人民英雄纪念碑，它的正面，有伟大领袖毛主席亲笔题写的八个鎏金大字："人民英雄永垂不朽"。这就是——

生（齐声说）：题词。

师：我们在很多的纪念碑上都可以看到这样的题词，它的背面是由毛主席起草，周恩来手书的——

生（整齐且大声地说）：碑文。

师：这碑文一共有一百五十个字，同学们自己看一看。

师：在这块纪念碑的底座上雕刻着巨大的——

生（大声说）：浮雕。

师：再把这个词语读一下。

生（齐读）：浮雕。

师：共有 10 幅，记录了这 100 多年来中华民族的斗争史。碑高 37.94 米，约 10 层楼那么高，是我国最大的纪念碑。同学们，再把这三个词语读一读。看看现在你理解了吗？

（学生齐读题词、碑文、浮雕这三个词语。）

师：有的同学还提出了不理解的词、句，如这位同学对"竟、铭刻"不理解，对这个句子也不理解，先请你读一读这个句子（出示课件：一位学生摘录的不理解的词和句子）。

生（起立读）：这一层，看起来浅显，但却是不易读出来的最基本的东西。

师：像这些不理解的字、词、句，我们待会在学习过程中再去理解。

（三）聚焦语段，朗读积累

师：同学们课前还摘录了很多有特色的语段，我选择了一个，这是某位同学摘录的，你给大家读一下你摘录的这个语段吧（出示课件：学生摘录的有特色的语段）。

生（起立读）：它的正面，像个储得满当当的铅字架；它的背面，也像个储得满当当的铅字架；整个碑上，是字的堆积，字的重叠，字的密密麻麻。什么字？森林一样的烈士的名字！

师：还有哪些同学也摘录了这个语段？举一下手。这段出现在课文的哪一个自然段？

生（全班应声而答）：是第8自然段。

师：是的，这是作者在读九龙泉纪念碑时读到的内容。

1. 读九龙泉纪念碑，积累语段1

师：这样吧，同学们！自己小声地把这个语段读一读，看看这个语段它的特色到底是什么？这位同学，他摘录的字迹端正，行款也很整齐。盛老师把它放大了，同学们看着屏幕自己读一下。

（学生自由读屏幕上的语段。）

师：你认为这个语段它的特色是什么呢？

生：这里的写法是重复的，它的正面，像个储得满当当的铅字架；它的背面，也像个储得满当当的铅字架。作者把碑的正面和背面都比喻成满当当的铅字架。

师：对了！那么一重复，让我们感觉到了名字的什么啊？

生（齐声回答）：多！

师：多！你们真聪明，发现了这个特色。还有什么特色？

生：我觉得，字的堆积，字的重叠，字的密密麻麻，连着用了三个"字的"，看出了字的多！

师：说得很到位，你发现了这个"字的……字的……字的……"组成了一句排比句。连用三个"字的"，也让我们感觉到字的多。还有其他的特色吗？

生：我认为"什么字？森林一样的烈士的名字！"这里是用了设问。

师：对了，设问！他自问自答，这么一设问，也让我们感受到了字的多。你们看，这个语段写得非常有特色，所以同学们摘录下来了。那么，像这样有特色的语段，我们不光要把它摘录下来，还要有感情地朗读，去体会语言文字的温度，把它积累在心里，所以我们还要——（板书：朗读积累）

生（齐读板书）：朗读积累。

师：这样吧，同学们同桌两个人快速地分好工，合作来读好这个语段，好不好？开始！

师：哪一桌同学来展示一下？

（该组同桌采用一人一句接读的方式来合作读。）

师：你们是这样分工的，读得很好。再请一组！

（该组同桌采用在排比句和四个叠词上齐读，其余部分一人一句的方式。）

师：合作得非常成功，你们真是一个学习共同体！

师：同学们，我们看到的这森林一样的烈士的名字就刻在这块人民英雄纪念碑上（滚动播放烈士的名字）。

师：你们看，这就是镌刻在南泥湾九龙泉纪念碑上的烈士的名字。其实啊，它这里只有一个团，这里的每一个名字其实都很普通，但每一个名字的主人都曾经演绎过悲壮的故事。让我们随意打开一位烈士的资料，来听一听（播放介绍烈士陈彦的音频资料）。

师：他年仅26岁，在这块土地上，牺牲了多少年轻的生命啊！如今，70多年过去了，这块先烈们曾经流血、流汗奋斗过的土地现在沉寂下来了，岁月掩盖了许多故事，只留下这块浓荫掩映着的纪念碑在无声地述说。如今，我们只能看到——（师生合作读全段，教师读屏幕上黑色字体部分，学生读红色字体部分。）

师：同学们，我们今天只能看到这块纪念碑，它的正面——（重复引读排比部分）

师：你们摘录的这个语段真的很有特色。

2. 读人民英雄纪念碑，积累语段 2

师：我们再来看一个语段。这个语段是某某同学摘录的，它出现在课文的哪一个自然段？（出示课件：学生摘录的有特色的语段）

生（纷纷答出）：在第12自然段。

师：没错，这是作者在读了九龙泉纪念碑之后，从人民英雄纪念碑中读到的内容。某某同学，你给大家读读这个语段好不好？同学们听听，这个语段的特色在哪里？

生（起立读）：只从字面上读读就行了吗？它的背后还有什么呢？难道不是铭刻

着的密密麻麻重重叠叠逶逶迤迤起起伏伏，森林般辽阔的烈士的名字吗？要是把那些名字也都复活为血肉之躯，那么，天安门广场是站不下的，加上东西长安街也是站不下的。然而，为了缔造我们的幸福生活，这么多，这么多的英雄儿女，竟都倒在血泊里了！

师：你觉得这个语段的特色在哪里？你摘录下来的时候有什么感觉？

生：这个语段连用了三个问句，能表达作者对烈士的惋惜和敬佩之情。

师：三个问句，这个是特色。还有吗？还有哪些同学也摘录了这个语段，举一下手，你们还发现了哪些这个语段的特色？

生：用了四个叠词，更能表现出牺牲的烈士之多。

师：你们有没有发现这四个叠词？发现了！你们看，把四个叠词叠加在一起，这样的写法你们看到过吗？

生：没有看到过。

师：很少看到，太妙了！赶紧把这个句子，带问号的，四个叠词叠加在一起的，自己小声读一读，看着屏幕读。

（学生自由读这个语段。）

师：盛老师要请三个同学来读。

（三位学生逐个朗读，读书声响亮且有气势。）

师：从你们的朗读中听出了一种气势，一种感慨，一种悲壮！

师：来，我们大家一起来读读这个句子！

师：同学们，这森林般辽阔的烈士的名字，你们都记得谁啊？我记得视死如归的刘胡兰，你们记得谁？

生：我记得邓世昌和关天培。

生：我记得用自己的胸口堵住了敌人枪眼的黄继光。

生：我记得少年英雄王二小。

生：我记得在敌人的酷刑下宁死不屈的江姐。

师：从1840年鸦片战争开始到1949年新中国成立的100多年间，多少像陈彦这样的革命志士前仆后继、浴血奋战，用热血和生命书写了可歌可泣的革命篇章。年轻的生命倒在了敌人的刺刀、枪口下，他们的名字留在了后人的心中。关天培、王二小、夏明翰、恽代英、江姐，还有狼牙山五壮士，这些名字我们都熟悉，是吗？

还有更多我们不熟悉，甚至连名字都没有留下的无名英雄，我们报得完吗？所以作者这样说——（播放有关烈士的视频）

生（应声而读）：要是把那些名字也都复活为血肉之躯，那么，天安门广场是站不下的，加上东西长安街也是站不下的。

师：每一个名字，都曾经演绎过荡气回肠的英雄故事，那故事汇聚起来，一定也是故事的——

生（自然地接过话音，转换语言）：堆积，故事的重叠，故事的密密麻麻。

师：那故事汇聚起来，一定也会——

生：密密麻麻重重叠叠逶逶迤迤起起伏伏，森林般辽阔。

师：多少皮鞭，多少枪弹，多少棍棒刺刀，多少眼泪，多少仇恨，多少血的忠告，为了缔造我们的幸福生活——

生（应声而读）：这么多，这么多的英雄儿女，竟都倒在血泊里了。

师：现在，你读懂这个"竟"字了吗？

生：我认为这个"竟"字能说明作者不敢相信牺牲的烈士竟然会这么多。

生：我感受到了作者内心的沉痛及震撼。

师：他觉得意想不到，他觉得很震撼、很惊叹，是不是？所以他要不断地追问自己，不断地追问自己。所以，你看，在这里啊，用了这么多的问句。我们连起来把这三个问句读一读。

（学生齐声读该语段，声音洪亮而有力。）

师：同学们，读到这里，我想你肯定知道作者为什么要这样写了。他是用笔在呐喊啊！这一连串的问句和叠词的叠加，喊出了他的惊叹，喊出了他的震撼，喊出了他的感慨万千啊！谁愿意再来读一下这个句子？

（该生朗读时，遇叠词便停顿。）

师：你这样一词一顿，让我们联想到革命的道路似乎也是崎岖艰难的，是吧？谁还有不同的读法？

（该生一口气读完整个句子，情感饱满。）

师：你这样一气呵成，让我们联想到革命英雄气贯长虹啊！这样的情感只能用这样的语言来表达和喷发。来，我们一起来读！

（全班齐读，情感在朗读中能一层层深入，没有拖沓。）

师：这些名字，铭刻在纪念碑上，你读懂这个词了吗？仅仅刻在纪念碑上吗？刻在我们心里的，仅仅是名字吗？（放大课件中"铭刻"一词）

生：不光铭刻在纪念碑上，更铭刻在我们的心里。

生：铭刻在我们心里的，不光是冰冷的名字，更是那种革命精神。

生：铭刻在我们心里的，不仅仅是冰冷的名字，还有一个个感人的故事，一种可歌可泣的精神。

师：说得太好了！他们的名字，还有他们的精神，铭刻在了我们每一个中国人的心里。他们在一代代中国人的心中，矗立起了一座又一座无形的丰碑。这就是我们读到的"背后的东西"。所以作者说——

（教师话音一落，学生齐读。）

生：这一层，看起来浅显，但却是不易读出来的最基本的东西。

师：现在你读懂这句话的含义了吧？你们摘录的这个语段，写得真是太好了！

（四）整合语段，背诵积累

师：课文中像这样有特色的语段还有很多，要把这么好的语言积累在心里，以后在演讲、写作文的时候可以拿出来用，我们最好还要把它背下来（板书：背诵积累）。

生（齐读）：背诵积累。

师：全体起立，刚才我们读过的这两个语段，请你们任选一个，快速地背，背好了一个，赶紧坐下来背第二个（出示课件：两个语段）。

师：好，停！全体起立，我们在音乐声中一起来背诵这两个语段。让我们像演讲一样，用我们的声音、形体、动作来传递我们的情感。背不出的可以看下屏幕。盛老师给你们发个音啊，它的正面——

（大多数同学能够带着情感流利地背诵。）

师：好，请坐！同学们，对照注释，看我们和作者刘成章一起读到了一块怎样的碑啊？在课题边上写一个词语，盛老师也写一个词语。你写你的，我写我的（板书：厚重的碑）。

师：我不知道你们写的什么词语，来，你写的是？

生：悲壮。

生：意义非凡、永垂不朽的碑。

生：令人惊叹的碑。

生：铭刻在心的碑。

生：刻骨铭心的碑。

生：壮烈的碑。

2013年参加送教下乡活动

　　师：同学们，你们读到的是悲壮的、壮烈的、让你们刻骨铭心的碑。盛老师也写了一个词，我写的是厚重的碑。今天这节课我们用摘录积累、朗读积累、背诵积累这样的方法积累了课文当中有规律的词语、有特色的语段。通过这些语言文字，我们和作者刘成章一起读到了一块庄严、雄伟、厚重的碑。那么对于这块厚重的碑，作者他又是如何倾心地读的呢？（板书：倾心地读）我们下节课再学。好，这节课我们就学到这里。

板书设计

倾心地读
厚重的碑

摘录积累
朗读积累
背诵积累

（五）名家点评

在探究中体现"新常态"

——简析盛新凤执教的"读碑"

福建省罗源县教师进修学校　全国著名特级教师　陈宝铝

努力实现语文教学的"新常态"，是本次活动的研究主题，也是当前小学语文教学改革的大方向。要实现"新常态"，就必须依据《课程标准》的要求，紧紧围绕"提高课堂教学的实效"这一目标，针对教学实践中存在的弊端进行探究，实施变革。盛新凤老师执教的"读碑"一课，在教材处理、目标设定、策略运用等方面都进行了大胆的探究，努力体现出了教学的新常态。笔者以为，突出之处有以下四点。

1. 目标指向：学会语言积累

《课程标准》非常重视学生的语文积累问题，反复强调积累的重要性：语文课程应"引导学生丰富语言积累，培养语感，发展思维"，"应该让学生多读多写，日积月累，在大量的语文实践中体会、把握运用语文的规律"。总体目标、各个学段目标及评价建议部分对积累也都有所提及。这是总结吸收了传统语文教学的精华与各地语文教学改革成功经验后的经典之谈。可以这么说，积累语言是语文学科的重要内容，是实现语言运用的基本条件。加强积累也有助于走出"唯内容分析为上"的阅读教学泥淖，克服"逐字逐句的过度分析"或"远离文本的过度发挥"。

但是，在一般情况下，人们说到积累，总是把目光投向课外阅读，往往忽略在

阅读教学课堂上的积累问题。而盛老师教学《读碑》最为亮眼之处，恰恰就在于高度重视了课堂上指导学生进行语言积累。在这节课上，盛老师没有纠缠于文本内容的分析，没有沉湎于微言大义的挖掘，直截了当地将教学目标定位在引导学生学会积累上。而将分析、感悟作者"读碑"的心路，了解作者感受变化的过程，划归到第二课时来解决。这样就使得本节课的教学目标单一、集中，教学着力点非常明显，课堂流程也就显得简洁而不繁杂。

一开篇，教者就直接点明《读碑》是一篇美文，读这样的美文，要注意积累语言，摘录积累是非常好的方法。这样直接揭示教学目标，对于促进学生将教学目标转化为学习目标，明确学习内容与重点，集中学习注意力进行探究都是很有帮助的。紧接着，盛老师结合检查预习，步步深入，着力引导学生用"摘录积累、朗读积累、背诵积累"三个方法积累有特色的词语和语段，并促使学生在积累内化文本语言的同时，感受"读碑"的深刻含义，受到人文熏陶。也许在一些教师看来，盛老师的课，作为第一课时，既没有进行整体感知（实际上是将其前置，融于预习之中），也没有单独的生字词教学（其实是糅入了预习的检查中，重在解决部分难点词），更没有通常的内容分析，而将目标定位为指导积累，似乎有悖于常理。其实不然，笔者以为这正体现了盛老师对阅读教学的一种探索、一种变革、一种突破。当然，采用这样的目标定位无疑是需要一定的勇气的，盛老师的勇气来自她对"烦琐分析"的弊端的清晰认识，来自她对积累语言重要性的理解，更来自对语文学科本质特点的准确把握。

2. 策略导向：掌握积累方法

崔峦先生曾强调应努力"由分析课文内容的教学，转向以策略为导向的教学，注重读法、写法、学法的指导，以提升阅读理解能力、运用语言能力及学习能力"。盛老师"读碑"这节课充分体现了这一精神，凸显了"以策略为导向，突出学习方法的指导"，这应该说是本节课的又一成功之处。根据学习本课的需要，盛老师选择了"摘录积累、朗读积累、背诵积累"这三种方法，并贯之于全课的教学中。在教学过程中，盛老师不是生硬地把这些方法塞给学生，让学生机械地去记住这些条条道道，而是将学习方法的指导融于整个教学之中，寓于学生的理解、感悟之中，让学生在实践中悟得读书方法，在积累的过程中学会积累。比如，"摘录积累"要摘录哪些内容？教者把摘录的要求隐含于预习题目之中，当学生按要求摘录"有规律的词语""不理解的词、句""有特色的语段"时，自然而然对学习本文应重点摘录些什么有了较为清醒的认识。类似的积累训练做多了，学生就会逐步把握学习不同的文体时所要摘录的内容。而对于"朗读积累"和"背诵积累"，教者更是重在引导学生进行实践，让学生在实践中认识方法、在实践中运用方法，在实践中加深对方法的感悟，从"知"达到"会"和"能"，从而转化为一种良好的阅读习惯与熟练的技能。

3. 内容形式：力求有机融合

语文教学既要关注文本的内容，也要研究文本的形式，更要注意内容的理解与形式的学习这二者的有机融合，辩证地处理好文本内容与形式的关系。教师要善于捕捉文本独特的语言特点，善于发现作者独到的表达套路，让学生在理解感悟内涵的同时"知其理，懂其道"。盛老师这节课，着重引导学生在学习、进行积累的过程中品味语言、感悟语言、丰富语言，并受到情感熏陶。

在引导学生积累"有规律的词语"时，盛老师重在让学生从词语之间的联系中发现规律，认识语言的表达形式，诸如叠词、表达心情的词语等。在"聚焦语段，朗读积累"这一环节，语言形式的探究与语言内容的感悟结合得尤其紧密、和谐。教者紧紧抓住多数学生在预习中所摘录的"作者在读九龙泉纪念碑时读到的内容"与"从人民英雄纪念碑中读到的内容"两个有特色的语段，从语言表达形式切入，采用多种教学手段，引导学生进行品析、感悟。比如，品析"作者在读九龙泉纪念碑时读到的内容"这一语段，引导学生去发现语言形式的特点：你觉得哪个地方写得很有特色？让学生从语段中所运用的重复、排比、设问的表达形式中，体会到作者这样表达，是意在强调烈士名字的多。再运用视频与教师深情的导语，补充其中一个烈士的相关资料，将学生带入情境，重温那些荡气回肠的人物故事，形象地认识烈士的壮烈行为，进而产生悲壮感、使命感。在这个过程中，结合各种形式的朗读指导，让学生去感受语言的温度，把这些语句积累在心里。品析"从人民英雄纪念碑中读到的内容"时，在引导学生发现语段、语言形式特点的基础上，先调动学生的生活体验，再通过视频展示烈士的形象，丰富烈士的表象，从而引起学生情感的共鸣，明白作者是在用笔呐喊。一连串的问句和叠词的叠加，喊出了他的震撼，喊出了他的惊叹，喊出了他的感慨万千。这样，形式的探究与内容的感悟有机结合，使得工具性与人文性水乳交融、浑然一体。

4. 以学定教：重在促进自学

盛老师这节课对"以生为本""以学定教"理念的落实主要体现在预习的设计、运用上。首先，预习作业的设计颇具匠心。她设计的预习题不是通常所见的"自学生字词、读书熟悉内容、整体感知"这样的习以为常的"老题目"，她从语言积累角度切入，要求学生分别摘录"有规律的词语""不理解的词、句""有特色的语段"。这三道摘录题指向不同，蕴意深刻，且富有层次感，既给学生耳目一新之感，激发了其兴趣，又直指教学目标与重难点，为课堂教学奠定了方向。其次，整个教学过程紧扣了预习的检查落实，将预习的检查指导与课堂教学有机结合，贯之于始终，克服了预习归预习，课堂教学又另起炉灶的"两张皮"通病，成为本节课的又一亮点。教师在预览学生所完成的预习题的基础上，从学生课前学习的起点出发，精心选择教学内容，分类处理，顺学而导。比如，结合检查"不理解的词、句"，展示画面与相应的文字，讲清楚"题词""碑文""浮雕"三个词语，而将学生提到的"竟""铭刻"这些抽象的、含义深刻的词与不易理解的"这一层，看起来浅显，但却是不易读出来的最基本的东西"等句子安排至相应内容的教学过程中加以解决。

我们完全可以把这种预习看作是课堂教学环节的前置。这种建立在学生尝试的基础上的教学当然更有针对性，可以说是真正做到了"先学后教，以学定教，顺学而导"，提高了课堂教学的实效。可以说，盛老师以预习题目为主线实施课堂教学，整个思路是从"学"的角度进行设计，且以活动化的形式加以呈现。在教学过程中，教师没有包办代替，也没有越俎代庖，只是适时、适机地加以适当的点拨指导，这样也有利于引导学生在自学中掌握语言运用的规律性知识，在实践中形成能力。

当然，在某种意义上，这样的教学或多或少会受到学生预习程度的制约，学生对课文内容的整体感知、初步把握，对理解、感悟难点语段的形式特点与内在含义无疑是有一定影响的。所以，笔者想，若把这一节移至第二课时，第一课时着重引导学生分析、感悟作者"读碑"的心路，了解作者感受变化的过程，第二课时则定位为积累与赏读，或许又有另一番景象。

六、寻找燃点，话我心声

——《我讨厌妈妈》教学实录

浙江湖州吴兴区教育局教学研究与培训中心　盛新凤

（一）选文缘由

什么是写作？用笔写文。什么是理想的写作？我手写我心。什么是理想的写作教学？就是能给学生提供一个让他们尽情抒写自己的机会。绘本读写课，最大的意义就是通过读给学生找到一个情感的"燃点"，让他们有机会在阅读中发现自己，发现那个深藏在庸常生活后面的真实的自己。然后用一个合适的机会和渠道，让他们把心声尽情地表达出来。

《我讨厌妈妈》这个绘本不算出名，但每次在家长会上给一年级的家长介绍，都会引起很强的共鸣。因为很多年轻的妈妈在书中找到了自己：在抚养孩子的过程中，辛苦与甜蜜交织，努力要做个好妈妈，但一些小缺点却在孩子面前掩藏不了，孩子淘气了会生气，工作忙了接孩子会迟到，星期天的早上也想睡个懒觉解解乏、偷偷懒，大街上碰到久未碰面的好姐妹会尽情聊天忘了身边孩子的不耐烦。我们永远无法在孩子面前做个完美的妈妈，尽管我们已经很努力，很努力了。就像书中的兔妈妈，最后还要晒出三双刚刚洗过的袜子。也许所有的妈妈都是这样，全心全意爱自己的孩子，但难免会留下"漏洞"和"把柄"让孩子抓住。这个故事孩子听了也是会心地笑，因为它说出了每个孩子的心底之音。每个孩子都是这样，很爱很爱妈妈，但总是不满足并有意见：妈妈为什么总要催我"快点，快点"？妈妈为什么不让我看动画片？妈妈为什么到幼儿园接我总是迟到？妈妈为什么总忘记洗衣服？等等。由此种种，所以我讨厌妈妈！无赖、无理的孩子，但他们的抱怨又是如此可爱，他们的心念又是如此动人，让你不忍拂逆。妈妈和孩子都在书中找到了自己，找到了自己的"心"。好的绘本就是这样，把你内心深处最熟悉、最真实的东西说出来，摊给你看。所以，从这个意义上来讲，《我讨厌妈妈》绝对是个好绘本，尽管它不像《逃家小兔》《猜猜我有多爱你》那么有名。但它直白、浅显，让你一目了然，又可轻而易举地触到你的内心。

这个绘本，是很容易让孩子们找到情感的"燃点"的。孩子在阅读的过程中，积淀了太多的默契，与文本的默契；积淀了太多的悠然心会。所以，引导表达就显得容易，有抓手，有情感的抓手。

（二）备课构想

本课的设计，把它定位在读写结合上，因为是一年级下学期的孩子，写字速度很慢，所以，尽管写的只是几个句子，但读写的时间分配各为一半。

首先，"从阅读得其法"，这是读写结合的首要条件。从读的方面讲，既要从形式考虑，又要从内容考虑。要从书的内容层面获得积淀，受到启发，寻到"燃点"，又要从形式上得到借鉴。基于以上考虑，本课的读写结合点定在两点上。一次补白，表"我讨厌妈妈"心声；二次补白，表"我喜欢妈妈"心声。学生在阅读中切己体悟，走进文本，在小兔子身上找到了自己的影子，和小兔子的情感产生了共鸣，找到了情感的"燃点"。所以，读中蕴情，读中储情。这是阅读层面第一个层次的积淀。

其次，是引导孩子关注文本语言范式："我讨厌妈妈，她呀……"这种语言范式充分迎合了孩子表达的特点，是一种纯粹的童语。在文本语言的催发下，孩子的语言会像汩汩清泉喷涌而出。"我讨厌妈妈，她呀，就知道自己玩手机。""我讨厌妈妈，她呀，就知道自己买新衣服。""我讨厌妈妈，她呀，就知道给自己化妆，也不给我化。"在让孩子尽情表达了讨厌之情后，又从文本空白处穿插了对妈妈的喜爱之情的表达引导，教师也先呈现范例：

最喜欢妈妈每天晚上给我一个大亲亲，然后帮我轻轻盖上被子。

最喜欢在我不开心的时候，妈妈把我轻轻抱在怀里。

最喜欢妈妈让我玩她的首饰，还让我戴上她最喜欢的戒指。

最喜欢妈妈对我说："宝贝，你一定行！"然后，我真的做到了！

这是另一个文本中的语言，在这里进行巧妙的"移植"，给孩子提供了另一个语言范例，可以马上引起孩子共鸣，实现迁移。在孩子的描述中，一幅幅跟妈妈在一起的美好画面出现在眼前，那么美好，那么温馨！这份美好与温馨把刚才激起的对妈妈的"讨厌"之情冲刷得无影无踪。孩子在两次写作过程中找到了情感的落点：原来我是这么的爱妈妈，离不开妈妈，就像书中的小兔子一样。原来刚才的讨厌之情的表达，为后来的喜爱之情的表达做了厚实的铺垫，为感情的逆转打下了如此好的基础。

（三）课例呈现

板块 1　读写结合感受对妈妈的"讨厌"

1. 聊故事，切近话题

师：今天啊，盛老师要跟小朋友一起来读一本图画书。你们看，这就是这本图画书的封面（出示《我讨厌妈妈》绘本封面）。在这个封面上，小朋友看到了什么？

生：一只小兔子坐在椅子上。

师：你还看到什么了？

生：我还看到在这只小兔子下面有"我讨厌妈妈"这几个字。

师：这个啊，就是这本书的题目，你领着小朋友把这本书的题目念一下，好吗？

（学生领读，全班跟读。）

师：你还看到了什么？

生：我看到了"我讨厌妈妈"这几个字下面还有一个"日"……什么"酒井"……（学生说不好。）

师：盛老师念给你们听哦！"〔日〕酒井驹子文·图"，是"酒井驹子"写的文，画的图，下面是"彭懿译"，因为这是一本外国人写的书，所以要有人翻译过来，小朋友才看得懂，是不是？好，你们看哦，这只小兔子前面的餐桌上还有一包饼干，小兔子是怎么看着这盒饼干的？你们做做动作看。

（学生模仿动作。）

师：哇，它这个样子看着餐桌上的饼干，说明它是不喜欢吃这个饼干的。看着这个小兔子的表情，它好像在——

生：生气！

师：它在生气，我们看哦，（PPT 翻页）小兔子的生气啊，全写在脸上了。谁来说说它的表情，它的样子？

生：它在说："好讨厌！"样子是生气的！

师：生气的样子谁能说得具体一点？它是怎么生气的啊？

生：这只小兔子，它噘着嘴，仰着头！

师（点头）：嗯！这只小兔子的头还往后一扭是不是？耳朵都——（生：竖起来

了！）来，你们做做这个生气的样子？

（学生做样子，并且嘴里哼哼着。）

2. 听故事，走进角色

师：小兔子啊，确实在生气，它在生妈妈的气。它为什么要生妈妈的气呢？让我们一起来听故事，好吗？

（播放故事！声画并茂。播放到"我今天穿的袜子，就是昨天穿过的那双。还有——"停止。）

师：小朋友，听明白了吗？

生：听明白了！

师：小兔子为什么生气？

生：因为它妈妈不让小兔子看电视！

生：小兔子的妈妈催小兔子快点，可它自己却是慢吞吞的。

生：小兔子上幼儿园，每次妈妈接它都迟到。

生：小兔子弄脏了洗澡间的地，妈妈就生气了。

生：星期天早上，妈妈总是睡懒觉，都不给小兔子做早点。

3. 赏画面，读懂细节

师：噢！因为这些原因啊，小兔子生气。我们仔细地来看看这些图（PPT点到"快点，快点"这一页），你们看，在这幅图上，你们看到了什么？要仔细地看这幅图！

生1：它妈妈在催它说"快点，快点"。小兔子在吃早饭。

生2：小兔子一边吃面条，一边在用面条和豆子做了一个小兔子的脸蛋。

师：对啊！你看，它一边吃早饭，一边用面条搭了一个兔子头，是不是？在玩啊！可真淘气！（放大这个细节画面）你看啊，所以妈妈忍不住要催它"快点，快点"。我们再来看这幅图（PPT出示下一张图"不让我看动画片"），看到什么了？

生：小兔子的妈妈就知道自己看电视剧，不让小兔子看动画片。

师：那你知道妈妈为什么不让小兔子看动画片吗？

生：呃……我觉得可能是为了小兔子好吧。因为看多了动画片，眼睛会近视。

师：哦，所以妈妈不让小兔子看动画片。

师：（放大细节画面）你们仔细地看看这幅图。

生：小兔子拿走了遥控器，转到自己喜欢的频道。（学生说错了。）

师：是吗？你再看得仔细一点！这幅图谁看得懂？看这种书啊，不仅要看懂文字，还要看懂图画。来，你说！

生：小兔子拿着机器人，让机器人的手晃动天线。

师：一晃动天线啊，电视屏幕就花掉了！小兔子在跟妈妈捣蛋，是不是？你说它淘气不淘气啊？（学生点头。）这样的事情你们干过没有？（有学生点头！）哈哈，可能有的小朋友干过！来（PPT换为"妈妈说生气就生气"的图片），我们再来看这幅，发生什么事了？谁看懂了？

生：小兔子到浴室里打开水龙头，弄得满地都是水，小兔子的妈妈很生气，就把小兔子拎出了浴室。

师：老师放大一点，你就看清楚了，小兔子在怎样捣乱？

生：它在给它的玩具洗澡！

师：哎呀！原来都是有原因的，但是小兔子啊，还是生妈妈的气！我们听一听它说话的口气就知道了！来，谁学着小兔子的样子，挑一句，来说说它的话？

（请四位学生分别读小兔子的话，然后全班再读。）

4. 补空白，话我心声

师：嗯，看起来啊，小兔子对妈妈的意见可大了！你看（PPT出示下一幅图片），还有，还有，还有，还有……咦，还有什么呢？你能帮小兔子再说下去吗？

生：她呀，就知道扫地，不陪我出去玩！

生：她呀，就知道催我写作业，自己却在睡觉！

师：你们说着说着，是不是想起了自己的妈妈啊？来，把你心里想说的话先写下来好不好？你学着小兔子的口气，完成纸上的"写话一"。

（学生写话，播放配乐，教师巡视。）

师：来，听听你们都写了什么？学着小兔子的样子来说。

生：我讨厌妈妈，她呀，就知道叫我写作业、写作业、写作业，而她却在玩手机、玩电脑。（教师点评：哇，一连三个"写作业"，好有意见啊！）

生：我讨厌妈妈，她呀，就知道盯我练琴、写毛笔字，自己却在玩手机、看电脑。

生：我讨厌妈妈，她呀，就知道自己买东西，不给我买玩具，真讨厌！（教师点

评：哇，后面还加了一个"真讨厌"，说明对妈妈还真有意见呢！）

生：我讨厌妈妈，她呀，就喜欢唠叨来，唠叨去，不陪我玩！

……（学生纷纷说出心里话。）

板块 2　读写结合感受对妈妈的"喜爱"

师：呀，看来小朋友对妈妈的意见还挺大呢！你们刚才说的是心里话吗？（生：是！）哦！跟小兔子的感觉是一样的！小兔子讨厌妈妈，还有一个更重要的原因，你们听——（播放故事）

师：看来小兔子是下定决心要离家出走了！我们说说它的话就知道了！一起把它的话说出来，特别要注意放大的字——（学生齐说。）

师："砰"的一声响，把妈妈惊醒了，瞧——（出示接下来的 2 张图片）小朋友仔细看，这两幅图有什么不一样？

生：两幅图的门不一样，第一幅图是关着的，第二幅图是开着一条缝的。

师：你发现什么秘密了？

生：小兔子偷偷从缝里看着妈妈。

师：哦，说明它没有走远，既然讨厌妈妈，为什么不走远？

生：因为它还是喜欢妈妈的。

师：是的，我们来听听小兔子的心里话！（播放录音）哎呀，听小兔子这么一说，你们是不是也想起了跟妈妈在一起快乐温暖的情景了呢！那你们最喜欢妈妈什么呢？完成纸上的"写话二"。

（学生写话，播放配乐，教师巡视。）

师：写好的小朋友肯定想念给大家听一听。

生：最喜欢妈妈每天抱着我睡觉，我觉得真温馨。（教师点评："真温馨"说得真好！）

生：最喜欢妈妈每天陪我睡觉，最喜欢妈妈给我买玩具。（教师点评：写了两句"最喜欢"呢！）

生：最喜欢妈妈笑的时候，因为我觉得妈妈笑的时候特别温暖。（教师点评：我喜欢你写的这句话，你们看，她就跟别人不一样，她喜欢"妈妈笑的时候"，给你一个大大的五角星！）

生：最喜欢妈妈做饼干给我吃，她真是一位神奇的大厨师呀！（教师点评：他还夸妈妈呢！也给你一个大大的五角星。）

生：最喜欢妈妈陪我玩，感觉心里暖暖的，就像太阳照着我。（教师点评：写得好不好啊？给她热烈的掌声！她写出了跟妈妈玩的感觉，老师要给你两个五角星！）

……

生：最喜欢妈妈逗我笑的时候，她一会儿变成笨重的大狗熊，一会儿变成在草地上跳来跳去的兔子，真有趣呀！

师：写得真好！老师想郑重地读一读，推荐给你们。（读内容）写得好吗？你的妈妈真可爱，我们也喜欢，我们听着也觉得有意思。老师给你三颗五角星。

……

师：哎呀，原来你们都那么喜欢你们的妈妈呀，因为妈妈对我们的爱，我们每天、每时、每刻都感觉得到。所以，小兔子它也离不开妈妈，你们瞧——它轻轻地推开门进来了，让我们来听听他跟妈妈之间的对话（播放故事）。

板块 3　改题回环，感受母子真情

师：小朋友，这个故事，好玩吗？（生：好玩！）想不想再看一遍？好，让我们一起再完整地看一遍！

（这一遍只出示翻页画面，没有朗读的声音，让孩子自己静静地读、静静地感悟。教师适时简单地讲解，引领孩子感悟妈妈的爱，启发孩子联想自己与妈妈之间的爱。）

师：小朋友们，这个故事叫——（生：我讨厌妈妈。）那你说，小兔子真的那么讨厌妈妈吗？如果要你来改一改这个题目，你会改一个什么样的题目呢？

生：我喜欢妈妈。

生：我爱妈妈。

生：我非常喜欢妈妈。

生：我离不开妈妈。

生：妈妈好极了。

生：我最最最喜欢妈妈。

师：这里的小兔子，它说讨厌妈妈，其实心里也是喜欢妈妈的。小朋友，今天我们读了一本图画书，然后学着小兔子的口气写了两段心里话，回去之后啊，把这两段心里话读给妈妈听，再在妈妈的帮助下把它改得更加通顺。能干的小朋友还可以在这两段话的边上配上图画，这样你也成了能创作图画书的大作家了。想吗？（生齐说：想！）

2010 年在马来西亚执教示范课

七、与语言共舞，让精神欢歌

——《卢沟桥的狮子》教学实录及反思

浙江湖州吴兴区教育局教学研究与培训中心　　盛新凤

（一）交流歇后语，导入新课

师：有这样一个歇后语：卢沟桥的狮子——

生：数不清。

师：这句歇后语说卢沟桥的狮子怎么样？

生：多。

师：对，很多很多（板书：多）。就是这座狮子多得数不清的桥曾被意大利著名的旅行家马可·波罗称为"世界上最好的、独一无二的桥。"(映示)咱们一起把这句话读一读吧。

生：世界上最好的、独一无二的桥。

师：你能读懂这句话的意思吗？

生：我知道了，世界上虽然有许多的桥，但是卢沟桥是最好的桥，很漂亮，很有价值，是世界上独一无二的桥。马可·波罗是世界上著名的旅行家，他说出这样的话，也是我们的骄傲。

师：这是我们北京人的骄傲！

生：说这座桥是独一无二的桥，是因为这座桥很有新意。

师：这就是说没有其他的桥可以和这座桥相比。再把这句话读一读。

生：世界上最好的、独一无二的桥。

(二)品读课文，启发想象，体会和平年代里狮子的无忧无虑

1. 读课文第二自然段

师：同学们，就在这座世界上最好的、独一无二的桥上面，有许许多多的狮子，卢沟桥的狮子仅仅是多吗？这节课咱们就重点读读课文的第二自然段。请尽情地读第二自然段，想想卢沟桥的狮子还有什么特点？

生：卢沟桥的狮子还有大小不一、形状各异的特点。

师：请你把"大小不一"这个词写到黑板上去。

生：卢沟桥的狮子栩栩如生。

生：卢沟桥的狮子大的和小的有天壤之别，造型奇巧，各不一样。

师：你刚才说了，还有一个"形态各异"，请你也把它写上去。

师：卢沟桥的狮子到底是怎样的大小不一呢？能不能用朗读来告诉大家。找到课文，咱们一起来读。

生：它们有大有小。大的有几十厘米，小的只有几厘米，甚至连鼻子、眼睛都看不清。

师：我觉得这个大的还不够大，小的还不够小，再来一次！

师：噢，原来大的这么大，小的这么小，卢沟桥的狮子有意思吧！更有意思的是它们的形态也不一样。请同学们读下边的课文，你最喜欢的句子可以多读几遍。

师：咱们展示一下，把描写你最喜欢的那尊狮子的语句有声有色地读给大家听。

生：有的小狮子藏到大狮子的身后，好像在做有趣的游戏。

师：他说有的小狮子藏到大狮子的身后，你们说它们在做什么游戏呢？

生：捉迷藏。

师：捉迷藏的游戏有趣吗？你们看，（映示）这只小狮子藏在大狮子的身后，它们好像在说什么呀？你们好像听到它们在说什么了？

生：它们好像在说，你找不着我的，找不着我的。

师：愿意分享它们的快乐吗？一起读读这句话。

师：真有趣，读成两声部了，再读一遍吧。

师：谁再读。

……

师：还有别的语句，谁读？

生：有的小狮子依在母狮子的怀里，好像正在熟睡。

师：小狮子在熟睡，你可别吵醒了它！该怎么读？

师：多么香甜哪！大家一起来！

师：还有别的语句，读吧！

生：还有的小狮子大概太淘气了，被大狮子用爪子按在地上。

师：老师给你提个建议，你能不能"按"得再重一点，不然淘气的小狮子还会再逃走的，再读一次吧。

（学生笑读。）

师：还有谁喜欢读这一句？

师：按（强调）在地上，一起读。

师：还有谁要读别的语句？

生：有的蹲坐在石柱上，好像朝着远方长吼。

师：长吼，那么威武，那么有力，你们说它们会怎么长吼？在座位上试试。

（学生学狮子吼。）

师："这么威武，这么有力"，这句话应该怎么读？大伙读，气势大，一起读！

2. 创设意境，激发想象

师：读着读着，我们仿佛觉得这些狮子是有人性的，充满了浓浓的人情味儿。

在和平的年代里，这些狮子正在尽情地嬉戏，享受着天伦之乐呢！大伙儿连起来，把整段话读一读。

师：同学们，可爱的狮子，古老的石桥，在美丽的月色下如诗如画。想不想去欣赏一下？

（看录像，配乐朗诵：介绍卢沟桥原来是繁华的商埠，现在有卢沟晓月等胜景。）

师：美吗？这么美的景就在咱们北京哪！在这么美妙、祥和的意境当中，还有些狮子在干什么呢？你能不能帮作者再想下去？

（配乐映示形态各异的狮子图片，边看边交流。）

生：有的小狮子拥在一起，玩耍打闹。

生：有的小狮子抬头望着天，好像在数天上的白云。

生：有的大狮子张牙舞爪，很威武的样子。

生：有的小狮子趴在大狮子的头上，好像正在说悄悄话。

生：有的大狮子在舔小狮子的身体，好像正在给小狮子洗澡。

生：有的小狮子躲在大狮子的怀里，好像看到了什么让它害怕的东西。

……

师：这么多可爱的狮子，在和平、祥和的气氛当中，它们为卢沟桥的美丽添上了浓墨重彩的一笔。每一尊狮子都是栩栩如生的，都是精美的艺术品，怪不得马可·波罗要由衷地赞叹，这是世界上最好的、独一无二的桥。（映示）再读一次，把"最好"的意思读出来。

师：把"独一无二"的意思再强调一下，读。

（三）了解历史，渲染气氛，想象战争年代里的狮子

1. 交流信息，了解历史

师：就是这座世界上最好的、独一无二的桥，却记载着一段令人难以忘记的历史。1937年7月7日，日寇的铁蹄破坏了这美好的意境，人民的鲜血染红了这洁白的桥栏。一起读一读文章的最后一段。

师：关于这段难忘的历史，老师课前请同学们查阅了有关的图片、文字资料，把带来的资料交流交流，可以离开自己的位置。

（组织学生相互交流。）

师：通过交流资料，你知道什么叫作"挑衅"了吗？

生："挑衅"就是故意挑起事端，引起冲突。

师：当时，日寇是怎样挑起战争的？

生：日寇借士兵失踪……

师：盛老师也找到了一段录像资料，看看好吗？

（放录像：《七七事变》。）

解说：当时，中国士兵同仇敌忾，很多士兵嫌跑步速度慢，就直接从城墙上跳下，杀入敌阵，喊杀声在几里外都听得到。

2. 联系情境，改写课文

师：那一阵阵密集的枪炮声把我们的思绪带到了几十年前那些血雨腥风的岁月中，让我们再睁大眼睛看看这些在枪林弹雨中的卢沟桥的狮子。还是这些狮子，但再看到这些狮子，你的情感、你的想象就会发生变化。

（映示前面自由想象时的那些形态各异的狮子图片，配上了枪炮声，在枪炮声中启发、写、交流。）

师：这些在枪林弹雨中的狮子，它们还会幸福吗？还有快乐吗？这些失去了幸福和快乐的狮子，此刻它们又在做什么呢？联系当时的情景，在作业纸上改写或者补写课文最后一段，可以写一句，快的孩子可以写两句。

生：有的小狮子依偎在母亲的怀里，好像害怕日军的枪炮。

生：有的低着头，好像在为牺牲的战士们流泪。

师：奖励你光荣地站着。

生：有的蹲坐在石柱上，好像正在朝着敌军怒吼。

生：有的狮子瞪圆双眼，好像在仇视日本侵略者。

师：也奖励你光荣地站着。

生：有的小狮子依偎在母狮子的怀里，好像在躲避敌人的弹雨。（教师示意学生站着。）

生：有的小狮子蹲坐在石柱上，好像在守卫着我们的祖国。

生：有的狮子蹲坐在石柱上，好像在指责这些破坏和平的人；有的低着头，好像在为炮火中受伤的人们而伤心。（教师示意学生站着。）

生：有的狮子全家坐在一起，好像在清点日军的罪行；有的狮子蹲坐在石柱上，好像在怒视着日军侵略者。

生：有的狮子作威武，好像要把日本军团全部给消灭掉。

生：有的狮子庄严地站着，好像在防止日本侵略者来侵略自己的家。

生：有的大狮子把小狮子按在地上，好像害怕日寇把自己的幼子抢走。（教师示意学生站着。）

……

师：请你们几位站着的同学，带着你们的作业纸，到前面来。让我们怀着激愤的、气愤的、悲愤的心情来读我们改写过的这段课文，就读你们写的句子，盛老师给你们读总起句。

（教师引读后，学生依次读自己写的句子，读完后，关闭枪炮声和图片。）

师：同学们，这些饱经沧桑的卢沟桥的狮子，它们亲眼看到了日寇的凶狠残暴，亲耳听到了这震惊全世界的抗日战争全面爆发的第一枪，它们可是最好的见证啊！让我们再来读读马可·波罗说的这句话。（映示）

师：学到这儿，你对这句话有什么新的感受和体会吗？

（四）总结全文，升华延伸

生：这座石桥圣历过战争，却依然保存到现在，可见这桥十分坚固，而且记载着中国的历史。

师：卢沟桥是劳动人民智慧的结晶，更反映了中国人民的英雄气概。

生：我们中国人应该记住这座世界上最好的、独一无二的桥。

生：卢沟桥的狮子是"七七事变"的见证人。

生：这座桥还记载着中国人民的耻辱，在卢沟桥前面的一些城墙上，仍然保存着日本侵略者留下的一些弹孔和枪孔。

师：这座桥让我们感受到了中国人民的智慧是独一无二的，中国人民的英雄气概更是独一无二的。再读马可·波罗的这句话！

师：为了纪念这些在"七七事变"中牺牲的英雄们，人们在卢沟桥旁建起了一座抗日英雄纪念馆。纪念馆的门前就有一尊狮子，它向全世界宣告，中国已经觉醒了，她屹立在世界的东方。读完了这篇课文，我也情不自禁地写下了几句话，（映示）请读读我写的这几句话。

生：卢沟桥是一页永远展开的历史，一页凝重的历史，一页光荣的历史，一页让中国人民扬眉吐气的历史！

师：然而，历史终究是历史，80多年过去了，如今祖国国富民强，卢沟桥的历史也翻开了崭新的一页；如今卢沟桥两旁那披着800多年风尘的狮子，又在尽情地嬉戏，享受着卢沟桥的这份宁静与祥和！你们愿意去分享一下它们的快乐吗？我们再来读读这段话。

（配乐。）

生：它们的样子各不相同……

（五）合作探究，延伸课外

师：同学们，对于卢沟桥，对于这些狮子，你还想知道什么？

生：我想知道卢沟桥是谁建造的？

生：我想知道卢沟桥的狮子一共有多少种样子？

生：我想知道卢沟桥有多长、有多宽？

生：我想知道卢沟桥的狮子保存得这样好，和气候有什么关系？

师：课后，大家可以组成各种合作小组，对它地理位置感兴趣的，就组成地理位置组，还可以组成建筑构造组、景物特点组、历史资料组、游人评论组……继续去网上查询资料……

（六）教后反思

1. 在语言中建构精神

语言是精神建构的土壤，只有当精神的建构扎根在丰厚的语言土壤中时，才能使精神在学生生命中生根、发芽，否则，精神便成了符号，成了空洞的说教。在语文教学中，引导学生在语言的感悟、理解、应用中，捕捉、汲取前人留下的丰富的精神养分，滋养、提升自己的精神境界，拓展他们生命的宽度，锻造他们生命的厚度，发掘他们生命的深度，从而使他们建构起丰富的精神世界。"卢沟桥的狮子"整堂课都在努力以课文为载体，让学生进行情感体验。通过反复研读课文第2、4自然段，激发学生丰富的情感：对雕刻了这么多栩栩如生的狮子的古代劳动人民智慧的赞叹之情；对在七七事变中奋起反抗的中国人民的英雄气概的赞叹之情；还有对侵略者无比的愤恨之情。"世界上最好的、独一无二的桥"，这句马可·波罗的名言，既是整堂课的"中轴线"，也是学生语言和精神的交汇点。课堂上，师生一起创造课程资源，如对"卢沟晓月"、古桥建筑、七七事变等背景资料的介绍、交流等，为整堂课的学习提供了一个丰厚的文化背景，学生在课堂上理解、感受语言文字魅力的同时，享受着丰富的文化大餐，经历着难忘的精神之旅，幸福地栖居在诗意的课堂上。

2. 在精神的建构中发展语言

如果把语言比作土壤的话，那么精神则是滋生于语言土壤中的树苗。土壤越肥沃，树苗越能苗壮成长；反之，枝繁叶茂的大树也能使脚下的土地充满勃勃生机。语言作为一种符号，承载了太多的情和义，语言的流畅表达需要情感的催发。"情动而辞发"，当学生的身心被情感浸润时，课堂便会焕发出新的活力。此时，师生对话的语言便不再是干巴巴的符号，而是心灵的倾诉、生命的宣泄，此时，我们还需为学生的词不达意而苦恼吗？我们还需为学生的语言苍白而焦虑吗？本课在引导学生想象说话时，为学生提供了两个截然不同的意境：卢沟桥在和平年代的美丽、祥和，以及在战争年代的痛苦、沧桑。在多媒体的导引下，学生入情入境，语言表达流畅、丰富、合情合理。有了一定精神支撑的语言是有骨有架、有血有肉的。可以说，是精神催生了语言、净化了语言、提炼了语言，语言和精神同构共生。

2004 年在浙江嘉兴执教《卢沟桥的狮子》

八、建构"运用型"的语文课堂

——《跨越百年的美丽》教学实录及评析

浙江湖州吴兴区教育局教学研究与培训中心　盛新凤

第一课时

（一）说"画像中的居里夫人"

（从预热环节说"美丽"引入，出示居里夫人画像。）

师：这是谁？对她，你有哪些了解？

生1：我知道她是第一个两次获得诺贝尔奖的著名女性科学家。

生2：她是一位著名的法国波兰裔科学家，还是第一位获得诺贝尔奖的女性。

师：这两个信息也很重要！你知道她的原籍在哪里吗？

生：波兰。

师：非常好！说明你课前查阅过她的资料了。还有谁有补充？

生：她的全名是玛利亚·斯克沃多夫斯卡。

师：这是你查阅的，我得回去考证一下。刚才你们说了些关于居里夫人的信息。你们看到的居里夫人是一位非常著名的女性，因为她两次获得了诺贝尔奖。还有一个非常重要的信息，就是她发现并提炼了镭。这个发现直接导致了原子时代的到来。看着她的画像，你能不能也抓住她的长相、衣着、神情等，来说一说居里夫人的形象？

生1：居里夫人有一头金黄的长发，还有一双别有深意的眼睛。

生2：她有一头金色的头发，她的眉眼中透露着坚毅，她平凡的穿着使人感觉她非常平易近人，很亲切。

师：这只是她的头像，我们看不清她的衣着。盛老师告诉你，她习惯穿一袭黑色的长裙。我们刚才抓住了居里夫人的衣着、长相、神情等，描绘了画像中的居里夫人（出示课件：画像中的居里夫人）。

（评析：从题眼切入，一读"美丽"，了解居里夫人的概况，初识其外形之美，为深入学习课文、了解人物内心的"美丽"，做了必要的铺垫。）

（二）读"报告会上的居里夫人"

师：就是这么一位女性，在1898年的12月26日登上了法国科学院的讲台，宣布了一项惊人的发现，那就是放射性元素——镭。你们想不想去看看报告会中居里夫人的形象？（出示二段）请你看着这段课文，大声地读几遍，争取在最短的时间内把它读正确、读流利。

（学生自由朗读　教师指名读，全班齐读最后一句话。）

师：文中说，"而她那美丽、庄重的形象也就从此定格在历史上，定格在每个人的心中"。你能不能用文中的话来描绘一下报告会上的居里夫人的形象呢？

（学生读课文中的相关语句。）

师：她的衣着是穿着一袭——（生接：黑色长裙。）她的脸庞是——（生接：白净端庄的。）她的神情是——（生接：坚定而又略带淡泊的。）她的眼睛是——（生接：微微内陷的。）还有吗？谁能再用文中的话来描绘一下居里夫人在报告会上的形象？

生：她是一位年轻漂亮、神色庄重又略显疲倦的妇人。

（标红描写居里夫人形象的两句话，齐读。）

师：她的神情庄重又——（生接：略显疲倦。）坚定又——（生接：略带淡泊。）读到这里你有什么问题吗？

生：我觉得这里每一组的前后两个词语都是意思相反的。

生：为什么要用两个意思相反的词来形容同一个人呢？

师：为什么神色庄重后面又要说她略显疲倦呢？那你觉得在当时的情况下，她的神色应该是什么样的？

生：我觉得她应该是神色庄重而且十分坚定的。

师：文中的确写到了她神情坚定呀。你对她的哪一种神态觉得有点奇怪？

生：我对她"略显疲倦"这一神态觉得有些奇怪。

师：你觉得这一神态离美比较远是吗？为什么呢？

生：我觉得她去法国科学院做报告，在那么多人面前应该是神色庄重的，而不应该是略显疲倦的。

生：我觉得进入法国科学院是非常了不起的事，她的神情应该是饱满的、意气

风发的，显得很高兴才对。

　　师： 人逢喜事精神爽。她为什么这么疲倦呢？（板书：疲倦？）这是一个问题，还有问题吗？

　　生： 她的神情为什么坚定又略带淡泊？

　　师： 那你觉得当时她应该是什么样的神情？

　　生： 我觉得她应该是很自信的神情。

　　师： 就像刚才那位同学说的那样，是意气风发的，但是她又显得这样的淡泊。（板书：淡泊？）这又是为什么呢？这两个词好像离美比较远，是不是？同学们，让我们带着这两个问题快速默读全文。读完之后，请你梳理一下信息，看看课文的哪一个段落可以让我们读懂她为什么这么疲倦，哪一个段落又能让我们读懂她的淡泊？

　　（评析：古人云：学贵有疑，小疑则小进，大疑则大进。二读"美丽"，品析人物外形，引导学生从细节处叩问——为什么报告会上的居里夫人神色庄重而又略显疲倦？她的神情为什么坚定又略带淡泊？这样由疑生问，能快速激起学生的阅读期待。）

　　师： 你能从哪一个段落中找到第一个问题的答案？

　　生： 第3段。

　　师： 那就让我们锁定课文的第3段。这一段主要写了居里夫妇发现并提炼镭的过程，快速地读读这段课文，找一找有几个造成居里夫人疲倦的原因，完成批注作业（出示课件）。

　　（学生默读后交流……）

　　师： 我们先来看看老师写的这个例子（出示批注：工作量大）。先来读一读这第一句话。

　　（学生齐读。）

　　师： 盛老师从这句话中读出了他们当时的工作量大。我准备这样用朗读来表达读出来的这种感觉，你听——（示范读：为了提炼纯净的镭，居里夫妇搞到一吨可能含镭的工业废渣）你从哪个词中听出了他们的工作量大？

　　生： 一吨。

　　师： 这样读才让人感觉到工作量实在是太大了。来，你们也像盛老师那样读一读这句话。

（学生齐读。）

（评析：从疑出发，直奔重点段落，阅读方向明确，板块清晰。在指导学生学习批注的过程中，适当运用教师的范例，对于初学者很有必要！）

师：下边的课文，你从哪句话中读到了什么？

生：我读"他们在院子里支起了……送到化验室溶解、沉淀、分析"这句，我认为他们的工作十分烦琐。

师：不用说那么多，你写的是什么就说什么。

生：工作烦琐。

师：四个字，够简洁吧？有不同吗？

生：工作复杂。

生：工作程序多。

师：意思也差不多，可以的。还有吗？

生：工作严谨。

师：这是你的感觉，和他们的都不一样，也是可以的。请你读读这句话，把他们的工作严谨给读出来。

（学生读。）

（评析：阅读是学生的个性化行为，批注则更应反映学生的个性化理解与表达。盛老师深谙此道，重在鼓励，只在简洁方面予以必要的引导。）

师："溶解、沉淀、分析"，你这么一拉长，速度一放慢，就让我感觉到了他们工作的严谨。非常好！盛老师和刚才这些同学"英雄所见略同"，（出示批注）是"过程复杂"。一起读这个句子。

（学生齐读。）

师：你看，你们读的时候也是这样读的，"溶解、沉淀、分析"，过程复杂吗？态度严谨吗？这些答案都可以。你还从哪个句子中读出什么了？继续说。

生："化验室只是一个废弃的破棚子，玛丽终日在烟熏火燎中搅拌着锅里的矿渣。"从这句中我读出她的工作环境差。

师："工作环境差"，他用5个字来概括。还有不同的吗？

生：我读出了她的工作是夜以继日的。

师：那你填的到底是什么？

生：夜以继日。

师："夜以继日"这个词写出了什么？写出了——（生接：工作时间长。）还有不同的填法吗？

生：我读出了她的工作辛苦。

师：你是从哪个词语中读出来的？

生："烟熏火燎"。

师：你们还读出了什么？

生：环境恶劣。

生：工作艰辛。

师：工作艰辛。写得比较笼统。我写的也是环境恶劣（出示批注）。谁能把"环境的恶劣"通过朗读体现出来。

（学生读。）

师：要是让盛老师来读的话我准备这样读。（示范读，强调"废弃的破棚子""烟熏火燎"）我们一起来读一读这个句子。

（学生齐读。）

（评析：不但注意引导学生"读出什么"，还要追问是"从哪个词语中读出"的，足见检查批注的目的是指向品味语言的。领悟文本内涵，同时与指导朗读有机结合，将读文、思考、朗读、表达有机结合了起来。）

师：你还从哪个句子中读出了什么？

生："经过三年又九个月，他们终于在成吨的矿渣中提炼出了0.1克镭。"在这句话旁边，我填写的是"工作时间长"。

师：她填的是五个字。还有不同填法吗？看来大家填写的都一样，我也和你们填的一样（出示批注：充满危险、时间漫长）。谁能用朗读突出时间的漫长？

（学生读。）

师：在他朗读的时候，你们从哪个词中听出了时间的漫长？（生齐答：三年又九个月。）那是一千多个日日夜夜啊。还从哪个词中体会出了时间的漫长？（生齐答：终于。）真是好不容易啊。就这样读，我们一起读这个句子。

（学生齐读。）

师：还有上面这一句，盛老师填的是"充满危险"，你们还有不同的填法吗？

生：我填的是"劳痕累累"。

师：这四个字很形象。还有吗？

生：我填的是"工作危险度高"。

师：能用四个字表达的不用五个字六个字，越简洁、越概括越好，这里老师觉得用"充满危险"更简洁些　当然，你填写的也很不错，作为奖励，请你读一读这个句子。

（学生读。）

师：同学们，你们看，通过刚刚我们给这段话写批注的方式，我们找到了这么多造成居里夫人疲倦的原因，分别是——工作量大、过程复杂、环境恶劣、充满危险、时间漫长。最后，终于在成吨的矿渣中提炼出了 0.1 克镭。

（评析：这一环节的教学，以指导学生学习运用批注方法为主要方式，兼以指导朗读，深入探究造成居里夫人疲倦的原因，使学生透过语言文字的描写，认识居里夫人不畏艰难困苦致力于科学实验的崇高品质。这样，学生对于居里夫人"美丽"的认识向前迈进了一大步，充分体现了在阅读实践中让学生学习阅读的理念。）

（三）写"实验室中的居里夫人"

师：那是在怎样的环境中提炼出来的？这里有一个词我们刚刚读到了，叫"烟熏火燎"。一个词语里出现了四个火字。熏字下面的四点底，也是火字旁的变形。看到这个词，你脑海当中浮现的当时实验室的环境是怎样的？谁能描绘一下？

生：我觉得实验室里烟雾弥漫，而且烟雾中还有点点星火。

生：全都是烟雾，还有点刺鼻的味道。

（评析：抓住"烟熏火燎"这个关键词语，让学生展开想象，为下面的小练笔做铺垫。这个点选得精当！）

师：请同学们闭上眼睛，我们来想象这样的情景。（配乐）我们看到的实验室，是这样的环境：这是一个没人用的棚屋……就在这样的实验室里，我们看到了居里夫人的身影，我们把目光聚焦到她的身上，用手中的笔来给她拍一个特写镜头：只见她……同学们睁开眼睛。你能不能结合课文中的语言信息，抓住居里夫人当时的衣着、长相、神情特点，还有动作等来写一写实验室中的居里夫人的形象呢？拿出作业纸，完成第一题。

（评析：教师通过动情的描述，把学生带入所创设的情境中，让学生结合课文中的语言信息，发挥想象，写一写实验室中的居里夫人的形象。这是想象的过程，也是书面练笔的过程，又何尝不是深入理解文本、体会人物内心世界的过程呢？）

（学生动笔，教师巡视，并在一些学生的作业纸上打上符号，然后让这些学生汇报所写的语段。）

生：在实验室中，居里夫人还穿着那身黑色的长裙。实验室中弥漫着烟雾，居里夫人不停地咳着，可是她还继续工作着。火烫伤了她的手，她感到十分疼痛，可是，她并没有放弃，她不断地坚持着，忍受着痛苦。

师：我从他的描写当中感受到了环境的恶劣。你看，居里夫人不断地咳着，说明当时充满了呛人的气味，环境多么恶劣呀。

生：只见她依旧身着一袭黑色长裙，站在桌边，从满桌的试管、量杯中取出一些什么，用她深邃的目光仔细地观察着试管中的液体。

师：他的动作描写让我感受到了居里夫人工作的复杂，以及她工作态度的一丝不苟。

生：居里夫人站在一口大锅边上，不停地冶炼工业矿渣，她不停地用手捂住自己的鼻子和嘴巴，点点星火飞溅到她那黑色长裙上，烧出一个个小洞。

师：我特别欣赏你写的"飞溅"这个词，还有一个句子"用手捂住自己的鼻子和嘴巴"，这句话也让我们感受到了实验室里当时环境的恶劣和实验过程的危险。话虽不多，写得不错。同学们，刚刚我们写了实验室中居里夫人的形象，透过居里夫人疲倦的神情，你们感受到她的美了吗？你感受到的是她的一份什么美？

生：她坚持不懈。

师：你感受到了她坚持不懈的精神美。

生：她对工作的认真态度。

师：你感受到了她认真执着的精神美。

（评析：精妙的点评，画龙点睛；恰当的点拨，入木三分！透过居里夫人疲倦的神情，学生深深感受到她那坚持不懈的精神美、认真执着的精神美。这是情感上的收获，更是认识上的升华！）

师：同学们，刚才这节课，我们通过说说、读读、写写的方式，聚焦了居里夫人的三个特写镜头——画像中的居里夫人、报告会上的居里夫人，还有实验室中的居里夫人。不管是画像中的居里夫人，报告会上的居里夫人，还是实验室中的居里夫人，我们都觉得她是美的，这是一份跨越百年的美丽。今天第一节课咱们先上到这里。

第二课时

（一）抓淡泊，读出人格之美

师：同学们，刚才我们通过说说、读读、写写，脑海中留下了居里夫人的三个特写镜头，我们感受到了居里夫人的美丽。这节课，让我们继续走近这位伟大的女性。我们小声地读读第 5 段，你从哪件事例中读出了居里夫人的淡泊？用概括的语言写在边上，然后进行交流。

生："她本来可以躺在任何一项大奖或任何一个荣誉上尽情地享受，但是，她视名利如粪土，她将奖金捐赠给科研事业和战争中的法国，而将那些奖章送给六岁的小女儿当玩具。"

师：我想知道的是，你在边上写了什么批注？

生：就是居里夫人她对大奖和名誉一点都不在乎。

师：那你从刚才这几句话中读到了几个事例？

生：一个是她将奖金捐赠给科研事业和战争中的法国。

师：谁来帮她概括一下？

生：我觉得第一个就是"捐赠奖金"。

师：四个字，非常清楚。还有吗？

生：我觉得是她把奖章当作玩具。

师："奖章当玩具"，非常简洁。主要是这两个事例让我们感受到居里夫人的淡泊。同学们，你们平时拿到了"三好"学生的奖状或其他奖状的时候，你们一般会怎么做？

生：我会很爱惜地把它珍藏起来。

师：我小时候甚至会把它贴在墙上，这是人之常情啊。可是居里夫人却能做到把这些奖章给女儿当玩具，真是极度地淡泊名利。所以，在报告会上，透过她略带淡泊的神情，你们觉得她美吗？（生：美！）那是一种什么美？你来概括一下。

生：是一种淡泊名利的品质美。

师：品质美！我再给你换一个词，那是一种人格美。

（评析：从了解居里夫人的精神美到了解她的人格美，这在认识上又是一个飞跃。对于小学生而言，这无疑是难点所在。盛老师继续让学生运用上节课所学的批注法进行学习，在学生自我感悟的基础上，引导学生设身处地地去感受，在对比中认识居里夫人对待名利的态度，进而认识她淡泊名利的品质美。）

（二）爱因斯坦的评价

师：面对如此淡泊名利的居里夫人，她的好友——同样是科学巨人的爱因斯坦说了这么一段话来评价她，我们一起来读一读："在所有的世界著名人物中，玛丽·居里是唯一没有被盛名宠坏的人。"

师：你理解这句话的含义吗？

生：玛丽·居里没有被利益或名誉给宠坏，而是继续努力，继续探索研究，发现更多对我们有用的东西。

师：还有别的说法吗？

生：有些科学家因为盛名而变得很骄傲，但是居里夫人并没有这样，她淡泊名利，非常谦虚，和其他人不一样。

师：所以是"唯一没有被盛名宠坏的人"。看来你们是读懂这句话了。我们再来齐读这句话。（学生齐读。）

（评析：放手让学生自读自悟，可以让学生体验到自主发现的乐趣，感受到豁然开朗的畅快。）

（三）作者的评价

师：爱因斯坦就是这样来发表他的看法的。像这种阐述自己的观点，直接发表自己看法的语言就叫"议论"（板书）。课文中还有许多议论的文字。请浏览全文，看看作者是怎样来发表他的观点，表明他的看法的，并把它们画出来。

（评析：在叙述事件的过程中插入议论这是本文一大特点。教师紧紧抓住这一特点，先告诉学生什么叫"议论"，再让学生找出文中类似的句子，进行研读，领会作者的这一表达方式，体现了既关注内容也关注形式的教学理念。）

生：她从一个漂亮的小姑娘，一个端庄坚毅的女学者，变成科学教科书里的新名词"放射线"，变成物理学的一个新的计量单位"居里"，变成一条条科学定律，她变成了科学史上一块永远的里程碑。

生：皮埃尔不幸早逝，社会对女性的歧视，更加重了她生活和思想上的负担。但她什么也不管，只是默默地工作。

师：这段话更多的是记叙。

生：就像是在海滩上捡到一个贝壳，别人也许仅仅是把玩一下而已，可居里夫人却要研究一下这贝壳是怎样生、怎样长、怎样冲到海滩上来的。别人摸瓜她寻藤，别人摘叶她问根。

生：玛丽的性格里天生有一种更可贵的东西，她坚定、刚毅、顽强，有远大、执着的追求。

师：同学们，刚才你们找到的这些语段，就直接表达了作者的观点、看法。请看大屏幕（出示语段）。

（学生齐读。）"就像是在海滩上捡到一个贝壳，别人也许仅仅是把玩一下而已，可居里夫人却要研究一下这贝壳是怎样生、怎样长、怎样冲到海滩上来的。别人摸瓜她寻藤，别人摘叶她问根。"

师：在这里，作者采用了和别人做比较的方法，高度评价了居里夫人的独特品质。居里夫人这样的做法用一个词来概括叫什么？

生：刨根问底。

师：还有别的词吗？

生：打破砂锅问到底。

师：还有吗？还有寻根究底。

（评析：抓住议论的句子，深入剖析具体的表达方法——和别人做比较。同时调用学生的词语储备，概括居里夫人的做法，这样做一是让学生形象地理解文本内容；二是进一步丰富学生的词汇，使"词在儿童的意识里活起来"；三是培养学生的语言文字运用能力。）

师：作者是这样来发表议论的。我们再来看这段话（出示语段）。一起读这段话。

生（齐读）：玛丽的性格里天生有一种更可贵的东西，她坚定、刚毅、顽强，有远大、执着的追求。这种可贵的性格与高远的追求，使玛丽·居里几乎在完成这项伟大自然发现的同时，也完成了对人生意义的发现。

师：在这里，作者说玛丽·居里完成了两大发现，哪两大发现？

生： 我觉得第一大发现是玛丽发现了镭。

师： 对，这是自然发现。

生： 我觉得第二大发现是人生意义的发现，也就是说她发现了科学的意义不在于名利、荣誉，而在于更好地为人类做贡献。

师： 真好！玛丽·居里能完成这两大发现，都是因为她的性格——（生接读：坚定、刚毅、顽强，有远大、执着的追求。）你看，前因后果交代得多清楚啊，他是这样来发表他的议论的。我们再来看第三段。一起读。

（评析：品析议论，由果溯因，深刻认识玛丽·居里的性格。）

生（齐读）： "她从一个漂亮的小姑娘，一个端庄坚毅的女学者，变成科学教科书里的新名词'放射线'，变成物理学的一个新的计量单位'居里'，变成一条条科学定律，她变成了科学史上一块永远的里程碑。"

师： 在这里，作者用了几个"变成"？

生： 四个。

师： 这四个"变成"后面的语句能交换顺序吗？能不能让第一个"变成"后面就紧接"永远的里程碑"？为什么不能？

生： 因为它们的意思是层层递进的，只能先有前者才能有后者。

师： 还有补充说明吗？你们看，从"放射线"到新的计量单位"居里"，到科学定律，到里程碑，说明居里夫人对人类的贡献是越来——（生接：越大。）所以，人们对她的评价也是越来——（生接：越高。）一连串的"变成"组成了一组气势磅礴的排比句，这是作者，也是全人类给予居里夫人的崇高评价。我们再来读读这段话。

（评析：抓住这四个"变成"，探究后面的语句能否变换顺序，引导学生理解句子之间的递进关系，进而再认识排比句式，这样就将内容的理解与表达形式的体会有机融合起来了。）

（学生齐读。）

师： 这些表达作者观点的文字，是这样的耐人寻味，我们把它牢牢地记在心里。现在请你挑选其中的一段，快速地背下来。背出了一段你就自己站起来，"目中无人"地背一下然后就坐下。我看看谁站起来得快，谁站起来的次数多，说明你背得快、背得多。赶紧背吧。（学生背。）

（评析：当场背诵，让学生增加积累，值得提倡！）

师：这篇课文有"形"的描绘、"事"的记叙，还有"理"的阐述。作者记叙了居里夫人一生的事迹之后，被居里夫人的这种精神力量和人格魅力深深地感染了，所以他要情不自禁地站出来，发表他的议论。当他记叙了居里夫人在两位科学家发现了放射性之后提出了新的看法后，作者发表了这样的议论，读——

（学生齐读。）"就像是在海滩上捡……别人摸瓜她寻藤，别人摘叶她问根。"

师：当记叙了居里夫人花了三年又九个月的时间发现了镭之后，作者又发表了这样的议论，读——

（学生齐读。）"玛丽的性格里天生有一种更可贵的东西……也完成了对人生意义的发现。"

师：当记叙了居里夫人为了科学事业奉献了美貌和健康之后，他又发表了这样的议论，读——

（学生齐读。）"她从一个漂亮的小姑娘……变成了科学史上一块永远的里程碑。"

师：最后，作者觉得他自己评价的力度还不够大，所以他还引用爱因斯坦的话来高度评价居里夫人的淡泊名利，读——

（学生齐读。）"在所有的世界著名人物中，玛丽·居里是唯一没有被盛名宠坏的人。"

（评析：简明扼要的小结让学生对本文的特点有了更为深刻的印象。再采用引读法，让学生回读课文议论的内容，对在什么状况下发表议论加深了印象。）

（四）我的评价

师：在原文当中，作者还记叙了玛丽·居里在巴黎求学时的一些感人的小细节。（出示第一处细节语段。）

（学生齐读。）"为了不受漂亮干扰，她故意把一头金发剪得很短"。

师：在原文当中还记叙了这样的细节，谁来读一读？（出示语段）

生："男学生们为了能更多地看她一眼，或有幸凑上去说几句话，常常挤在教室外的走廊里。……但她对这种热闹不屑一顾。她每天到得最早，坐在前排，给那些追寻的目光一个无情的后脑勺。"

师：原文还有这样一处细节，谁来读一读？（出示语段）

生："她本来是住在姐姐家中，为了求得安静，便一人租了间小阁楼，一天只吃一顿饭，日夜苦读。晚上冷得睡不着，就拉把椅子压在身上，以取得一点感觉上的温暖。"

师：读了这些细节之后，也有人发表了这样的议论，他们说，居里夫人对自己太残忍了，居里夫人这样的人生选择也太不值得了。同学们，读了课文，读了这么多的细节，也读了作者的议论和爱因斯坦的评价（出示画像，配之以背景音乐）。现在，当我们再看到这幅画像的时候，看到居里夫人因长期从事艰辛的实验研究，而不再美丽的容颜的时候，我想，作为我们，肯定也有很多话想说，关于到底什么是真正的美，到底什么是人生的意义，你们肯定有自己的看法，是吗？请大家拿出作业纸看第三题，让我们也拿起自己的笔，发表我们的议论，写几句议论的话。

（学生动笔。）

（评析：按照常理，课教到上一环节，已达到了目标，似乎可以收尾了。可是教者并没有打住，而是安排了"抓细节，写议论"这一环节。这一设计别出心裁，独辟蹊径，意义深远！）

生：面对巨大的荣誉，别人也许会尽情地享受，但居里夫人却视名利如粪土，视荣誉如玩具，她对待科学是坚持、认真的，而对自己的健康、自己的容颜，她却不屑一顾。

师：我特别欣赏你这两句话——"视名利如粪土，视荣誉如玩具。"对仗的两句话，后面这句是对前面那句的语言创造，多好啊。看得出，你是被居里夫人的精神所折服了。

生：居里夫人终日在烟熏火燎中工作，她不仅是现在如此，在此之前她也是为了能为人们做贡献而日夜服务。她用自己的一生换来了科学史上新的话题，给科学翻开了新的篇章。

师：好，最后一句话，他表明了自己的观点，前面是记叙了一些事情。

生：居里夫人这样做，我心里认为这根本就不值得。世界上所有的女性都十分爱美，她为了不受漂亮干扰，把她长长的、金黄色的头发剪得很短。

师：你们听到了吗？她说她是不值得的，世界上所有的女性都是爱美的，她觉得爱美是没有错的，所以，她这样把自己的头发剪短是不值得的。这是一个独特的声音，我们尊重你的看法，尊重你的观点。

生：居里夫人她不在乎自己的外表有多么美，她只知道如何让人类感受到美，她活着的意义不在于给自己多大的享受，而在于给人类更大的享受。所以，她是无私的，她既是科学史上的里程碑，也是人类史上的一块永远的里程碑。

师：也许这个观点是针对你的观点的一些反驳吧，你们两个人课下可以争论一下。我觉得你这段话，更可取的是语言是对仗的，虽然没有像我们刚才读到的那样用排比，但是，两句一对仗，听起来特别有力度。

生：什么才是真正的美，有的人认为是外表光鲜美丽，而在居里夫人的眼中则是一种品质、性格、严谨、一丝不苟，正是她的这种品质换来了科学上的巨大成就。

师：也许你的观点也是针对她的观点的一个反驳。

生：什么是真正的美，难道仅仅是外表光鲜亮丽吗？不，居里夫人用她的一生诠释了这个道理，这种美是坚毅，是刚强，是一种无限度的追求。淡泊名利，这是美；坚持不懈，这更是美。这种美，是永恒的美，是千古文人崇尚的美。

师：没有掌声啊，他写得这么有气势。你充满了力量，其实你的话诠释了这个课题，跨越百年的美丽。他觉得只有这样的美才是永恒的，才会跨越百年、千年。

生：对于人生的意义，居里夫人给了我们最好的答案，放弃了自己美丽的容貌，放弃了自己巨大的荣誉，全心投入科学实验和为人类做贡献中。她的这种美是极其可贵的，它将流芳百世。

师：最后两句话写得特别美。

生：真正的美不在外表，而在人格和精神。居里夫人为了科学事业，不顾工作量多大，不顾过程多复杂，不顾环境多恶劣，不顾工作多危险，不顾时间多漫长，一心一意投入她的事业中。这种美，才是真正的美。

师：（掌声）这掌声是对你能将上一节课学的内容巧妙地运用而发出的由衷的赞叹。

（评析：怎么看待"漂亮"，这是一个富含哲理的问题。学生的观点虽说不那么深刻，或许还有一些是幼稚的，但这并不重要。重要的是学生敞开了胸怀，说出了自己的内心话！重要的是学生练习了针对事实发表自己的议论！重要的是升华了学生对居里夫人"美丽"的认识！重要的是有效地提升了学生语言文字的表达能力！）

师：刚才，大部分同学的观点跟作者的观点是一致的。你看，作者在原文中还写了这么一句话，发了这么一段议论（出示语段）。

（学生齐读。）'玛丽·居里让全世界的女子都知道，她们除了'身世'和'门庭'之外，还有更值钱、更重要的东西。""只有发现创造之花才有永开不败的美丽。"

（评析：原文这一内容，应是全文的点睛之笔。教者匠心独运，在此时引入课堂，不但有助于提升学生对于"漂亮"的认识，而且有助于加深他们对课文主题的认识，妙！）

（五）回环前文，形神融合

师： 所以，当我们看到这位如此美丽的女性，如此充满智慧的女性，站到法国科学院讲台上的时候，全场怎能不震惊啊。让我们再回到法国科学院报告会的会场，再去欣赏一下居里夫人在报告会上的美丽风采。读一读这些描写她形象的语句。

（学生齐读。）"一百年前的 1898 年 12 月 26 日，法国科学院人声鼎沸……定格在每个人的心中。"

师： 让我们把这份美丽永久地定格在我们的心中，因为这是一份跨越百年的美丽。我们相信，它不光会跨越百年，甚至会跨越千年、万年，直到永远，因为这是一份永恒的美丽。

（评析：紧扣美丽，回环前文，用深情的语言总结全课，在高潮处戛然而止，使人回味无穷。）

（六）教后反思

我最佩服的两位女性是李清照和居里夫人。作为一位伟人，居里夫人犹如一本厚重的书，值得我们细细品味。语文课的功能绝对不止于识字学词，积累运用语言，还有精神的陶冶、文化的熏陶。居里夫人是人类优秀文化的缔造者，同时她的人、她的精神与人格力量，本身就是一种优秀文化。所以，教学生读这样的文，必须要经历两个维度的阅读——读"文"、读"人"，而且还要使"读文"的过程与"读人"交融。学完课文后，要让人物的形象、精神与课文的语言文字一起留驻在学生的心中，这也是"和美语文"教学追求的一种"融通"境界。

1. 选择合宜的教学内容

"文"是走向"人"的通道，要让"人"在学生心中留驻，必须借助"文"这个载体，"批文以见形"。《跨越百年的美丽》一文，是报告文学作家梁衡的作品，选入教材的文本在原文的基础上做了大量的删减与改动。教材文本既有形的描绘、事的记叙，还有理的阐释。针对文本特点，如何选取最合宜的教学内容，使教学内容能承载起"塑形"的功能呢？经过反复比较权衡，笔者选取了两块内容：三个情境下居里夫人的形象描写、文章的议论文字。这两个板块的内容分散在两个课时中落实完成。这样的安排与设计，使教学内容相对集中，板块清晰明了。每个板块内容分层次展开，层层递进，螺旋上升。例如，"形象描写"一块内容，从"画像中的居里夫人"到"报告会上的居里夫人"到"实验室中的居里夫人"，采用说说、读读、写写三种不同的教学策略逐层展开，从对文本形象描写的阅读到实验室中形象的迁移仿写，教学内容与方法都层层递进，在对人物形象描写这个语文知识点的训练与落实过程中，人物的"形"从模糊到清晰，从单一到丰厚，最后完整定格在学生的脑海中。第二课时聚焦"议论"文字展开教学，从爱因斯坦的议论到作者的议论，最后迁移到读者"我"的议论，也是从读到写，教学内容集中、明确，整堂课气脉贯通、一气呵成。通过研读、抒写"议论"文字，居里夫人的美丽形象实现了从"形"到"神"的转化，形神融合。最后，扎根在学生心田的是从外形到精神人格都"美丽"的丰满厚重的居里夫人形象。

2. 选择恰切的教学策略

要使教学过程变成"读文亦读人"的过程，必须选择有效的教学策略。在教学过程中，笔者努力整合教学环节，依据语文课的特点，使方方面面的要素融通组合，努力实现教学最优化，笔者主要采用了"学导融合""读写融合"的教学策略。

语文课要实现革命性的变革，必须大力解放学生的学习力，给学生留下足够的学与练的空间，让每个学生都有机会参与学习。本课第一课时的设计，两次动笔练习，第一次练习大胆创新，设计了一个批注作业，让学生先自己读文，尝试做批注练习，然后以练习为依托，展开教师的引导，实现师生间有质量、针对性很强的交流与对话，学生自己根据个体能力，概括了几个"导致居里夫人那么疲倦的原因"。这样的练，是基于对学生语言概括能力的培养的，后面的"用朗读把你概括出来的感受传递出来"，是一个有效"引导"的过程。这个环节的设计，改变了以往费时费力的"点状"细碎交流，既让每个学生经历了阅读练习，又优化了环节设计，使教学板块简洁大气，清晰高效。这样的训练，可以说是"以练导学""学导融合"。教学通过"练"这个载体，达到了"导学"的目的。一个练习题代替了烦琐的讲解，推进了教学流程，发挥了"化讲为练""以练导学、以练促学"的功效。

此外，两个板块的教学内容，都力图使"读写融合"，实现由读到写的迁移。《课程标准》在"课程性质"部分做了这样的表述："语文课程是一门学习语言文字运用的综合性、实践性课程。"这说明语文课程是一门学习语言文字运用的课程，所以我们的教学内容和方法的选择，也要凸显语言运用。所以，在本课设计中，第一课时的"人物形象描写"一块内容，从对"画像中的居里夫人"的尝试说，到对"报告会上的居里夫人"的品味读，到对"实验室中的居里夫人"的迁移写，由读到写，使学生对人物形象描写这个知识点进行了深入的学习、探究，并尝试实践运用。第二板块的"议论"文字的学习，也是经历了三个层次，从爱因斯坦的话引入，链接作者三段议论文字，在品读作者议论文字时，感悟作者议论的方法：作者是采用了对比、排比、引用等方法，表达看法，发表议论的。最后拓展几个原文中的小细节，让学生尝试发表自己的议论，表达自己读文、读人后的整体感受。这又是一次语言运用实践。可以说，学生的议论，是交融了自己读文、读人的双重感受。教学至此，在语用的过程中，学生心目中的"文"与"人"已融为一体。

2011年在湖南长沙执教《跨越百年的美丽》

（七）名家点评

让"美丽"镌刻在孩子们的心中

福建省罗源县教师进修学校　全国著名特级教师　陈宝铝

1. 紧扣"美丽"，板块推进

这两节课紧扣文章题眼，聚焦"美丽"，由表及里，由浅入深，层层推进，突出主题，总体思路十分青晰，堪称板块教学的典范。第一课时由"画像中的居里夫人""报告会上的居里夫人""实验室中的居里夫人"三个板块组成。教者抓住这三个镜头，三读"美丽"，引导学生品析、感悟、批注、朗读，从欣赏居里夫人的外表美到由衷赞叹居里夫人的精神美，经历了由语言文字到思想内容再到语言文字的螺旋上升过程。第二课时，从"抓淡泊，读出人格之美"，到体会"爱因斯坦的评价""作者的评价"，再到尝试写出"我的评价"，最后"回环前文，形神融合"。五个板块紧密相连，侧重于在语言表达形式上进行探究，让学生从读到写，既理解了课文内容，在情感上得到熏陶，又在语言文字的运用能力方面得到培养。从总体上看，遵循了从整体到部分再到整体的阅读教学规律；从过程看，先从正面描写的事例入手，再深究侧面描写的"议论"。这样，居里夫人留给学生的形象就是立体的、全面的、鲜活的。

2. 以生为本，注重方法

课堂教学不仅仅是一种告知，更多的是学生的一种体验、探究和感悟。盛老师始终坚持以生为本，以学定教。在读"报告会上的居里夫人"这一板块时，盛老师放手让学生自己读文，自己发现问题，然后带着疑问再去读文。阅读的目标指向明确，学生兴趣高，效果也就比较好。指导学生以批注的方式学习正面描写居里夫人事例，是本课亮点之一。盛老师以自己的批注为例，引导学生展开分析，感受批注的由来，在方法上有所感悟，再让学生在实践中应用方法，掌握方法。这样的方法指导注重实践，扎实有效。盛老师的评价也充分体现了以生为本，重在点拨、激励。比如，在交流"批注内容"时，盛老师十分尊重学生的个性化理解与表达，只要大意与课文内涵吻合，就只在简洁方面加以引导。在学生汇报自己所写的"议论"时，盛老师或热情激励，或指点迷津，或导之以法，让学生产生茅塞顿开的感觉，获得战胜困难、取得成功的愉悦，从而不断增强学习语文的信心与兴趣。

3. 突出运用，发展能力

《课程标准》把"语言文字运用能力的"培养列为语文教学的核心任务。盛老师在《跨越百年的美丽》的教学中，始终注意突出运用，发展学生的语文能力，培养学生的语文素养。比如，让学生学做批注，让学生当场背诵自己感兴趣的"议论"。此外，更体现在引导学生认识、体会课文的表达形式上。宗白华曾说过："内容人人看得见，含义只有有心人得之，形式对于大多数人是个秘密。"语文教学既要关注文本的内容，也要关注文本形式，更要注意内容的理解与形式的学习的有机融合。《跨越百年的美丽》在表达形式方面最大的特色是：既有"形"的描绘，又有"事"的记叙，还有"理"的阐述。盛老师准确捕捉这一特点，在弄清"形"与"事"的基础上，引导学生聚焦于"理"的阐述。先以具体句例告诉学生什么叫"议论"，再让学生找出文中类似的句子，进行品析、感悟，然后抓住课文的一些细节描写，进行模仿练笔，尝试写议论，让学生畅所欲言。既锻炼了学生语言文字的运用能力，又升华了他们对居里夫人崇高精神、高尚人格的认识，也就使得居里夫人"跨越百年的美丽"深深地镌刻在孩子们的心中。

九、一个词，一棵树，一种精神

——《青海高原一株柳》教学实录及评析

浙江湖州吴兴区教育局教学研究与培训中心　盛新凤

（一）复习引入，营造氛围

师： 同学们，今天我们学习的课文是——大家一起把沈龙同学写的题目读一读吧。

生： 青海高原一株柳。

师： 我们大家是安吉人，安吉是竹子的故乡，大家看得最多的是竹子，是吧？但是我想你们对柳树肯定也不陌生。因为垂柳依依是我们江南随处可见的风景，是吗？可是很奇怪，今天咱们要去看的这株柳树却生长在青海高原上。通过上一节课的学习，我们知道青海高原的环境非常苍茫、荒凉，那儿有着——（出示词组课件）我们一起读一读这些词组吧。

（学生读词。）广袤无垠　青草覆盖的原野
　　　　　　　　寸草不生　青石嶙峋的山峰
　　　　　　　　深邃的蓝天　凝滞的云团　异常苍茫

师： 嗯，读得很有感觉。读这些词语的时候，同学们要一边读一边想象那里的环境，这样就能读出意境。再读一次好吗？

（学生再读。）

师：这株柳树就生长在这样的青海高原上。想不想去欣赏一下这株神奇的柳树啊？

生：想。

（评析：词语学习可以有多种方法，这里把描写青海高原环境的一些词语集中出示，既检查了学生对生字的自学情况，又营造了一种苍茫、荒凉的环境氛围，为下面感受柳树的形象奠定基础，可谓一举两得。）

（二）聚焦重点，深入悟读

1. 聚焦神奇，读出形象

师：好。（出示段落：这株柳树大约有两合抱粗，浓密的树叶覆盖出百十余平方米的树阴。树干和树枝呈现出生铁铁锭的色泽，粗实而坚硬。叶子如此之绿，绿得苍郁，绿得深沉，自然使人感到高寒和缺水对生命颜色的独特锻铸。它巍巍然撑立在高原之上，给人以生命伟力的强大感召。）这是一棵树，不过它是躲在语言文字的后面的，咱们通过朗读，读着读着，这棵树就会从语言文字的后面显现出来。你信不信？好，咱们先自己读读。

（学生自由读。）

师：好，挑一句你最拿手的展示一下，好吗？

生："树干和树枝呈现出生铁铁锭的色泽，粗实而坚硬。叶子如此之绿，绿得苍郁，绿得深沉，自然使人感到高寒和缺水对生命颜色的独特锻铸。"

师：其实她已经给我们读了两句话了是不是？特别是读到第一句树干和树枝的时候，你脑海里有没有出现它的树干和树枝啊？那你觉得这株柳树的树干和树枝跟咱们平时看到的有什么不同吗？

生：我们平时看到的柳树的树干和树枝都是细细长长的，而这棵柳树的树干和树枝却是很粗、很坚硬的。

师：粗而且硬，我们平时看到的柳树的树枝和树干有这么硬吗？有一个词叫"柔柳"，而这柳树怎么会有这么粗实和坚硬的树干和树枝呢？太神奇了，这是一奇（板书第1个问号）。谁还来读读这句话？

（学生读句。）

师：硬到什么样的地步？

生：硬到用刀都刻不动的地步。

师：你从哪儿体会到的？

生：呈现出生铁铁锭的色泽。

师：是啊，这个铁锭同学们看到过没有？在哪儿看到过啊？

生：在家里，锅是铁做的。

师：我说，你看到过铁，不一定看到过铁锭，它是炼铁厂生产出来的一大块用铁做的锭子，很硬，色泽发黑发暗。这株柳树就是有这么粗实而坚硬的树干和树枝。咱们一起来读读这句话。

（学生齐读。）

师：啊，这么一读啊，对于树干和树枝，咱们印象深刻了。谁再接着读？

（学生读。）"叶子如此之绿，绿得苍郁，绿得深沉，自然使人感到高寒和缺水对生命颜色的独特锻铸。"

师：你这样读是想告诉大家，它的叶子是——

生：非常苍郁，非常深沉的。

师：看到过柳树这样绿的叶子吗？

生：没有看到过。

师：那你看到的柳树的叶子是——

生：它是非常嫩绿的，是像草一样的颜色。

师：哦。你看到的柳树的叶子是——

生（齐说）：嫩绿的。

是——翠绿的，

是——草绿的。

是——鲜绿的。

师：是嫩绿的、翠绿的、草绿的、鲜绿的。能绿成这样的柳树的叶子也很神奇，这是二奇（板书第 2 个问号）。咱们一起来读读这句。

（学生读句子。）

师：好，你还想读哪句呀？

生：它巍巍然撑立在高原之上，给人以生命伟力的强大感召。

师：他这样一读我们仿佛看到了这株柳树的轮廓了，是吧？给你怎么样的感觉？

生：给我的感觉是十分高大的，十分的壮。

师：粗壮高大，你是从哪个词语中听出来的？

生：从"巍巍然撑立"这个词可以看出来。

师：巍巍然撑立，高大粗壮的柳树仿佛出现在咱们眼前了，是吧？还有哪句话也让你感觉到了这棵柳树是这样的高大粗壮？

生："这株柳树大约有两合抱粗，浓密的树叶覆盖出百十余平方米的树阴。"从这句话中可以看出高大粗壮。

师：你们听她这样读的时候，觉得哪个词让你感觉到这柳树特别的高大粗壮？

生：从"两合抱粗"还有"百十余平方米的树阴"可以看出这株柳树是十分高大的。

师："两合抱粗"，来，你们两个人合作演示一下，两合抱粗到底有多粗。

（学生演示。）

师：这么粗壮的柳树你们看到过吗？

生：没有。

师：这是三奇（板书第3个问号）。

师：而且你们看，它的树阴有百十余平方米，咱们上课的教室大概是四十多平方米，也就是说相当于两三个教室大，那么大的一片树阴，可见树冠的高大。谁来读读这句话？要读出它的高大粗壮。

（学生甲读。）

师：呀，我觉得还不够大。

（学生乙读。）

师：两合抱粗还有百十余平方米的树阴啊。这么一读，这株柳树仿佛就出现在咱们眼前了，是吧？咱们连起来读读这段话，一边读，一边想象它高大粗壮的样子。

（学生齐读这段话。）

师：柳树是这样的高大而粗壮，所以在这里说是巍巍然撑立在高原之上（板书：撑立）。

（评析：我们并没有去过青海高原，更没有见过这株巍巍然撑立在高原之上的柳树，但是我们可以通过语言文字想象这株与众不同的柳树，这就是语言的魅力。教师帮助学生感受柳树的形象采用了灵活的方法：有词句的推敲，如从"坚硬"想到硬到用刀都刻不动的地步；有学生的演示，像"两合抱粗"；有跟已有经验的联系和对比，像把"苍郁深沉"的绿跟平时常见的"翠绿、鲜绿"对比，把"百十余平方米的树阴"跟四五十平方米的教室比较，最后是整个语段的朗读，整体感受这株柳树的神奇。在感受柳树独特形象的时候，学生心中也会产生疑问，教师适时地提出了3个问题，引发后续的学习。）

2. 聚焦"撑立"，读出精神

师：你们看这个撑立的"撑"，提手旁加个"掌"，手掌用力就是撑。那么同学们，难道这个"撑立"仅仅是写出了这株柳树高大粗壮的样子吗？你们在摇头。别急，咱们来读书。这回请你快速地读读描写作者猜测柳树生长情况的六、七两个自然段，读了之后，我相信你对这个词包含的意思就会有更深的理解了。开始读，快速读。

（学生读课文六、七段。）

师：读下来之后你感觉到，这株柳树要在这高原上生存下来容易吗？（生：不容易。）你从哪些语句当中感受到了它的不容易？你赶紧看看，把这些语句语段画下来。

（学生画句子。）

师：哪些语句让你感受到了它在高原上生存下来特别的不容易？

（学生读。）"自古以来，人们也许年复一年看到过，一茬一茬的柳树苗子在春天冒出又在夏天旱死，也许熬过了持久的干旱，却躲不过更为严酷的寒冷。干旱和寒冷绝不宽容任何一条绿色的生命活到一岁。"

师：说说你的感受好不好？

生：这些树木是不容易在这种地方生存的，因为这种地方不但有寒冷，而且有干旱，在这恶劣的情况下柳树是不容易生存的。

师：你们查过资料了，知道高原上的干旱和寒冷有多严重吗？干旱的时候连续两个季节都不下一滴雨，冷的时候是零下几十度，在这样的环境当中，你们看，一茬的柳树苗子全毁了，只有这一株柳树生存下来。容易吗？

生：不容易。

师：太不容易了。好，还有吗？

3. 聚焦重点语段，体会撑立的不易

生："长到这样粗的一株柳树，经历过多少虐杀生灵的高原风雪，冻死过多少次又复苏过来；经历过多少场铺天盖地的雷轰电击，被劈断了枝干又重新抽出了新条。它无疑经受过一次又一次摧毁，却能够一回又一回起死回生。"这一句可以看出这株柳树有着顽强的生命力。特别是从"雷轰电击"和"铺天盖地"这几个词语可以看出来。

（1）体会柳树在恶劣环境中撑立的不易

师：刚才你们在圈画的时候，盛老师走了一圈，发现好多同学都画出了这段，看来读了这段话你们特别有感受是不是？刚才他是从"虐杀生灵的高原风雪"和"铺天盖地的雷轰电击"看出环境特别的恶劣。这个"虐"字，同学们拿出手跟老师写，特别容易写错。上边是虎字头，下边是横，然后是竖折，最后是横。虐是残酷地对待，屠杀生灵的高原风雪和铺天盖地的雷轰电击。没有体验肯定想象不出有多可怕。你们听（播放课件），这就是虐杀生灵的高原风雪和铺天盖地的雷轰电击，它们像无情的杀手在摧毁这株柳树，你们能想象柳树在遭受摧毁时无助、可怜的样子吗？你仿佛看到它——

生1：我仿佛看到它东摇西摆的，柳枝被吹掉了。

生2：我仿佛看到这株柳树慢慢地被连根拔起，枝头都断光了。

生3：我仿佛看到这株柳树枝干被很厚的雪压断了。

师：是啊，柳树就是在遭受着这样的摧毁。我们有了体验之后再来读读这两个词组（点击变红："虐杀生灵的高原风雪""铺天盖地的雷轰电击"）。

（学生读词组。）

师：这么一读，仿佛让我们看到了柳树在遭受摧毁时的情境。

（学生读词组。）

师：尽管高原上的风雪雷电是这样的凶狠残暴，柳树害怕了吗？而是——（点击变红：冻死过多少次又复苏过来，被劈断了枝干又重新抽出了新条）谁来一个人读读这两个半句？你读。

（学生读。）

师：我听出来了它在咬着牙坚持。谁再读？（学生读。）

师：它在拼命地熬啊，挺啊，坚持啊。谁再读？（学生读。）

师：它这是在跟死神较劲呢，是吧？大家一起来读读这两个半句。读。（学生齐读。）

（2）体会柳树在频遭摧毁时撑立的不易

师：它就是这样撑过来的。同学们，柳树经受摧毁仅仅是一次吗？

生：不是。

师：你从哪儿看出来的？

生：我从"经受过一次又一次"和"却能够一回又一回"这两个词看出它经受的摧毁不止一次。

师：是啊，一次又一次，一回又一回。还有，你说——

生：还有从"冻死过多少次"这个词可以看出来。

师：你们看这里用了几个"多少"？（点击变红）谁能读好几个带"多少"的短句？

（学生甲读。）

师：是啊，读"多少"时，这个"多"字音调可以上扬一点，你再来读。

（学生乙读。）

师：这几个"多少"写出了柳树遭受的摧毁是多么的频繁。但柳树畏怯了吗？

生：没有。

师：没有畏怯，而是冻死过多少次——

生：又复苏过来。

师：冻死过多少次——

生：又复苏过来。

师：冻死过多少次——

生：又复苏过来。

师：这个"又"你们强调得真好，冻死过多少次——

生：又复苏过来。

师：被劈断了枝干——

生：又重新抽出了新条。

师：被劈断了枝干——

生：又重新抽出了新条。

师：它无疑经受过一次又一次摧毁，却能够——

生：一回又一回起死回生。

师：可见，它这种一定要撑下去的决心是多么的大呀。

师：同学们，我们甚至可以想象到，很多时候，也许当它被折磨得死去活来觉得自己快撑不下去的时候，它会怎么鼓励自己呢？

生：我要坚强地活下来，一定能冲过许多的困难，最后长成一株茁壮的大柳树。

师：一定要坚强地活下去，它是这样鼓励自己的。

生：马上就好了！马上就好了！只要坚持一会儿就好了！

师：马上就过去了，马上就过去了。它就是这样给自己打气的。还有，你说。

生：它肯定鼓励自己撑下去。因为风雨之后一定能看见彩虹。

师：说得太棒了，正是因为有了这样的信念，所以——让我们再合作来读这一段。

师：经历过多少虐杀生灵的高原风雪，冻死过多少次——

生：又复苏过来。

师：经历过多少场铺天盖地的雷轰电击，被劈断了枝干——

生：又重新抽出了新条。

师：它无疑经受过一次又一次摧毁——

生：却能够一回又一回起死回生。

师：这是一种怎样的撑立啊，同学们？你能用一个词来概括吗？

生：顽强。

师：好，把这个词写在撑立的边上。

（学生上台板书"顽强"。）

生：坚持不懈地撑立。（板书）

生：不畏艰难。（板书）

生：坚强不屈。（板书）

生：勇往直前。（板书）

生：不屈不挠。（板书）

（3）体会柳树在忍受命运不公时苦苦撑立的不易

师：是啊，同学们。让我们不妨也像作者那样发挥我们的想象，我们想，当这株柳树在高原的雷电风雪当中苦苦撑立的时候，它的同类——那些平原柳树它们在干什么？

生：可能人们在称赞它们，赞美它们。

师：在享受人们的赞美。

生：它们还可能在享受着春风的吹拂和春雨的洗涤。

生：它们还可能在享受着灿烂的阳光。

师：尽情地享受着灿烂的阳光，哪怕是夏日里的狂风暴雨也像给它们洗了一个凉水澡。同是一种柳树，生活的道路和命运——

生：相差很远。

师：柳树抱怨了吗？读最后一段。

（学生齐读最后一段。）

师：这里边最后一句话当中有两个数字，不知道有没有引起你们的注意，一个是——

生：九十九。

师：一个是——

生：一。

师：从这两个数字中你读出了什么？

生：说明它要活下来的概率是十分小的。

师：你从"一"当中读出了活下来的概率是十分小的，你读出了什么？

生：我读出了它如果走错了一步就会面临死亡。

师：因为这个九十九让你感觉到了——

生：危险很大。

师：你呢？

生：读出了它的生命是凶多吉少的。

师：是啊，尽管危险和困难是那样多、那样大，但柳树害怕了吗？

生：没有。

师：尽管生存的希望是这样的渺小，但柳树放弃了吗？

生：没有。

师：所以这里这样写，读——

（学生齐读最后一段。）

师：（配乐——苍凉的马头琴音乐）这株柳树就这样（指黑板上的板书）"孤独地、不畏艰难地、勇往直前地"撑立在有着（指课件中词）"广袤无垠、青草覆盖的原野"的青海高原上；它就这样（指学生板书）"顽强地、坚强不屈地、坚持不懈地"撑立在有着（指课件中词）"寸草不生、青石嶙峋的山峰"的青海高原上；它就这样（指学生板书）"不屈不挠地"撑立在有着（指课件中词）"深邃的蓝天、凝滞的云团，异常苍茫"的青海高原上，它就这样撑啊撑，撑出了高原上一道独立的、壮丽的风景，你们想不想再去欣赏这道独立的、壮丽的风景啊？

生：想。

（评析：这是这节课中教师着力最多的部分——从柳树的形象层面进入柳树的精神层面。这部分聚焦在"撑立"这个词上，让学生沿着作者的思路，想象这株柳树生长的情况。教师紧紧抓住"长到这样粗的一株柳树，经历过多少虐杀生灵的高原风雪，……经历过多少场铺天盖地的雷轰电击，……"这个核心语段，分三层推进：体会柳树在恶劣环境中撑立的不易；体会柳树在频遭摧毁时撑立的不易；体会柳树在忍受命运不公时苦撑立的不易。这部分比较多的是让学生借助课文的语言，想象环境的恶劣，想象柳树的内心世界：尽管有"虐杀生灵的高原风雪"，有"铺天盖地的雷轰电击"，但它鼓励自己"撑"下去。正如有的学生感受到的那样，"风雨之后一定能看见彩虹"。教学至此，学生已经初步感受到了这株柳树的精神，教师趁热打铁，让学生写在黑板上，并借助学生的感受，结合本节课开始时出现的关于环境的词语，对柳树的精神做了概括，让学生留下了比较深的印象。）

4. 聚焦"伫立"，完善形象

师：来，咱们自己再读读这段话，看看能不能读出新的感受来。

（再读描写柳树样子的那段话："这株柳树大约有两合抱粗，浓密的树叶覆盖出百十余平方米的树阴。树干和树枝呈现出生铁铁锭的色泽，粗实而坚硬。叶子如此之绿，绿得苍郁，绿得深沉，自然使人感到高寒和缺水对生命颜色的独特锻铸。它巍巍然撑立在高原之上，给人以生命伟力的强大感召。"）

（学生自由读。）

师：谁再选一句读读，我想听听有什么变化。

（学生读。）"叶子如此之绿，绿得苍郁，绿得深沉，自然使人感到高寒和缺水对

生命颜色的独特锻铸。"

 师：这回你们知道它的叶子为什么绿得那么苍郁、绿得那么深沉了吗？

 生：这是因为青海高原如此恶劣的环境对它身体的摧残，但它却撑过来了。

 师：是啊，是撑立使它绿得那么饱经沧桑。咱们一起读这句（擦去板书中第 1 个"？"）。

 （学生读。）"叶子如此之绿，绿得苍郁，绿得深沉，自然使人感到高寒和缺水对生命颜色的独特锻铸。"

 师：你们读得也很深沉。谁再挑一句读？

 生：树干和树枝呈现出生铁铁锭的色泽，粗实而坚硬。

 师：这回你们知道它的树干和树枝为什么粗实而坚硬了吗？说说你的体会。

 生：因为它经历过许多高原的风雪和雷轰电击，所以它的树干和树枝粗实而坚硬。

 师：是啊，是苦苦地撑立，锻铸了它的筋骨。一起读（擦去板书中第 2 个"？"）。

 （学生读。）

 师：让我们再来一起读读这里的第一句和最后一句吧。（学生读。）

 师：是撑立使它变得如此的高大粗壮，使它的生命变得如此的强盛（擦去板书中第 3 个"？"）。

 师：此时此刻，我相信这株柳树肯定像一个顶天立地的巨人巍巍然撑立在我们每一个人的心中了，是吧？就让我们怀着崇敬的心情去读一读这段话，如果咱们觉得坐着读不能完全表达我们的情感的话，盛老师提议咱们站着读，好不好？（全体起立）

 （学生在配乐中读这一段。）

 师：难怪作者在开头的时候要这样说，读吧。

 （学生读。）"这是一株神奇的柳树，神奇到令我望而生畏的柳树，它伫立在青海高原上。"

 师：在这个地方，作者说是"伫立"在青海高原上。你理解这个"伫立"吗？

 生：长久地站在这里。

 师：那你觉得这个地方用上"伫立"有什么特殊的含义吗？

 生：我觉得是对这神奇的柳树生长时间长的一个描写。

师：时间很长了，撑立了很久了。

生："伫立"的意思是时间很长地站立，就是说它生命十分顽强，不屈服于高原上种种恶劣的环境。

师：是的，这株柳树它已经在高原上撑立了很久很久了，如今它已经是根深叶茂了。我们相信，它还会继续天长日久地撑立下去，所以在这时他用的是"伫立"。下边一横稳稳地站立（板书中擦去"撑"，改为"伫"）。

[评析：这一部分引导学生复读有关柳树形象的语段，回应开头。这时教师请学生再选读自己体会深刻的语句，由于学生理解了文句的内涵，朗读也有明显的提高，体现了教学的"增量"。再读有关柳树形象的语段，也一一解决了学生心中的疑问。

此时已经水到渠成了，教师引导学生把对柳树的认识从"撑立"提升到"伫立"。海德格尔（Heidegger）认为，语言是存在的家。作者在这里用"伫立"而不用"撑立"，正是为了表现柳树顽强不屈的精神。教师在这里虽有词义的比较，但重在借助关键词语提升学生对课文人文内涵的认识。]

（三）多元读题，回环全文

师：让我们怀着敬畏的心情再来欣赏这株柳树。读课题。谁一个人来读。

（学生读。）"青海高原一株柳"。

师：我觉得你在强调"青海高原"，能说说理由吗？

生：因为青海高原的气候是十分恶劣的，而这株柳树能在这么恶劣的环境下生长起来，说明它是十分顽强的。

师：是啊，这是伫立在青海高原上的柳树，太神奇了。还有不同的读法吗？

（学生读。）"青海高原一株柳"。

师：为什么要强调"一株"？

生：因为这柳树只有一株，而且是那么的高大挺拔，不仅写出了高大，而且写出了它的那种精神。

师：是的，我懂你的意思了，你的意思是说它是唯一伫立在高原上的一株柳树，简直是一个奇迹啊。还有不同的读法吗？

（学生读。）"青海高原一株柳。"

师：我觉得你在强调——

生："柳"，我觉得柳树应当生长在江南，而这株柳树生长在青海高原上，十分不容易。

师：是啊，伫立在青海高原上的竟然是一株柳树，这简直是一个不可思议的奇迹。你们说，是谁创造了这不可思议的奇迹？

生：是它自己。

师：是的，就是它这种（让学生读板书）"顽强、坚持不懈、不畏艰难、坚强不屈、勇往直前、不屈不挠"的精神，使它创造了这个不可思议的奇迹。

师：今天这节课同学们真了不起，你们其实通过重点读，读懂了两个词——一个是"撑立"，一个是"伫立"，已经读懂了一棵树，读懂了一种精神，当然也读懂了作者遣词造句的良苦用心。课文就学到这儿。最后盛老师希望这株柳树的形象、精神能够永久地伫立在我们每一个人的心中。

（评析：这是本课中的一处神来之笔。多元读题实质是对课文多侧面的理解，有对柳树生长环境艰险的强调，有对一株柳树遗世独立的赞美，有对柳树高尚品格的欣赏，这也是对全文极好的回顾与总结。）

（四）课后反思

我是怀着崇敬的心情走进文本，走近这株柳树的。这是一篇含金量很高的文章：语言华丽、内涵丰富、写法独特，像一块丰厚醇美的"大蛋糕"。

通过反复研读文本，最后把文本读成了一个词——"撑立"。于是，"撑立"便成了整堂课的一面"旗帜"：以"撑立"为支点，撬起了全文这个"宇宙"；以"撑立"为线索，让散落的语言"珍珠"得以串联；以"撑立"为轴心，使全文的语言与情感有了向心力。

为了给"撑立"找到一个丰厚的教学语境，让它在教学语境的烘托下"血肉丰满"，笔者把"多少、又、一次又一次、一回又一回"等重点词句，都调用到"撑立"身边，成为丰厚它的"背景语言"，然后分三个层次体会柳树在遭受摧毁时的不屈和抗争：在恶劣的环境中撑立；在频繁的摧毁中苦苦撑立；面对命运的不公仍旧苦苦撑立。在三个层次的推进过程中，把对语言的理解、感悟、想象、对比、朗读融为一体，最后达成对柳树形象的再塑造。这个段落的教学，应该说是比较透彻的。学生在语言文字的感受过程中完成了对精神和情感的锤炼和陶冶，语言的深度品评

　　和情感的痛快洗礼融为一体，可谓言意互转，精神和语言同构共生，同时，"语、像、神"三位一体，共同生成：语成，则促像；像成，则悟神。从语切入，读出形象，读出精神。所以，整堂课，学生通过读懂一个词"撑立"，同时也读懂了一棵树，读懂了一种精神，达到了"言意共生"的目的。

　　这节课，通过找到了一个张力十足的词——"撑立"，挖掘了它丰富的内涵，让它承载了丰富的功能：言意在"撑立"中互转，精神和情感在"撑立"中共生，柳树的形、神在"撑立"中合而为一、高度融合。最后，在由"撑立"到"伫立"的转换中，完成了对柳树形象的塑造、精神的升华。

2009 年在江苏泗阳执教《青海高原一株柳》

（五）名家点评

用文学的眼光阅读文学作品

原浙江省杭州市教研室　全国著名特级教师　 沈大安

　　陈忠实是我国当代著名作家，他的《青海高原一株柳》是一篇雄健深厚、内蕴深刻的散文。文学作品的教学应当体现文学的特点，教师要引导学生用文学的眼光来阅读文学作品。我觉得盛老师的这一课正是在这方面给了我们很多的启示。

文学是语言的艺术。学习文学作品应当从语言入手。盛老师的课紧紧抓住课文富有个性的语言，推敲词句，让学生体会语言的内蕴，做得相当透彻。比如，先全力以赴体会"撑立"的含义，再从"撑立"提升到"伫立"，在课文重点语段的反复诵读中，让学生感受作者遣词造句的确切和传神，为感受作品的形象打下基础。

文学用形象感染人。这节课用很大的篇幅让学生通过语言感受柳树的形象，做得十分充分。学生通过对文字的诵读和想象，在心中矗立起柳树高大挺拔的形象，进而想象这株柳树是怎样战胜风雪严寒、电闪雷劈的，想象柳树的内心世界，感受柳树的精神。课文的学习过程和作者的思路一致，便于学生更好地领悟作者写作的用意。

文学是生活经验的再现。文学和生活有着密切的联系。尽管青海高原上的这一株柳教师和学生都没有见到，但我们借助作者的描绘，借助我们已有的生活经验是可以理解的。教师正是抓住这种联系，或回忆，或对比，让学生有所感悟。根据学生的心理年龄特点，教师用质疑和解疑串起全课，使学生对柳树的形象有更深刻的理解。不过，这一课中的疑问主要由教师提出，如果能由学生提出，也许更能反映学生学习的真实状态，学生学习的积极性和主动性可以得到更好的发挥。

十、淡淡清词淡淡吟

——《如梦令》教学实录及反思

浙江湖州吴兴区教育局教学研究与培训中心　盛新凤

（一）话题引入，通读全词

师：咱们从一年级到五年级肯定是学了很多很多的古诗，对不对？谁是咱们这个班里面古诗念得最有味道的一个？推荐一个？

师（对着大家指出的学生）：这样吧，你带着大家来念几首古诗，好不好？

（学生领念《春晓》《望庐山瀑布》。）

师：同学们脑海中的古诗词还有很多吧，这节课盛老师要和同学们一起来欣赏宋朝女词人李清照写的词。知道词吗？

生：词语。

师：哦，他说词是词语。盛老师告诉你，错了。古诗、词都是古代的一种文体。看！（用多媒体出示《如梦令》的内容）这就是咱们今天要学的词，词跟我们以前学过的诗有什么不一样？

生：古诗每句字数一样，词每行的字都是不一样的。

师：词的句子有长有短，所以又叫作长短句。

师：还有什么不一样吗？

师：词有词牌名，每一个词牌名的词都有固定的字数、句式和韵律，《如梦令》这种词牌名的词就是这样的，同学们有兴趣来读读这首词吗？请大家放开声音来读读这首词。争取在最短的时间里，把它读正确、读流利。这个要求不高吧，那你们就放开声音自己读。

（学生放开声音读。）

师：声音停下来了，谁能一个人，放开声音读读这首词？谁第一个把手举起来我就叫谁。就请你，勇敢的女孩子。

（学生读词。）

师：谢谢你，你是第一个勇敢地站起来读书的孩子。刚才她在读的过程当中基本上是通顺的、流利的，是不是？你们有意见吗？没有意见，我有意见，这里面有一个字是个多音字，"兴尽"。这个字读 xìng，又读 xīng。什么时候读 xìng，什么时候读 xīng，你们知道吗？什么时候读 xīng？

生：兴奋。

师：还有"大兴安岭"。但是这个"兴"，"高兴""兴致"的"兴"却读第四声，所以在这个地方你说应该读第一声还是第四声？第四声，咱们一起把这句话读一读。

（学生齐读这一句。）

师：不错，咱们再读读这首词，这回第一个举手的是谁？又是一个勇敢的女孩子，我真喜欢你，来读一读。

（学生读词。）

师：声音清脆响亮，口齿清晰。读通并不难，但是，同学们，读词的时候如果你能稍加停顿，那就能读出节奏来，读出味道来了。比如说吧，第一句咱们可以这样读"常记/溪亭/日暮"。来，在位置上练读一下。

（学生读全词。）

师： 节奏感把握得挺好。咱们一起来读一读。

（二）"胖"读全词，想象画面

师： 同学们，读词，读通、读顺还不算，还要读懂它。接下来，请大家在下边注释的帮助下把这首词的大概意思读明白了，请你轻轻地读，再用自己的话轻轻地说，看看能不能把话说顺了，说通了，说明白了。好不好？开始吧！

师： 你自己能够读明白哪一句词的意思了？你站起来说给大伙听听。

生： "常记溪亭日暮"。李清照记得在溪边黄昏的时候看日落。

师： 在那里看日落时的情景，是吗？不错的，她这么说，咱们能听懂她的意思吗？能听懂就可以了。来，往下说。你还能读懂哪一句？

生： "沉醉不知归路"。她看到日落，沉醉到不知回去的路了。

师： 沉醉，能不能用自己的话来说一说。

生： 深深地陶醉了。

师： 不知道回家的路了，是吗？或者说是忘记（回家了）。

师： 再往下说。

生： "误入藕花深处"。这句话我理解的是她划船的时候划到有荷花的地方。

师： 对，划船的时候。那个时候船上是没有机器的，是划的。划到哪儿去了？

生（齐说）**：** 荷花深处去了。

师： 是的，荷花深处去了。

师： 接着说。

生： 我理解的是"兴（xīng）尽晚回舟"。她高兴尽了，晚上只好坐舟回去了。结果到了荷花的深处。

师： 他这么说咱们明白吗？他说"高兴尽了"，晚上只好坐船回去，什么叫"高兴尽了"，你能不能说明白点？

生： 就是她看日落已经看得差不多了，她的兴奋已经没有了。

师： 你们有不同的意见吗？他说她不要看了，所以回去了。

生： 我觉得是幸好有晚回来的船只。

师：还有不同的说法吗？你怎么理解？

生：我觉得是应该朝霞没了，她看完了才回去的。

生：我是想她是到了傍晚才回去的。

师：她看着看着，陶醉在里边了，但是，天都黑下来了，这个时候又不得不回去，其实这个"兴尽"是兴未尽，但是因为晚了，所以不得不回去。

师：还有最后两句没人说，谁来说？

生：我解释的是"惊起一滩鸥鹭"。意思就是她在划船的时候不小心进入了荷花的地盘。然后荷花里边有许多的鸥鹭，她船一划进来就全部飞走了，就是惊起一滩鸥鹭。

师：荷花深处，不是荷花的地盘。然后，划船怎么会惊起一滩鸥鹭？

师：争渡，争渡，谁读明白了？

师：怎么出去啊？在抢着划船，这个时候把一滩鸥鹭给惊起来了。

师：同学们很能干，不知不觉地把这首词给读胖了（板书：读胖）。同学们，如果说把咱们刚才说的话写下来，你说长不长？

生：长。

师：可是这一首词用了多少字就把这一次作者郊游的经历写清楚了，你数一数。

生：33个字。

师：是啊，33个字就把作者那次郊游的经历写清楚了。交代清楚了郊游的时间是（日落），就是我们说的黄昏、傍晚；地点是在（溪水边的亭子里），对，溪水边的亭子里。你看古诗词就是这样的凝练、含蓄。咱们读一读整首词，体会体会。

（学生读全词。）

师：光读懂还不够，还要把这一首词读活了。读得很美很美，古诗词有时候一个词语就是一幅画，咱们自己再来读读这首词，看看，你能从这首词中读出哪些画面？

（学生小声读词。）

画面1："溪亭日暮"

师：咱们先来读读第一句和第二句，一起读。

（学生读一、二句。）

师："溪亭日暮"，让你想起怎样的画面来了？

生：我想起小溪边有座亭子，那位诗人就站在亭子里面看太阳的日落。

师：太阳的日落？这话怎么说，说清楚。

生：也就是看黄昏时的景色。

师：对，什么景色？

生：美丽的景色。

师：太阳落下来的景色，日落美景。他刚才的画面当中有人、有亭子，那个亭子是几个角的？噢，是个六角亭，肯定是小巧别致的。你想得这么美，肯定能读好它。你来读一读。

生：常记溪亭日暮，沉醉不知归路。

师：你脑海中的画面当中还有什么？

生：我看到一个亭子，然后李清照把手放在背后，仰望着天，天空披上了一层红红的晚霞，一条小径通向远方。

师：哦，你还看到了一条小径。落日余晖，晚霞笼罩天空的情景，你们看到过吗？有多美？谁来描绘给大伙听听啊。

生：天边都是红颜色的，一轮火红火红的太阳挂在天上……（学生觉得词穷了。）

师：这个时候才感觉到语言的苍白，是不是？来，你就读一读吧！

生：常记溪亭日暮，沉醉不知归路。

师：盛老师帮助你一下，你们看啊，（多媒体播放黄昏情景，并配乐）黄昏的时候，太阳慢慢地从山的后边落下去了，晚霞染红了整个天空，远处的山，近处的水，还有小亭子，都笼罩在晚霞的余晖当中。水面上波光粼粼的，使我们想起这样的诗句来："一道残阳铺水中，半江瑟瑟半江红。"这样的情景，多么富有诗情画意呀！让我们把这种美通过朗读传递出来。

生：常记溪亭日暮，沉醉不知归路。

师：沉醉不知归路。她是这样读的，你也来读一读吧。

生（深情朗读）：常记溪亭日暮，沉醉不知归路。

师：大伙一起来读一读吧。

生（齐读）：常记溪亭日暮，沉醉不知归路。

师：盛老师仿佛看到那样的情景了，再来一次。

生（齐读）：常记溪亭日暮，沉醉不知归路。

师：在那样的地方、那样的时候，词人和她的朋友们会在溪边的亭子里干什么？大声地、七嘴八舌地说出来吧！

生：一边喝酒一边作诗。

生：一边吃菜一边看。

师：哦，是在郊宴。

生：他们可能会下下棋。

师：对，诗人就是有这样的雅趣。你想她还会干什么？

生：我想他们还会看景色。

师：看景、吟诗、作对，然后是聊天、下棋，眼睛里看的是美景，嘴里品的是美酒和佳肴，鼻子里还可能会闻到阵阵的……是的，荷花的香味、酒香味，那可真是全身心的享受啊！叫酒不醉人，（生接：人自醉啊！）咱们再读这两句，让我们也深深地陶醉一次。

（学生读两句。）

画面 2：藕花深处

师：除了这个溪亭日暮让你想起了这么美丽的画面外，还有哪个词也让你想起了美丽的画面了？再读一读，品一品。

生："藕花深处"。我的理解是有好多好多的荷花，一大片。

师：满池都是。怎么美，你能说得美一点吗？

生：下面是绿绿的荷叶，上面一朵朵荷花含苞待放。

师：你想起怎样的句子来了？咱们学过荷花吧，把优美的句子吟诵一句或两句给大伙听听。

生：这荷花有的才展开两三片花瓣，有的全部展开了，有的在微风中轻轻舞动着。

师：你们仿佛看到了那满池荷花的美景了是吧。

生：接天莲叶无穷碧，映日荷花别样红。

生：江南可采莲，莲叶何田田。鱼戏莲叶间。鱼戏莲叶东，鱼戏莲叶西，鱼戏莲叶南，鱼戏莲叶北。

生：小荷才露尖尖角，早有蜻蜓立上头。

生：荷花入暮犹愁热，低面深藏碧伞中。

师：这就是写黄昏时荷花的情景的。这个时候啊，已经是黄昏了，一切都变得朦朦胧胧。"藕花深处"，那是一个清香四溢、色彩缤纷、幽静而神秘的世界。我想这个时候他们肯定是更加陶醉了。来，请读读第三句、第四句。

生：兴尽晚回舟，误入藕花深处。

画面3：一滩鸥鹭

师：你还从哪些词语中联想起画面来了？自己读下去。

生："一滩鸥鹭"。

师：争渡，争渡，惊起一滩鸥鹭。你仿佛听到了什么，看到了什么？

生：他们可能在说，让我先走，让我先走。

生：怎么办呀，划不出去了。

生：我听到了鸥鹭拍打翅膀的声音。

生：还听到了非常急的"哗哗"的划船的声音。

师：你是从哪个词语中听到这样的声音的？

生："争渡"。

师：因为他们在抢着划船。真会读书。

生：还听到溪水声。

师：溪水被船桨击起的声音。

生：我还听到鸥鹭在叫。

师：鸥鹭叫声响不响？

生：响。

师：你怎么知道有这么响啊？

生：因为上面说"惊起一滩鸥鹭"，是"惊起"的，又不是凭空飞起来的。

师：是啊，它是一下子受了惊之后，突然"噗啦啦"飞上了天空的。

生：而且是惊起"一滩"鸥鹭，一群鸥鹭全部被惊起，一起叫，所以很响。

师：你想啊，他们叫哇、笑哇，声音那么响，那么喧哗，这个时候栖息着的鸥鹭一下子惊飞起来。"噗啦啦"，一群鸥鹭冲破夜幕，飞上蓝天，那情景该多么壮观啊！这样的情景她平时能看到吗？那可真是大自然的奇观啊！谁来读一读这两句？

生：争渡，争渡，惊起一滩鸥鹭。

师：这样划船能把鸥鹭惊起来吗？

生：争渡，争渡，惊起一滩鸥鹭。

师：划得再有劲儿一些，你再来试试。

生：争渡，争渡，惊起一滩鸥鹭。

师：你想此时此刻，词人的心情是多么的……（指名说）

生：多么的开心。

师：是啊，那是一种意外的开心、意外的收获。

生：惊喜。

师：这个"惊"字，既是指鸥鹭给惊飞起来了，也向我们传递了词人惊喜的心情。写得多好啊。再来读一读。

（学生读最后两句。）

师：刚才我们边读边想象，读出了那么多美的画面，有"溪亭日暮"，还有"藕花深处"，还有"一滩鸥鹭"。其实整首词就是一幅流动的画。你们看，因为是观赏"溪亭日暮"陶醉了，所以才会误入"藕花深处"；因为是误入"藕花深处"，所以才会惊起"一滩鸥鹭"。来，一起读整首词。一边读一边想象这幅流动的画。

（学生读全诗。）

师：听你们读得有滋有味的，盛老师也情不自禁地想来读一读，可以吗？（深情朗读）

师：来，咱们再来读一读，盛老师跟你们一起读。

（师生齐读。）

（三）"瘦"读全词，品味语言

师：同学们真能干，读着读着就把这首词读胖了，读美了。但这还不够，咱们还要把这首词读——（板书：瘦）

师：你能不能读着读着把这首词读成一个字？看看，这首词是围绕这里边的哪一个字来写的？小声地读一读、品一品。

生：我觉得是一个字"美"。

师：确实是美的，可惜这里边没有直接写"美"字。

生：醉。

师：说说你的理由。

生：因为只有美景才能让她沉醉，我认为是"醉"。

师：你从哪些地方读出"醉"来了？

生：它有日暮，有藕花，还有一滩鸥鹭，让人沉醉在里面，所以我认为是"醉"。

师：那就请你把这个字写在黑板上。（学生板书：醉。）

生：我觉得这个字应该是"梦"，"如梦令"的"梦"。

师：盛老师告诉你，"如梦令"是个词牌名，它分开来是没有特定的意思的。不过我想听听你说"梦"的理由。

生：就是作者写的这首词像梦一样，很美。

师：你说的也挺有道理的。

生：我觉得是"记"，因为整首词都是在写她记着的东西。

师：她回忆了怎样的美景？

生：她记得溪亭日暮，记得藕花深处，还记得一滩鸥鹭。

师：你们觉得这个"记"字有道理吗？（生：有。）请你去写在黑板上。（学生板书：记。）

生：我认为应该是"暮"。

师：说说你的理由。

生：因为她看了日暮以后就非常沉醉，不知道回家了，然后到了晚上才回家。但是因为留恋刚才日暮的情景，竟然把船划到了荷花的深处，然后才清醒过来。

师：她为什么要这么着急地划出来啊？

生：因为她觉醒过来的时候已经入得很深了，所以才这么着急。

师：白天的话用得着这么着急吗？（生：不用。）还是因为"暮"对不对？请你写在黑板上。（学生板书：暮。）

生：我认为是"兴"，因为她兴致很浓，看了溪亭日暮，很沉醉，忘记了回家的路，所以后来才误入了藕花深处，惊起了一滩鸥鹭。

师：有道理。其实她是兴未尽，天晚了不得不回去，回去的时候有了意外的收获，其实一"兴"未平又起一"兴"。请你也写在黑板上。（学生板书：兴。）

师：同学们品出了那么多的字，你看，不管是"暮"也好，"记"也好，"醉"也好，还有"兴"也好，老师认为都有道理，因为"暮"所以"兴"，因为"兴"所以"醉"，因为陶醉了，所以常常记得不能忘记啊。（连线）李清照留下来的词并不多，但是"无一首不精，无一字不妙"，这里边的 33 个字都值得我们去细细地品味。

师：这次郊游的经历使李清照深深地陶醉了（圈"醉"字），她陶醉在美景中，还陶醉在哪儿呢？

生：陶醉在鸥鹭飞起来的时候。

师：美景中。

生：记忆里。

生：还陶醉在日暮里。

生：陶醉在荷花的清香中。

生：陶醉在误入藕花深处（的快乐中）。

师：是的，词人深深地陶醉了，让我们也跟她一起深深地陶醉一次。读出浓浓的醉意来好吗？再读这首词。这回能背下来的，咱们就背下来。

（学生读、背全词。）

（四）对照比读，延伸课外

师：请同学们再读一首词。

生：《如梦令》，宋，李清照。"昨夜雨疏风骤，浓睡不消残酒。试问卷帘人，却道海棠依旧。知否，知否？应是绿肥红瘦。"

师：盛老师把两首词放一块儿，你发现这两首词有什么相似的地方？

生：字数一模一样，都是 33 个字。

生：我发现它们同行的每个字都是对应的。

师：句式一样的，是吗？

生：题目一样，作者也一样。

师：你还记得题目叫什么吗？就是咱们说的？（生齐说："词牌名"。）你还发现什么了？

　　生：我发现格式都一样。

　　生：最后一个韵母都是"u"。

　　生：都写到了醉。

　　师：哪一句？

　　生：浓睡不消残酒。

　　师：李清照的词中还有很多也写到了喝酒，有兴趣可找出来读一读。

　　师：同学们发现的就是用"如梦令"这种词牌名的词的特点：字数、句式和韵律相同。这首词咱们以后还有机会细细地品味。

　　师：古代的词谱成曲可进行演唱，你们想不想听一听《如梦令》这首词谱成曲子后，唱出来是什么感觉的？（放音乐）

　　师：有味道吗？它是用昆曲来演唱的。有兴趣可找一找别的谱成曲的词来听一听。

（五）教后反思——一波三折教"清词"

1. 沉醉在"婉约"里——"此情无计可消除，才下眉头，却上心头"

　　曾几何时，我与古人李清照结下了不解之缘。是读本科时的那次论文选题吗？记得当时指导老师看到这个选题时眼睛一亮——《李清照词酒意象初探》，我不知道为什么要做这个选题，为什么要去关注这位旷古才女词中的酒？抑或是本能地觉得这样一位封建时代的才女，婉约柔美，充满了古典的气韵，对那种"才下眉头，却上心头"的柔肠百结，她非要用酒来表达的这种不合常理表现的不解，抑或是词中实在是酒意阑珊，那种酒醉、酒香、酒意、酒味，或浓或淡，多得都快溢出纸面了："美酒"传递欢乐意趣，"愁酒"蕴藏落寞感伤，"闷酒"倾诉国恨家仇，"苦酒"流露凄苦情怀。读她的词，品她词中的酒，发现这个充满了传奇色彩的奇女子，在用酒传递她对生活、对人生的深沉、细腻的感受。透过这一个个鲜活的"酒意象"，我们读到了她曲折、传奇般的人生，感受到了她婉约性格背后的豪放。

　　于是，在结束了学业后，淡淡清词裹着淡淡酒香一直萦绕在我的心间，挥之不去。"此情无计可消除，才下眉头，却上心头。"直至有一天，有人告诉我：你课如清词，人如清词，属婉约派。于是有师长提醒：何不上一首清词，用课来诠释一下婉约。于是便有了上清词的初衷。

2. 迷失在"厚重"里——"只恐双溪蚱蜢舟，载不动，许多愁"

当有了上清词的初衷后，便开始了选材。当然，那首"绿肥红瘦"的绝美小令便成了我的首选，可试教下来，觉得学生离它太远，绞尽脑汁，最后连越剧《红楼梦》中的"葬花"片段都用上了，但学生还是体会不到主人公爱花、惜花的闺阁情感。于是，第一次忍痛割爱，放弃"绿肥红瘦"，只能让孤独的清照独自去浅吟低唱、愁肠百结了。

意外中，发现浙江的《现代语文》教材里有这首清照前期作品《如梦令》。小学语文教材里居然有清照的作品！这再次激起了我上清词的兴趣。于是，经过了一段时间的痛苦打磨后，便有了"义乌版"的李清照词。记得刚设计完教案，我的心是满的，因为自我感觉整个课的结构是圆融的、完满的。

美酒

美景

美丽的意外

美好的生活

醉

美酒——苦酒（简单拓展《声声慢》）

以上的流程设计分两部分：精读《如梦令》，感受美酒意象；略读《声声慢》，初步感受"苦酒"意象。试图通过对"美酒""苦酒"意象的体会，使学生在读懂词人通过文字传递出来的欢乐和痛苦情感的同时，读懂文字背后的信息：清照早期生活的幸福美满和晚年生活的孤苦无依，从而渗透诗酒文化。在几十分钟的时间里，让学生品出词中、课中的语言味、情感味、文化味，使课的情感、意韵"曲径通幽"，变化回旋，有厚度、有浓度。尽管，事先有专家向我提出，把《声声慢》引入小学课堂是否合适。但我思虑再三，还是不忍割舍，觉得没有了《声声慢》，就没有了"酒意象"；没有了对"酒意象"的品味，那就背离了我教清词的初衷，就没多大意思了。最后，为了避免争议，我把课型界定为"欣赏课"。尽管如此，课堂上学生与《声声慢》的情感距离还是很明显的，师生情感不能同步。（尽管没要求解读，只是粗粗感受词里传递的愁苦情怀）为了追求课的厚重感，笔者对课境的追求是"求全、求满、求浓"，上完后，细细反思，觉得是迷失在了自作多情的厚重里了。五年级的孩子，他们幼小的心灵，能承载这么多的苦和愁吗？"只恐双溪蚱蜢舟，载不动，许多愁"啊！

3. 豁然于简约中——"知否，知否？应是绿肥红瘦"

在为时一周的时间里，笔者调整教案，一周后，在浙江大学华家池校区礼堂，又执教了此课，于是有了"浙大版"李清照词。与"义乌版"比较，"浙大版"的李清照词"削枝斩叶""删繁就简"，回归简约。

（1）变线型设计为板块设计

"义乌版"的清词，主抓一个"醉"字切入，用的是演绎法，从词中去逐层感受"美酒""美景""美丽的意外"带给词人的深深的醉意，属线型设计。"浙大版"的李清照词，主抓"读胖""读瘦"两个板块，简化目标、简易内容、简化流程设计。在"读胖"一环节，让学生根据词语联想画面，"溪亭日暮""藕花深处""一滩鸥鹭"，在这些词语的引领下，学生的脑海中出现了一幅幅美丽的画面，那画面有声有色、有人有景、有静有动，充满了无穷的生机与魅力，每个学生言说的是他自己心中的风景。那风景，已不纯粹是客观的、物化的，而是主观与客观融合的结果。这一板块设计，试图唤醒学生所有的器官感受词：用耳朵听，用眼睛看，用嘴诵，用脑想象，用心灵感受，打开身体所有通道接收词的信息，进入词境中，使学生学词的过程成为愉悦身心的过程。"唤醒身体的教育"，强调身体性参与，这也是体验学习。这种体验使学习进入了生命领域。"读瘦"一环节，引导学生读出词眼，学生对词眼的理解也是各不相同的。例如，暮、兴、醉、惊、记等。在找到词眼后，再让学生联系词的内容说理由，在词的语言环境中，学生再一次细品这些词眼，感受到了这些字的与众不同。这是多元解读后的曼妙生成。最后，教师用逻辑的力量把它们联系在了一起：因为看日"暮"美景，所以"兴"尽忘归，沉"醉"其中；因为沉醉，所以"惊"起一滩鸥鹭。这美丽的意外永久地"记"在脑中，挥之不去，便把它写成文字记录了下来。"读胖"重在培养学生的想象力，是一种感性阅读；"读瘦"培养的是学生对语言的概括能力，属理性阅读。

（2）变拓"意"为拓"言"

"浙大版"改拓展《声声慢》为另一首《如梦令》，让学生感受"如梦令"这种词牌的语言特点。学生通过比照阅读，惊喜地发现用"如梦令"这种词牌的词字数相同、句式一样、韵律相同的特点。过程中把对作者的身世介绍全部隐去。直入语言本体，变"拓意"为"拓言"，虽然课堂"情味"淡了，但"语味"浓了。

在今日的教坛，教师们的观课口味越来越重，就像今天有很多人爱吃"麻辣烫"一样。从"义乌版"到"浙大版"的调整，在对课"削枝斩叶"、删繁就简的过程中，我对自己课境的追求也在悄然变化：淡淡清词淡淡吟，让我的课"绿叶"（实实在在，回归学生的需要，回归语文的本体）再繁茂些，"红花"（架空的情感渲染）再稀少些。"绿"，虽然没有"红"的绚丽夺目，但它养眼、怡心，是生命的颜色。"绿肥红瘦"，何尝不是一种至高的语文境界呢！

2012 年在甘肃天水执教《如梦令》

十一、立足剧本文体，建构和美课堂

——《半截蜡烛》教学实录及评析

浙江湖州吴兴区教育局教学研究与培训中心　盛新凤

课前了解背景：

观看一段有关第二次世界大战历史的视频。

师：通过看这一段资料，你获得了哪些信息？

（一）导演说戏

师：今天这节课，我们来读一个发生在第二次世界大战中的故事。题目叫作——

生：半截蜡烛。

师：这是一个剧本，课前你们读过这个故事了吧，我们先来理一理。这个故事的前面有一个舞台说明，告诉我们故事发生的时间是在——

生：第二次世界大战期间。

师：地点是在——

生：法国伯诺德夫人家中。

师：这个故事当中有这些人物，分别是——

生：伯诺德夫人，法国的一位家庭妇女；杰克，伯诺德夫人的儿子；杰奎琳，伯诺德夫人的女儿。三个德国军官——一个少校，两个中尉。

师：这些少校、中尉都是军衔。少校相当于一个营长，中尉相当于连长级别。故事主要由两部分组成，开始的时候写了伯诺德夫人把情报藏在半截蜡烛里，接下来就写母子三人保护蜡烛。你觉得这两部分，哪一部分更精彩一些？

生：保护蜡烛。

师：这节课重点来读这部分课文。

师：（响起敲门声）你们听，随着一阵粗暴的敲门声，三个德国军官闯进了伯诺德夫人的家中，于是一场没有硝烟的战争就打响了。那么，这母子三个是怎么想尽办法保护这半截蜡烛的呢？把书拿起来，快速默读保护蜡烛这一部分课文。读完之后我们要补充完成一张情节图。

（PPT出示情节图，图3-1。）

图3-1

（学生默读，教师巡视观察，提醒读完的同学将情节图补充完整。）

师：好，把笔停一下。看看这位同学写的情节图。第一处他写的是"端起"。除了这个端起，还有不同的写法吗？

生：端走。

师：可以。后面这个空格，他填的是"夺回"。还有不同的填法吗？

生：被夺回。

师：哪一个更合适？

生：夺回，因为上面一格填的都是敌人怎么做的。

师：看来你不仅读懂了课文，还读懂了这张图。

师：接下来，请同学们做一回导演，说一说戏，愿意吗？　（PPT推出"导演说戏"）

生：愿意。

师：请你看着这张情节图，向剧组人员简单地介绍一下剧情的发展。自己看着屏幕练一练吧。

（学生练说。）

师：导演，请问你贵姓？

生：我姓李。

师：哦，李导。我们请李导简单地向剧组人员介绍一下剧情。

生：伯诺德夫人先点燃蜡烛，后来德国军官来了，就把蜡烛给吹灭了。但是德国军官说屋子里太黑了，又把蜡烛点燃了。

师：等等，这个蜡烛到底是谁吹灭的？

生：伯诺德夫人。

师：对，要把"谁把蜡烛怎么样了"交代清楚。你可不能乱导。

生：三个德国军官来检查，嫌屋子里黑，点燃了那支藏有秘密的蜡烛。伯诺德夫人拿出一盏油灯，她说还是油灯的光亮，就把蜡烛吹灭了。德国军官说多点几支蜡烛也好，这样就更亮了，于是又点燃了藏有秘密的蜡烛。杰克说，那么生点火吧，可是柴房里比较黑，想把蜡烛给端走。可是德国军官不让他把蜡烛拿走。最后，杰奎琳对德国军官说，晚上了，天黑，想拿这支蜡烛上楼去睡觉。

师：好，你还把"母子三人分别找了个什么借口把蜡烛怎么样了"都交代清楚了。请问你贵姓？

生：姓陈。

师：跟大导演陈凯歌同姓，了不得。但是我觉得说得太复杂了。能不能说得再简洁一点？

生：首先是德国军官点燃了蜡烛，然后伯诺德夫人借口油灯更亮把蜡烛吹灭了。可是德国军官又点燃了蜡烛，杰克找了个想到柴房搬柴火的借口想把蜡烛端走，但是被德国军官夺回了。最后是杰奎琳借口想上楼睡觉把蜡烛端上了楼。

师：既清楚又简洁，还加上了一些恰当的串词，把情节发展中的几个波折也交代得非常清楚。不错！贵姓啊？

生：我姓胡。

师：你没有胡导，你导得非常好。

（学生笑。）

师：这个故事的情节就是这样，通过母子三人轮流跟敌人的交锋、冲突，把剧情一步一步地推向高潮。听着导演的介绍，你想用一个什么词来形容这个故事？

生：一波三折。

生：层层推进、有惊无险。

师：也可以说是跌宕起伏。剧本，就是这样，通过对话，一步一步地推进了故事的情节。这是剧本的第一特点。

（教师板书：对话推进情节。）

（二）演员演戏

演出形

师：导演做得不错。接下来，盛老师要请你们做一回演员来演戏，有兴趣吗？

生：有！

师：你们说说看，在保护蜡烛这个过程中谁起到了关键的作用？

生：杰奎琳。

师：那她就是女一号了，是不是？

（学生笑。）

师：好，盛老师请你们再一次默读"保护蜡烛"这一部分内容，边读边把杰奎琳的台词画下来。

（学生边默读边画台词，教师巡视。）

师：说吧，找了哪些？

生：我找了"司令官先生，天晚了，楼上黑，我可以拿一盏灯上楼睡觉吗？"这一句。

生："我觉得她一定非常想您，司令官先生。和您聊天真有趣，可是我实在太困了。"

生：还有"晚安，各位先生。晚安，妈妈"。

师：盛老师也把它们找出来了，请你们看着这个屏幕练说一下杰奎琳的这几句台词。

（学生练说。）

师：谁挑一句，说给大家听？

生："司令官先生，天黑了，楼上黑，我可以拿一盏灯上楼睡觉吗？"

师：谁友情提醒他一下。

生：应该是"天晚了"。

师：天黑了，楼上黑，两个黑，听起来好听吗？应该是"天晚了"。把台词说正

确是最基本的要求。

师：听到这儿，谁的眼前出现了杰奎琳的样子？如果你是导演，你准备挑一个怎样的演员来演杰奎琳？

生：美丽的、可爱的、纯洁的……

师：美丽的、可爱的、纯洁的人可多了。我还不知道该挑谁？我行吗？（学生笑。）说具体一点。

生：她要有宝石般的眼睛。

师：哦，有这样的眼睛的好找。

生：她的笑容要像百合花一样纯洁。

师：哦，有这样笑容的，也容易辨别。还有补充吗？

生：笑容要很甜美的，眼睛也要很大的。

师：你们这么说有依据吗？

生：括号里面有字。

师：你们知道括号里面的字叫什么吗？这就叫"舞台说明"，就是提示说话人当时的动作、神情、心理活动等的说明文字。

（学生点头。）

师：看来你们在这些舞台说明的帮助下，已经能够初步地读出杰奎琳的"形"了……

（教师板书：形。）

演出神

师：但是真正要把这个人物演好，还必须走进那个人的内心世界。请你们再来读一读、品一品她说的这两句话，你觉得从她的台词当中还能品出什么来？

（学生自由读。）

生：我觉得读着杰奎琳的话，我仿佛看到了德国军官放松了警惕。

师：杰奎琳是怎么让德国军官放松了警惕的？

生：她说"我觉得她一定非常想您"，杰奎琳让军官把注意力转移到了女儿身上。

生：我觉得杰奎琳很想让德国军官早点离开他们的国家。因为她说"我觉得她一定非常想您"。

师：为了勾起他的思乡之情，让他把注意力都转到女儿身上了。

生：杰奎琳为了让德国军官喜欢她，所以称他"司令官先生"。

师：其实，他是一个什么官？

生：一个少校。

师：少校相当于——

生：相当于营长。

师：但是她把他叫成——

生：司令官。

师：哄他开心呢！杰奎琳聪明吗？体会到了这一层，谁再来说一说她的台词。

生："司令官先生，天晚了，楼上黑，我可以拿一盏灯上楼睡觉吗？"

师：我想采访一下你这个杰奎琳，你说"和您聊天真有趣"，你觉得真的很有趣吗？

生：不有趣。

师：你那么喜欢这个德国军官吗？

生：不喜欢。

师：那你现在真实的情感是什么？

生：厌恶、憎恨。

师：杰奎琳厌恶、憎恨德国军官，能从前面的台词里找到依据吗？

生："我真讨厌德国佬。"

师：这句台词在前面，我们一起来读一读。

（学生齐读。）

师：她说"讨厌"，而且还说是"德国佬"，这个"佬"就是一种轻蔑。你看"阔佬、乡巴佬"都是很讨厌的。这句台词表达了她真实的情感，这叫——

（教师板书：言为心声。）

师：但此时此刻，她这种情感能表达出来吗？

生：不能。

师：必须把它深深地藏在心底。她得——

（教师板书：藏。）

生（齐读）：言藏心声。

师：体会到这一层，你再来读杰奎琳的台词。我想这次你们不仅能读出她的形，还能读出她的神来。

（教师板书：神。）

（学生再次练读台词。）

师：好，这回你们来推荐一个演员来演一演最后精彩的一幕。好，就请这个女孩来。再找一个德国军官给你配戏。找谁？就请你。

（学生笑。）

师：盛老师来说画外音，你们都做文明观众。

师（配画外音）：在保护半截蜡烛的过程当中，伯诺德夫人和杰克两人接连受挫。这个时候，时间在一分一秒地过去，蜡烛越燃越短。此时此刻，这半截蜡烛仿佛成了屋子里最可怕的东西，这母子两人的心紧张得都提到嗓子眼了。就在这千钧一发的时刻，突然杰奎琳打了一个懒懒的哈欠，走到少校面前——

生（打个哈欠）："司令官先生，天晚了，楼上黑，我可以拿一盏灯上楼睡觉吗？"

师：她宝石般的眼睛在烛光下显得异常可爱。少校看着她那粉嘟嘟的小脸蛋，笑了。

生（笑）："当然可以，美丽的小天使。我也有一个像你这么大的女儿，和你一样可爱。她叫玛琳娜。"

师：杰奎琳的笑容像百合花一样纯洁。

生（天真地）："我觉得她一定非常想您，司令官先生。和您聊天真有趣，可是我实在太困了。"

生："那么，晚安，小姑娘。"

生（疲倦地）："晚安，各位先生。晚安，妈妈。"

（学生鼓掌。）

师：演得不错吧。你们看戏很轻松，实际上当时的情况非常紧急。杰奎琳就这样端着蜡烛一步一步地走上楼梯，当她踏上最后一阶楼梯时，蜡烛熄灭了。故事就这样，通过对话，向我们刻画了一个如此天真可爱、聪明机智的杰奎琳形象。这是剧本的第二个特点，通过对话刻画人物（板书：刻画人物）。

（三）编剧续戏

师： 眼看一场随时都有可能爆发的灾难，就这样被杰奎琳巧妙地、轻轻地化解了。此时此刻，心有余悸的一家人肯定有很多话要说，他们会说些什么呢？接下来请你来过一过剧作家的瘾，补写几句对话，请你任选一个角色写下来。括号里可以写舞台说明，比如人物的神态、动作等。

（学生想象写台词。）

（交流学生写的台词。）

生： （伯诺德夫人流着汗）终于把该死的德国佬赶走了。

师： 这可是冷汗。我仿佛看到了伯诺德夫人当时的样子了。

生： （伯诺德夫人高兴地说）亲爱的，可真有你的，把危机化解了。

师： 一个自豪的母亲形象。

生： （杰奎琳满头是汗地说）刚才可吓死我了，幸亏我聪明。

生： （杰奎琳嘟嘟小嘴）终于把这些德国佬赶走了，真希望他们永远不要回来了。

师： 我特别欣赏你写的"嘟嘟小嘴"，让我仿佛看到了真实的杰奎琳。

生： （杰克松了一口气）杰奎琳，你真是太棒了，不然我们都会遇难的。

师： 杰克也是心有余悸。

生： （杰奎琳呼了一口气）幸亏我及时，差点被德国佬发现了。

师： 嗯，人家紧张的时候是吸了一口气，你轻松了就呼出一口气。

生： 我是写杰克的，他放松了一口气。

师： 放松了一口气，我们有点听不懂，应该是——

生： 松了一口气。（杰克松了一口气）总算保住了蜡烛里面的秘密。

师： 此时此刻，德国佬都走掉了，你们还需要言藏心声吗？

生： 不用。

师： 所以你们一口一个德国佬，尽情地把心里想说的话说出来了，真是——

生： 言为心声。

师： 刚才，你们通过台词塑造的人物形象和课文中的形象是吻合的。你们写得很成功，编剧做得很不错。但原文为什么不写下去了呢？让我们以后去发现。

（四）观众评戏

师：盛老师还想请同学们做一回观众，来评一评这个戏。你们说，这个戏好看吗？

生：好看。

师：（PPT出示两个问题）据说有些观众看了这个戏后，产生这样的疑问：既然最后是由杰奎琳保护了蜡烛，何必还要费事写伯诺德夫人和杰克与敌人的周旋？这是第一个疑问。还有一个疑问：剧本的题目是否改成"生死攸关的蜡烛"更好？针对这样的疑问，你们这些小观众又有怎样的评论呢？任选一个话题发表你的看法。

生：我想说说第一个问题。如果不写伯诺德夫人和杰克与敌人周旋的话，就不能凸显出剧本里很危机的情形。

师：我懂你的意思了，你是想说不能体现剧本的——

生：跌宕起伏。

生：我也选择第一个问题。不这样写不能体现保护蜡烛的困难。

师：这样写才显得杰奎琳伟大。

生：我也想说第一个问题。不这样的话，不能刻画出杰奎琳的聪明、机智。

师：你觉得，有比较才更能刻画出她的聪明机智。

生：如果不这样写，不能体现时间紧迫。

师：难道你们认为所有的功劳都是杰奎琳一个人的吗？

生：因为杰克失败了，所以杰奎琳才想出这样的办法。

生：如果没有伯诺德夫人和杰克这样做，杰奎琳根本没有时间这样做。

师：我同意。

生：伯诺德夫人和杰克试着一次又一次地打消敌人的顾虑，敌人的顾虑一点点减少，最后到杰奎琳那里终于被打消了。

师：一句话，有了前面的铺垫才有了后面的高潮，才能形成故事的一波三折。

生：可能伯诺德夫人平时就是这样言传身教的。

师：可以这么说，是他们母子三人齐心协力保护了蜡烛。同意吗？

生：同意。

师：最后一个问题，题目改成"生死攸关的蜡烛"可以吗？

生：可以是可以的。但是用半截蜡烛更能显示出当时情况的危急。

生：我觉得这个题目让读者有兴趣读。

师：对呀，这蜡烛怎么是半截的呢？引着读者往下看。

师：同学们，今天我们第一次阅读《半截蜡烛》这个剧本，已经基本了解了剧本的一般特点，就像课文的阅读提示中说的那样。一起来把这段话读一读。

生："有一种文学形式——剧本，主要通过人物对话或唱词来推进情节，刻画人物。"

师：（PPT 出示）这句话换一种说法，也可以这样说——

生（读）：对话——戏剧的灵魂。

板书设计

半截蜡烛

言为心声　　　　　　　　　　　　推进情节

　　　　　　　　对话

言藏心声　　　　　　　　　　　　刻画人物

（五）教后反思

本课教学，根据文本的文体特点和略读课文的特点，摒弃以往内容分析式的教学模式，精选教学内容，突破难点，以点带面，建构"学大于教，以练导学"的新型课堂模式。

1. 教什么——教剧本知识、剧本的表达方式

语文课的知识体系一直是不清晰的。阅读课，我们需要教一些必需的文学、汉语言知识。文体意识的淡薄一直是阅读教学的误区所在。剧本的教学跟一般的写人记事的文章应有哪些不同？有关剧本的知识丰厚无比，对于第一次接触剧本的小学生来说，该学习哪些剧本知识呢？阅读提示中有一句话：剧本，主要通过人物对话或唱词来推进情节、刻画人物。对这个有关剧本的文体知识，该怎么教？是理性地告诉，还是在

学的活动充分展开的过程中自然地、润物无声地渗透？笔者觉得应该选择后者。在学的过程中，把这个剧本的主流知识慢慢推出，让学生在阅读实践的过程中逐步领悟，以致变成一种非常明晰的陈述性知识。还有外围的跟剧本相关的知识如何渗透？例如，导演说戏、选演员，演员演戏，编剧改编剧本，观众评戏等，这种妙趣横生的被戏剧元素包裹着的语言实践活动，给课堂营造了一种戏剧文化。这是一种用戏剧的方式教剧本的独特的语文学习活动。是依据文体特点、学生实际选择、设计的一种富有情趣的有效的语文活动。如果不是剧本，那么这四个板块的内容设计就没有价值和针对性了。

2. 为什么教——培养阅读能力

本课采用外活动与内活动相结合的方式（听、说、读、写与演、编等形式），设计了四个板块的语文活动，给学生提供了广阔的语文实践平台，着重培养四种阅读能力：概括能力、理解能力、迁移运用能力（表达能力）、评鉴能力。把阅读能力的培养当成阅读教学的终极目标，这是阅读取向的阅读教学的明智之举。

2010年在山东日照"和美语文专题研讨会"上执教《半截蜡烛》

3. 怎么教——以练导学

课堂教学的健康走向应是"建构以学的活动为基点的课堂教学"。如何在课堂上给学生创设充分的学习空间，化教为学，以练导学？本课设计了三个板块推进教学，给学生提供了广阔的学习空间。采用讲练结合的模式，通过说、演、读、写、评等多种语文训练方式，以练导学，以练促解，练中积累，练中迁移，通过笔练与口练结合的方式，动静相宜，促进学生深层次的语文学习。

总之，面对各类不同的文本，或"以雅见长"，或"以俗见长"，要因文而异，因需设教，教得有趣、教得有效，这就是笔者一直倡导的雅俗共赏。

（六）名家点评

"化教为学"，语文课堂的"习得"之道

—— 评盛新凤老师"半截蜡烛"的"习导"创意

全国著名特级教师　周一贯

鲁迅先生在《人生识字胡涂始》一文中说过："孩子们常常给我好教训，其一是学话。他们学话的时候，没有教师，没有语法教科书，没有字典，只是不断地听取，记住，分析，比较，终于懂得每个词的意义，到得两三岁，普通的简单的话就大概能够懂，而且能够说了，也不大有错误。"确实，婴幼儿学口头语言，靠的竟不是系统的"教"，而只是在生活中自然地"习得"，这不得不引起我们对今天语文课堂的反思：教师分析得那么透，讲解得那么累，可为什么语文学习的效率如此不尽如人意？口头语言，即使是婴幼儿也可以"习得"，为什么学书面语言已有了口头语言的基础，反而不能让儿童自主"习得"？听了著名特级教师盛新凤的"半截蜡烛"，我似乎更相信当下小学语文课堂的基本教学模式亟须重构，完全应该从教师的所谓深度解读和过度讲析中解放出来，以实践为取向，化教为学，让学生自主习得。

习得的概念　本意应当指在非教学状态下（如在生活中），演习者在自然的、无意的习练中获得相关知识和能力。例如，儿童获得母语（口头语言）的主要方式，便是在日常语言运用的场景中不知不觉地习染。这种学习方式能不能部分地迁移于书面语言的学习之中呢？答案应当是肯定的。正如著名语言学家王力先生所认为的："西洋语言是法治的，中国语言是人治的。"这里的所谓"法治"，讲究的是规律和逻辑，大多需要通过"教"去认识和把握；所谓"人治"讲究的是直觉感悟，重要的

是学习者反复习练。所以，从根本上说，学中国语文，是可以少教或者不教的，语文可以"无师自通"应当是不少人的共识。

在盛新凤的课堂里，她尝试的正是更多地让学生去"习得"，当然，教师也不是完全不教，只是在关键处点拨。这种点拨根本就不是由教师呈现主观的解读"给予"学生，而只是一种"导"，如叶圣陶先生所解释的："导者，多方设法，使学生能逐渐自求得之，卒底于不待教师教授之谓也。"

以学生的"习"为主，辅以教师的"导"，便构成了盛老师这课堂的基本特色，于是，"化教为学"便是一种教学的可能性。那么，盛老师又是如何摆脱全盘讲问重构"习导"的呢？

1. "习导"在整体感知之后

要让学生能自主习得，有效地解读课文，必须有学生自行读通课文获得整体感知的基础。当然，这里的"初读"也是一种习得，但更重要的是在以后的深度探究中仍要放手让学生去自主习得，这就不能缺失了整体感知的铺垫。《半截蜡烛》是略读课文，重在培养学生的略读能力。盛老师就在学生初读课文、简介背景之后，即在"半截蜡烛藏情报"和"保护蜡烛"的两部分中指明重点部分"保护蜡烛"。因为学生有了整体把握的基础，就为重点部分在探究中的习得创造了条件。当然，在课文的重难点处探究，要放手让学生习得，这并非是轻而易举的，这里的关键在于教师必须有一个能让学生"自求得之"的途径设计。根据剧本这一文学样式的特点，盛老师设计了一条由"导演说戏""演员演戏""编剧续戏"和"观众评戏"四大环节组成的"思路"，这也是习导成功的关键所在。这条"学路"通过让学生当导演、当演员、当编剧、当观众，有情有趣地以"说""演""续""编"的学生主体实践，实现了反复地习练，且收获多多。显然，这个设计是"化教为学"的关键，它不仅使学生"化教为学"，而且让教师得以"顺习而导"，因此这也成为教学主线，具有了重构小学语文课堂模式的生命力。

2. "习导"在学生自主解读之时

《课程标准》明确指出，"阅读是学生的个性化行为……不应以教师的分析来代替学生的阅读实践"，"要珍视学生独特的感受、体验和理解"。然而，我们在课堂屡见不鲜的大多是教师将主观深度分析教材之所得，在课堂上解读给学生听，学生只是在浅问浅答中应和配合，根本谈不上是学生自己的"阅读实践"。长此以往，学生的解读能力也就难以提高。但是，在盛新凤老师的课堂中，关键之处教师并不是"全盘授予"，而是在"相机诱导"下让学生自己习得。

师：你觉得从她的台词中还能品出什么来？

生：我觉得读着杰奎琳的话，我仿佛看到了德国军官放松了警惕。

师：杰奎琳是怎么让德国军官放松了警惕的？

生：她说"我觉得她一定非常想您"，杰奎士琳让军官把注意力转移到了女儿身上。

……

生：我觉得杰奎琳很想让德国军官早点离开他们的国家。因为她说"我觉得她一定非常想您"。

……

生：杰奎琳为了让德国军官喜欢她，所以称他"司令官先生"。

……

师：我想采访一下你这个杰奎琳，你说"和您聊天真有趣"，你觉得真的很有趣吗？

生：不有趣。

师：你那么喜欢这个德国军官吗？

生：不喜欢。

师：那你现在真实的情感是什么？

生：厌恶、憎恨。

……

这里，最值得我们关注的，正是教师引导学生自主解读的功力，启发"品味"，间以"采访"，才实现了学生自己的解读，而不再是教师解读给学生听。"习得"便更多地在这样的解读中，鲜活灵动地穿插其间。

3. "习导"在相关渗透之中

鉴于本文的文体是剧本，让学生初步感知剧本的特点和获得一些阅读剧本的相关知识，无疑也应在本文的教学目标范畴之内。如果教师突兀地插入对这方面知识的讲解，会显得不太协调，不太能融入学生自主习得的氛围。因此，盛老师也做了匠心独具的安排。

（学生读杰奎琳的台词。）

师：听到这儿，谁的眼前出现了杰奎琳的样子？如果你是导演，你准备挑一个怎样的演员来演杰奎琳？

生：美丽的、可爱的、纯洁的……

师：美丽的、可爱的、纯洁的人可多了，我还不知道该挑谁？我行吗？（学生笑。）说具体一点。

生：她要有宝石般的眼睛。

师：哦，有这样的眼睛的好找。

生：她的笑容要像百合花一样纯洁。

……

生：笑容要很甜美的，眼睛也要很大的。

师：你们这么说有依据吗？

生：括号里有字。

师：你们知道括号里面的字叫什么吗？这就叫"舞台说明"，就是提示说话人当时的动作、神情、心理活动等的说明文字。

（学生点头。）

师：看来你们在这些舞台说明的帮助下，已经能够初步地读出杰奎琳的"形"了……

在教学中，像这样有关剧本的特点和阅读的知识，教师都是将其分散，并穿插于学生习得的过程之中，成为一种简要的"导"。盛新凤老师做这样的处理，使必要的语文知识的"学得"与学生自主阅读的"习得"融为一体，不仅节省了教学时间，而且能相得益彰，使学生对必要知识的理解能紧密地与阅读实践联系起来。

4."习导"在课文拓展之外

阅读教学的可贵境界是既要立足文本，又要直抵儿童的生活世界和生命体验。盛新凤为本文教学设计的第三个环节是让学生在"导演说戏""演员演戏"之后来一个"编剧续戏"。即让大家思考：在德国佬走了之后，心有余悸的一家人肯定有许多话要说，他们又会说些什么呢？激起了学生想当一次剧作家的瘾。于是教师便请大家任选一个角色来写，括号里可以写上舞台说明，比如人物的神态、动作等。

这一环节的设计，既是读写的自然联系，又是对学生阅读感悟的合理激发，让学生有机会表达自己"独特的感受、体验和理解"。显然这是一个更为深入地自主习得的过程。这一环节的实施在盛新凤的课堂里不仅得到了很好的落实，还为一个紧跟其后的"观众评戏"环节埋下伏笔，之后提出了一些人的疑问：一是既然最后是由杰奎琳保护了蜡烛，何必还要费事写伯诺德夫人和杰克与敌人的周旋？二是剧本的题目是否改成"生死攸关的蜡烛"更好？以此激起学生更多的思考。教师如此以质疑、激疑来结束本课的教学，体现了将"习导"进行到底的教学策略。能让学生带着更多的思考走出教室，应当说这正是"习导"式教学的追求。

清朝的颜元曾经说过："讲之功有限，习之功无已。"（《颜李遗书》）教学是必然要以学习者自身习练为基础的，说白了，这是常识。语文教学必须回归常识。其实，这个道理，在宋朝朱熹的教学经验之中早有论及："某此间讲说时少，践履时多，事事都用你自去理会，自去体察，自去涵养。书用你自去读，道理用你自去究索，某只是做得个引路底人，做得个证明底人，有疑难处，同商量而已。"（《朱子语类》）千年前学文言，朱熹尚且可以做到教师讲说得少，让学生习练得多，到今天面对言文统一的现代汉语，又何必再由教师做过度的讲析，以致造成学生的课堂读写实践严重缺失。由此看来，盛新凤老师以学生自"习"为主，辅以教师必要之"导"的探索，对于重构语文课堂的基本格局，是具有重要意义的。

十二、在多元、多向对话中生成

——《去年的树》教学实录及反思

浙江湖州吴兴区教育局教学研究与培训中心　盛新凤

（一）媒体激趣，导入新课

师：（播放多媒体课件）听，一只美丽的小鸟站在树枝上，正动情地为大树唱歌呢；大树呢，摇曳着茂盛的枝条，正入神地听着……这是一幅多么和谐、美丽的图画呀！是吗？

生：是！

师：围绕着这只美丽的小鸟和这棵枝繁叶茂的大树，让我们一起来读一个美丽

的故事（出示课题）。读！

生：去年的树。

（二）初读课文，多元对话

师：请同学们打开课本，让我们用自己喜欢的方式读书。你可以一个人读，也可以找伙伴读。如果你想，搬个凳子到讲台前来读可以吗？

生：可以。

师：让我们尽情地和课文交流、对话，看看待会儿你会有哪些收获。

（学生自由朗读，教师巡视。）

师：咱们先停会儿好吗？读着读着，你有什么话想说吗？你的感受、你的疑问、你的收获等都可以。

生：树为什么要被锯掉？

师：你有问题？

生：我有收获。我觉得树和鸟儿真是一对好朋友。鸟儿从南方回来后，发现树不见了，就千里迢迢来寻找树。它通过各种方法，最后找到了树，树变成了火柴，最后火柴被点燃了。

师：你是被小鸟和大树之间的真情感动了，是吗？

生：是。

生：我想对作者提问：为什么把这篇课文取名为"去年的树"呢？

师：你读着读着就有了这样的问题。还有吗？

生：我发现了，鸟儿是一只十分守信的鸟。

师：这是你自己读出来的？真了不起！

生：我有一个问题：为什么树做成火柴，点燃后，鸟儿还会对灯火看那么久？还要唱起那首去年的歌？

（三）演读课文，倾心对话

师：同学们的问题很多，感受很多，你们真了不起啊！第一次与课文亲密接触，就有这么大的收获了。让我们继续与课文交流、对话，也许你刚才的疑问就能得到解决了；你的感受，还能让大家产生共鸣呢！同学们，你们说这篇课文在语言上有什么特色，以什么为主呢？

生：对话。

师：快速地读读课文，数一数，课文有几组对话？

（学生默读。）

生：有四组。

师：分别有哪四组？

生：小鸟和大树，小鸟和树根，小鸟和大门，小鸟和小女孩。

（教师板书。）

师：让我们先来看第一组对话。冬天到了，树的好朋友——小鸟，要到南方去过冬了。临走之前，一对好朋友依依惜别。树对鸟儿说——

生（齐读）："再见了，小鸟！明年春天请你回来，还唱歌给我听。"

师：鸟儿回答——

生（齐读）："好的，我明年春天一定回来，给你唱歌。请等着我吧！"

师：你们想，这对好朋友在分别的时候是怎么对话的？请你也就近找一下你的好朋友，来练读这组对话。

（学生自由找朋友练读。）

师：举手是表示你们想表演，想来读，是吗？哪对好朋友先来？

（一组学生对话。）

师：老师发现他读的时候，"我明年春天一定回来"读得非常坚定，能告诉我为什么要这么读吗？

生：因为它们是好朋友，小鸟答应它，语气非常坚定。

师：真好！它是坚定地向朋友保证，明年春天一定会回来。还有哪对朋友想来试试？

（一组学生练读，男生模仿了大树的语气。）

师：你真像大树啊！你在模仿大树的语气，是吗？

生：因为大树的语气非常粗，是那种很成熟的感觉。

师：不错，你的感受非常独特。从它们的对话当中，我们感觉到了，这对好朋友之间的感情是多么的——

生：深厚。

师：让我们的男孩子来读大树的话，像刚才的那位同学一样，读出自己的个性来；女孩子读小鸟的话。我们一起来对对话，好吗？

生：好！

（男女生分角色读。）

师：你们这是在向朋友保证呀！坚定些，再坚定些！读。

（学生再次分角色读，女孩子语气坚定。）

师：它们就这样，依依惜别，并做了约定。第二年的春天，小鸟满怀深情地回来找它的朋友大树。然而，往日朝夕相处的朋友却不见了。它着急地找了又找，问了又问。下面的三组对话，老师想让同学们在四人组里合作练读，好吗？你们可以自己选定一个角色练一练。开始吧。

（学生进行小组练读。）

师：这回哪一组想先向我们来展示一下？

（学生展示对话。）

师：同学们，他们这一组读得怎么样？

生：好！

师：都觉得好。这样吧，你们有意见可以提，你们觉得好，可以夸夸他们，跟他们直接对话，好不好？

生：我说小鸟应该读得更加焦急些，这样子还不够焦急。

生：我觉得小鸟应该读得更加活泼一点。

师：哦，情感上要焦急，样子要活泼。还有吗？

生：树根应该读得更加悲伤点。因为树根和树是命运相连的，它们两个就像是好朋友一样。如果哪一方不见了或者是死去了，它们应该是很悲痛的。

师：这是你独特的体验。真了不起！好，刚才从同学们的意见中都感觉到了，大家都觉得作为主角的小鸟的话非常重要，应该好好地体会把握，是这个意思吗？那么，就让我们先来重点练读小鸟问的这三句话（多媒体播放小鸟的三句话）。你先一个人在座位上，看着屏幕自己练一练，感觉一下，体会一下该怎么读。

（学生自由地练读。）

师：想读了是吧？谁先读？任选一句读。

生："门先生，我的好朋友树在哪儿，您知道吗？"

师：我听出有点焦急了。

生："立在这儿的那棵树，到什么地方去了呀？"

师：我感受到了它心中的那份焦急。

生："小姑娘，请告诉我，你知道火柴在哪儿吗？"

师：你体会得真好！

生："小姑娘，请告诉我，你知道火柴在哪儿吗？"

师：你在为大树担心呢。

生："门先生，我的好朋友树在哪儿，您知道吗？"

师：老师听出了你心中的焦急。咱们一块读好吗？

生：好！

师：第一句。

生："立在这儿的那棵树，到什么地方去了呀？"

师：老师感受到，大伙儿都焦急起来了。再读一次。

生："立在这儿的那棵树，到什么地方去了呀？"

师：你们看这儿的孩子，眉头都皱起来了。老师体会到了他心中的焦急。再读第一句。

生："立在这儿的那棵树，到什么地方去了呀？"

师：读下去。

生："门先生，我的好朋友树在哪儿，您知道吗？"

师："您知道吗？"他多么想知道呀。再来一次。

生："门先生，我的好朋友树在哪儿，您知道吗？"

师：再读下去。

生："小姑娘，请告诉我，你知道火柴在哪儿吗？"

师：那一声声急切的询问，流露出小鸟对大树的无限深情。读着读着，谁被小鸟的真情感动了？（学生举手示意。）这样吧，谁想来做一回小鸟呢？（请两位同学）别拿书，从座位里出来。你们在教室里面，就这样，飞呀飞呀，寻找自己的好朋友大树。一边找一边问，你在谁的跟前停下来，那个同学就做你的配角，来跟你对话。明白吗？

生：明白。

师：你们可以用自己的话，也可以用书上的话。好，你们去问吧。

（两位学生在教室里随机寻找朋友对话。）

师：小鸟，小鸟，找到朋友大树了吗？

生：找到了。

师：找到了？（笑）你知道了，但是还没找到，是不是？找不到朋友大树，小鸟都快急疯了。让我们再来读这三句话，体会小鸟的这份焦急。

生："立在这儿的那棵树，到什么地方去了呀？"

"门先生，我的好朋友树在哪儿，您知道吗？"

"小姑娘，请告诉我，你知道火柴在哪儿吗？"

师（随机采访）：可怜的小鸟，找不到朋友大树，你心里怎么想？你的心情怎么样？

生：我的心情很焦急。

师：你焦急。你呢？哦，你紧张，为大树担心。

生：我为小鸟感到悲伤。

师：你悲伤了，你就是小鸟。

生：我也感到非常的伤心。

师：你感到伤心，你们是不是在心里呼唤着朋友大树呀？

生：是。

师：你们是怎么呼唤的？

生：大树，你在哪儿啊？

师："你在哪儿？"还有谁说？

生：大树呀，大树，你到底在什么地方呀？

生：大树，你去哪儿了？

生：大树，你快回来吧！小鸟正在等着你呢！

生：大树，难道你忘记了咱俩有约定吗？我还要给你唱歌呢！

师：真好！同学们，小鸟对大树的这种焦急、牵挂、担心，就是奉献给大树的最最珍贵的友情。让我们再一次深入地和课文倾心地交流、对话，来体会这份情。

（教师出示图片。）

（四）引导想象，补充对话

师（低沉地）：村子里，煤油灯旁，一对好朋友又见面了。大家把书拿起来，让我们一起读最后一段（出示最后一小节）。

师："鸟儿睁大眼睛……"读。

生："鸟儿睁大眼睛，盯着灯火看了一会儿。接着，她就唱起去年唱过的歌给灯火听。唱完了歌，鸟儿又对着灯火看了一会儿，就飞走了。"

师：读着读着，你又有什么问题了？（学生争先恐后地举手。）有那么多问题呀？

生：鸟儿看到灯火，为什么还要唱去年唱过的歌？

师：好，还有那么多问题。这样吧，让我们互相之间尽情地交流、对话，可以提问题，也可以解答别人的问题。

生：我能够解答某某的问题。因为在一年前，鸟儿和树是好朋友。鸟儿天天给树唱歌，树也天天听鸟儿唱歌。可见它们是那么友好，它们简直成了一对知心朋友。然而冬天过去了，鸟儿却见不到大树了，只看到残留下来的树根。它历尽了千辛万苦，终于在油灯旁找到了大树的化身。这时它不禁想起了，当年它和树相处的一幕幕情景。它看到了灯火，仿佛看到了大树的身影。所以，它情不自禁地唱起了去年的歌。

师：你说得真好！你说了那么长的一段话！还有谁有什么问题？

生：我还要补充一点，我觉得小鸟就是在歌颂大树。因为灯火照亮了别人，给人间亮光，所以它在歌颂无私的奉献精神。

师：你觉得在小鸟的歌声中，还有那种为朋友自豪的心情在里面？

生：是的。

师：你体会得真好！还有谁有问题？

生：我想问一下，鸟儿为什么两次都盯着灯火看一会儿？

师：同学们注意到了没有？盯着灯火看了一会儿，后来要飞走了，它又盯着灯火看了一会儿。你从两个"看"当中，品出什么来了？

生：灯火是火柴点燃的，火柴是大树做成的，鸟儿可能把火柴看成是灯火的孩子，它要看看大树的孩子是什么样的。

师：所以它要看清楚？可以发表不同的意见。

生：因为它对大树的友情十分深，而现在大树的生命就要到尽头了，所以要多看一会儿。

师：它不忍心，它要饱含深情地多看一眼。是这个意思吗？

生：我觉得是小鸟想念大树，它才会对着灯火看。

师：对呀，它们多长时间没见面了？

生（齐）：一年。

师（动情地）：一年过去了，往日的朋友已变成了今天的灯火。小鸟怎么能不伤心？它不忍心。它看了一会儿，又看了一会儿，它在用目光和朋友交流感情呢！

生：我觉得鸟儿在沉思。因为灯火就是大树，它在猜测大树当时被伐木工人砍掉的那一刻，心里会是怎么想的；大树变成灯火，独自照亮别人的时候，又会是怎么想的？我觉得它是在沉思。

生：它可能第一眼看到灯火，它可能不相信灯火就是大树变成的。它第二眼看到灯火，好像就感觉到，这个灯火就是大树。

师：对呀，它简直不敢相信，这就是它那么熟悉的朋友——大树，所以它——

生：睁大眼睛，盯着灯火看了一会儿。

师：当它认出来的时候，它就唱起了去年唱过的歌。后来它要飞走了，为什么又看了一会儿？

生：因为，一旦火柴点燃的火烧完了，就证明大树的生命结束了。它想在与它最好的朋友离别之前，再看一眼。

师：你说得真好。两个"看"当中包含了小鸟多少深情和留恋呀！同学们，经过你们刚才尽情的交流和对话，你们真正地体会到了小鸟的这种深情。同学们，这回你们就是小鸟了，你们历经了千辛万苦，终于找到了你日思夜想的好朋友大树。此时此刻，我们一起读……

（教师出示改写的最后一小节：把"小鸟"改成了"我"。）

生："我睁大眼睛，盯着灯火看了一会儿。接着，我就唱起去年唱过的歌给灯火听。唱完了歌，我又对着灯火看了一会儿，就飞走了。"

师：老师被你们的朗读深深地打动了。你们这两个"看"字，读得让盛老师的情感随着你们的朗读在波动。能再读一次吗？

（学生动情地再读。）

师（深情地）：亲爱的小鸟，你看见朋友了，你盯着灯火，深情地盯着灯火，看了一会儿，你想说什么？你要走了，但你又对着灯火看了一会儿，你又想说什么？

生：我想说：大树，永别了！我要走了，我现在已经为你唱了歌，我已经完成了约定，我以后还会寻找别的火柴的踪迹，再为你唱歌。

生：我会说：大树，永别了，我会永远怀念你的！

师：你说得真好，你真是个感情丰富的孩子。

生：朋友，去年你如此强壮，现在为什么变成这样了？

师：它真不忍心看呀。

生：我觉得它会说：大树，我一生能交你这样的朋友真是一大快事呀！

师：对呀，大树也应该有这样的心情呀！

生：它第一次看的时候会说："大树，我简直不敢相信，昔日你如此高大的身影，却变成了如此的样子。"最后会说："大树，再见了，我希望会再见到你。"

生：对不起，大树，我来晚了，要不然还可以看到你生前的样子。现在我要走了，请你以后多保重啊！

师：同学们，你们都是守信、多情的孩子呀！（深情地）小鸟飞走了，带着淡淡的伤感飞走了，但它给大树留下了歌声，留下了友情，留下了我们世间最最宝贵的诚信。

师：小鸟对大树的情，把大树也给深深打动了。大树想在自己还没有被燃尽时，为小鸟寄去一张友情卡。同学们，你们愿意为大树写这张友情卡吗？（出示卡片）

生：愿意！

师：好，赶紧拿出来，为大树写上几句深情的话吧。

（学生自由写，教师巡视。）

师：写好的同学向盛老师招招手，示意一下。请你先说吧。

生：我是这样写的。亲爱的朋友小鸟，我想我再也见不到你了。我们虽然都身在他方，但我们的心是紧紧相连的。我们永远是最好的朋友。

师：你写出了大树的心里话。

生：我是这样写的。啊！亲爱的小鸟，多日不见，你过得怎么样？虽然我们今世不能相见了，但是，这一生能有你这样的朋友我也死而无憾了。如果还有来世，我希望我们能再做朋友。

师：他觉得死而无憾了，获得了这么真挚的友情。真令人感动。

生：我的朋友啊，我再也不能听你歌唱了，再也不能和你一起分享快乐了，但你我之间的友谊将永远燃烧在我心中。

师：这个"燃烧"，把你这种炙热的情感表达得淋漓尽致。

生：小鸟，我的好朋友，我要被燃尽了。在此之前，我想对你说："永别了，小鸟！我此生能交到你这样的朋友，真是荣幸呀！你非常诚信，我们永远永远是最好的朋友。"

师：你的话语中充满了情感。

生（动情）：小鸟，你的真情深深地打动了我。在我生命的最后一刻，你不远千里来给我唱歌。最后，我要用最后一次火光来照亮你。永别了！

（五）拓展延伸，多向对话

师（激动）：同学们，这是大树的肺腑之言呀！你们说出了大树的心里话。大树就是这样来表达自己的情感的。同学们，课文学到这儿，其实我们已经学完了。但是作为这篇美丽的课文的读者，你还有什么话说？你想对谁说？比如说吧，对伐木人有什么话？还有其他的，你想对谁说就对谁说。

生：我想对那些可恶的伐木人说："你们只为了制造一些火柴，就去拆散一对这么要好的朋友，真是太可恶了！"

师：你觉得愤慨，是吧？你说出了心里话。

生：我想对全世界所有真诚的朋友说一句："真诚是无私的，是难能可贵的。请大家好好把握这份真诚。也许这回失去了，下回就没了。"

师（微笑）：你说得真好！这是你从小鸟和大树之间的情感中受到的感悟是吗？

生：我想对伐木人说几句："你们为了自己的利益，砍伐了树木。可是你们是否知道，真情被你们破坏了！如果你们还有一些良知的话，希望你们不要再砍伐树木了！不要再让更多的小鸟伤心了！"

师（高兴）：你说得真好！你每次发言我都想为你鼓掌。同学们，你们也可以为他鼓鼓掌。（学生鼓掌。）真的，他的发言太精彩了！

生：我想对小鸟和大树说："你们的真情把我感动了。"我也要对天下所有的人说："愿你们真心珍惜友情，永远地和你们的朋友相处下去。"（笑）

师：相处下去。是的。

生：我想对伐木人说："伐木人，你们是否知道，树对我们人类有很大的帮助，比如说下雨天可以避雨，太阳大了可以遮挡阳光。它对人类有多么大的帮助啊。"

师：仅仅是这些吗？我知道你们还知道很多很多，可以举出上百条树与人类的关系，是吗？其实刚才已经注意到了，我们的同学在关注我们的环保问题了。非常好！还有想对作者说的吗？

生：我想对树桩说："大树走了，你不要过于伤心。它也不愿意看到我们伤心的。"

师：真好，不错。（笑）你举了那么多次手，我真的不忍心，再让你说一次！

生：我想对作者说："你为什么要写这么悲惨的结局。不能写得稍微……"（大家笑）

师：你实在不忍心看到这么悲惨的结局，是吗？你真是个感情丰富的孩子呀！同学们，刚才盛老师听到了你们那么真诚的、发自肺腑的话。这节课呀，咱们通过老师和同学们、同学和同学一起与课文进行多次的交流、对话，一起真正地走进了课文，是吗？

难得的是，刚才还有的同学和伐木人、小鸟、大树说话，还和作者说话。学完了课文之后，盛老师也是感慨万千。我在想啊，如果咱们这个世界上，人啊、树啊、鸟啊，万事万物能真正地交流对话，那我们这个世界将会变得多么美好啊！你们有没有这样的愿望、想法呀？

生（大声）：有！

（六）教后反思

本课教学充分利用教材的语言特色，以课文中的对话为引子，带动生本对话、师生对话、生生对话等一系列对话。

1. 充分展开对话流程

这堂课的对话流程是这样展开的：

初读课文，多元对话。（引导学生把自己与文本接触后的最原始的，没有受到过任何影响的感受谈出来。）

演读课文，倾心对话。（深入角色，朗读四组对话，体会角色的情感世界。）

引导想象，补充对话。（深入研读最后一段，想象小鸟的心理活动，升华情感。）

拓展延伸，多向对话。（跳出文本，以读者的身份审视文本，进行理性思考，引导学生与伐木人、作者进行多向对话，从而产生多元化的理解与感悟。）

通过与文本四次亲密接触，层层深入，步步递进，使作品潜在的含义、教师所理解的含义和学生所能接受的含义这三者有机融通，使我们的语文课堂真正成为学生思维的自由王国而不是教师思想的橱窗。

2. 对话结果个性化

阅读认知理论认为，对于文本中的言语，阅读主体只有在他的信息储存中找到与文本言语具有相似性的信息模块以后，才能进行相似激活，从而识别文本中的信息。因而，即使学生阅读的是同一文本，也会形成各自不同的相似选择、相似匹配，进而产生见仁见智的个性化理解。《课程标准》中有："阅读是学生的个性化行为……要珍视学生独特的感受、体验和理解。"例如，对于本文的主题，参考书上给出的是"诚信"，本课是一元带多元，确定了一条情感主线——真正的友谊是建立在诚信的基础上的，其余两个主题作为副线而存在。

3. 对话主题深刻化

对话式语文教学过程是引发对话主体各自向对方敞开精神世界和进行彼此接纳的过程。对话者彼此的碰撞与激发会把对话主题引向深入。笔者常想：语文教学最终应给学生留下什么？留下语言、留下情感和精神。深层次的对话应是情感的沟通和精神的共振。为了凸显本课的情感主线，笔者对教材进行了大胆的取舍，使教材为我所用。变以往的教教材为用教材。情感目标分三步达成：整体感知，初步体验；感情朗读，逐层体验；拓展延伸，升华体验。

2000年应邀为人民教育出版社拍摄示范课"去年的树"

和美之悟
——我的生活随笔

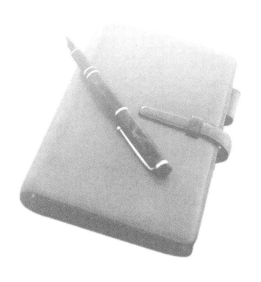

一、一春无事，忙点花事

我们家张先生忙完了装修大业，把管理内务的重任毫不犹豫地甩给了我。这可把我忙坏了，光是这些花花草草，就足以让我耗尽心力。

不过我得申明，侍弄花草可不是我的强项。以前在旧居，盆栽的养护都是母亲的事，我难得过问，也无暇去关注，如今父母搬出去住，这些花草都是有生命的，不能坐视不管啊，而且养护工程成倍增大了，可把我忙坏了。

张先生在顶楼露台、天井、地下室外平台都筑了花坛，再加上一个院子，里面都种满了花草树木。这些我很多还叫不出名的家伙，它们性格各异，爱好不同，有的喜阴，有的喜阳；有的爱喝水，有的耐渴，要伺候好它们，真不是一件简单的事。我查资料，咨询专家，突击学习，竟也掌握了不少知识。

院子里、花坛里的南天竹很好养，从我们搬进来到现在，一直郁郁葱葱，耐寒也耐旱，属于不让人操心的一类，我只是在鱼池喂鱼时顺便舀几勺肥水给它们解解渴。大橙子树是"花园之王"，它是带着满身的果实进驻我家花园的主位的，可惜没几天，一个个沉甸甸的大橙子都被路人摘了去。但它树形极佳，顶着满身的绿叶照样活得神气活现，最受全家青睐，所以我给它施了肥，还在根部周围放了一圈马齿苋，装点它的容颜。那棵映山红是妹妹、妹夫从山上挖来的，树形很大，我看着它在院里发芽长叶，可惜今年没能开出花来。靠近院门口的那棵牡丹是一个爱徒亲手帮我种下的，三月份移栽到我家后，四月份就开出了两朵硕大的牡丹花，虽然花期很短，但那种雍容华贵的美，着实让人欢喜。还有那棵树形小巧别致的六月雪，是先生的一个朋友送的，我亲手种下，水浇得很勤。四月份开始开第一朵小白花，如今那花逐日增多，我每天早上必定要去数一遍，然后无比满足地去上班。虽然那细细碎碎的小花，素雅恬淡，站在娇艳无比的矮牵牛旁边，真是毫不起眼，但那份不卑不亢的自在姿态，却深得我心。一个院子，汇聚的不光是花草，还有浓浓的情意。

这些种在院里、花坛里的花草还好些，有老天帮着一起照管，不用经常浇水关注，最劳心的还是家里的那些盆栽。今年冬天太冷，冻死了好几盆，看着那些闲置在院里的漂亮花盆，很不舒服，总想把它们填满。

前几天去了一趟花鸟市场，我很仔细地向一个熟悉的花农咨询了哪些花好养，以及一些花草的养护常识，再把空花盆的照片给他看，让他帮忙配置了几盆绿植，兴高采烈地捧回家，移栽到家里的几个空盆里。

我把一棵鹅掌柴移栽到一个本来装蝴蝶兰的空盆。养了一个多月的蝴蝶兰死了，盆很漂亮，舍不得扔掉，放在院子的角落里，总觉得会派上用场，终于，今天用上了。这棵叶子的形状像鹅掌的绿植看上去郁郁葱葱，培上从冻死的绿萝盆里移来的土，压紧实，浇透水，看着它又一次旧貌换新颜，神气地站在院子的台阶上，忍不住对它看了又看，反正就是喜欢、满意，对自己也很满意。

我在一个原本种发财树的大长紫砂盆里种了一棵紫薇，那棵小花苗躲在长盆里，有小孩穿了大人衣服的感觉，不太配套，但想到"紫薇"是"格格"，应该让她有比较宽敞的住处，便也心安了。

年前好友送的忍冬果也枯落了，但紫砂花瓶舍不得扔掉，便买了几株富贵竹插上。我从二楼搬到一楼，从走道搬到客厅，始终找不到一个合适的安放之地，最后终于让它在"和美轩"书房的角落里安了家。

有天早上醒得很早，脑中突然冒出个创意念头，可以把家里几盆奄奄一息的绿萝放在昨天刚腾空的一个玻璃花瓶里水养。于是说干就干，我把二楼客房和天井里几盆已快撑不住了的绿萝归在一起，清理腐叶，拔根，清洗，忙乎了半天，等到我把一捧洗净的绿萝塞进盛满清水的玻璃瓶，才发现绿萝太矮，瓶子太高，根本不配套，嗨，白忙乎一通！但还不死心，前段时间去昆明出差，买回一大束干花把它填满才罢休。

还有搬家前从金华花市带回的两盆盆景，有一盆里的竹子已经枯死了，巧的是前段时间去碧岩寺爬山，在山下一个简易花圃里淘到一棵红豆杉，于是回家赶紧换上。青葱的红豆杉在绿绿的青苔上直直挺立，顿时让整个盆景改头换面。我把它放在天井的台阶上，让它跟一盆菖蒲、两盆长寿花站在一起，每天都要去美美地看上好一会儿。

三四月份，蜡梅、茶花、牡丹、月季，一茬接一茬地开，一天一个变化，一天一个惊喜。这几天，牡丹、茶花都已谢尽，蜡梅早已不见花，只见叶，但花园里郁郁葱葱，从不缺色彩和生机。那棵橙子树，这两天开满了白花，香气浓郁，无比惊艳，吸引我每天起床后都要在小院中驻足呼吸许久。上个月，儿子在喂锦鲤时发现假山旁的紫藤和凌霄都发芽了，赶紧叫我去看，两人都很开心。如今，这两棵分植在廊檐两侧的家伙，相互赛着长，郁郁葱葱，都快爬上玻璃棚架了。那股涌动着生命活力的恣肆劲，令人惊叹！

　　搬进新居后，似乎忙了很多。忙虽忙，但侍弄花草的兴趣却与日俱增。在小院里挥舞剪刀修剪草坪，闻闻花香，听听草语，逗逗闯进来采蜜的蜜蜂、蝴蝶，觉得这生活是我要的样子。小院虽小，花草无语，但生活的世界却丰满趣活了很多。种花养草，让我在花草身上悟到了花开花谢、生命轮回的恒常规律，又从花草生命轮回中对季节、时令有了更深的感受。细腻感受这个世界的变化，感悟生命分分秒秒的拔节生长，生活的意义就成倍地增长。

　　一春无事，只忙花事。侍弄花草，其乐无穷！

家中小院

二、爱上旅行

这个周末，去了安徽歙县的卖花渔村和阳产古村。两个村子都藏在山里，需爬山、坐小车，辗转而至。起意参加这趟旅行，源于对卖花渔村这个充满诗意的名字的兴趣。真是一个充满诗意的古村，家家世代种植盆景花卉，又因为村子形似一条鱼，又居住着洪姓村民，故得名。

在溪渠绕村的古老村落里行走，处处花香，时时遇景，虽然已过了梅花开放的繁盛期，但虬曲多姿的梅庄盆景，照样能牵扯住游人的脚步，听泉、爬高、赏花，走累了，走进一家农家乐，坐在摆满盆景的庭院里，吃一顿农家饭，逗逗脚下的大黄狗，又是一番趣味。这里的狗见人不叫，很安静地走来走去，瞧瞧新鲜的路人，友好地摇头摆尾，许是见得人太多，早已熟悉了熙熙攘攘的人群。偶尔还会与端着饭碗边串门边吃饭的乡民撞个满怀，彼此友善地微笑，无须过多的言语。

在村子拐角处，碰到一个推着熟食的摊贩，一路唱着自编的儿歌，游戏式地兜售他的货物，吸引了很多人："哎，免费尝，免费吃，大家一起加把劲，早日实现中国梦！"一边唱着，一边又起一块卤过的豆干往路人嘴里塞。很多人免费吃过后都笑笑走开了，他毫不介意，还是热情地把一块块豆干往走近的路人嘴里塞。这么可爱的人，我赶紧向他买了一袋豆干，只为了他脸上这种难得的纯纯憨憨的微笑。其实这样的微笑，在整个卖花渔村行走时随处可见。

阳产古村又是另一种味道。我们到达时已是傍晚时分，夕阳照耀着这座坐落在山坡上的古村落。黄白两色的墙体，配上黛色的瓦顶，在夕阳的余晖中流溢着别样的美丽。村子很多居民已迁出，只留着少量的人家在经营农家乐。平时，这些朴实的乡民就坐在古屋门前的场院内聊天、吃瓜子、打毛衣，家家门前悬挂着几块腊肉，那份安宁与娴静，着实令人羡慕。

阳产古村也是依着山势和溪涧而建的，层层叠叠的屋宇、台阶、古树、巷弄，古朴天然，沧桑厚重，一步一景，真是摄影爱好者的天堂。

一天时间，虽是早出晚归，无比辛苦，但一天中获得的丰富感受如此珍贵。所见、所闻、所思、所感，都是为自己的人生积淀的宝贵财富，值得珍惜！就像年前的三亚之行，虽已过去一个多月，但旅行中遇见的种种美好仍历历在目：那对在热带雨林碰到的 70 多岁依然驾车疯玩的老夫妇，那个在清晨为我在碧海蓝天小区指路的东北老爷爷，还有在大小洞天景区看到的 5 000 多岁的居然是因为"无用"才长寿的不老松。这样的见闻给我很多启迪，相信都能成为我人生的养分，帮助我更加智慧地生活。

只要有条件，我想以后的人生一定要多行路，多阅读自然、社会这本大书。

徜徉于故乡花海（摄于 2017 年）

三、半生光阴为书痴

前几天，几个徒儿叫了几个年轻人帮我搬家，主要是搬书。几车的杂志是要搬到工作室的，几车的书是要搬到新房子的，他们楼上楼下地负重奔走，着实辛苦得很，让我的心里充满了内疚，但这些书不搬走，要当废纸卖掉，我又心疼不舍。

我十六岁来到湖州这座陌生的城市，十九岁正式有了自己的家，从附小边上的陈家老宅宿舍，到今天太湖边的奥园，已是第三次搬家了。

每次搬家，顶顶要紧的，就是搬我的书房。而每次乔迁，书房越做越大，书架越做越多，还是难以承载这越来越多的书。

在陈家老宅宿舍，一个带天井的四合院老宅里住了那么多人，我轮到的也只是一个七平方米左右的小屋，所有的书只能放在一个小小的竹制书架上，好在那时刚毕业，没几本书，书架一半的空间还能另作他用。

在市陌路住的六七年，我也没有独立的书房，只在儿子的小房间里做了几排书架。

真正拥有自己的大书房是在碧浪湖居住的十几年，我有了一间完整的书房，完全是我的，先生的书房只是靠近露台的半壁江山（只是半间），我在这间独立的书房里通天彻地地做了那么多的橱柜，好欣喜好满足！我把书分门别类妥妥地安放，等到放满，还有那么多空间，以为这辈子都不愁书没地方放了，可从去年开始，还是把所有的橱柜都塞满了，很多书还是无奈地躺到了地上，坐等位置，可我也实在无能为力了。

这次搬新家，我拥有了更大的书房，在地下室还做了两大排的备用书柜，我乐观地以为，这次应该够用了吧？为了给未来的新书预留些空间，我在搬迁时果断进行了分流，把杂志搬往工作室。这些我十多年来自费订阅的杂志，每一年都装订成册，那是十多年来父亲在每年的十二月在阳台上用一根钉子一把榔头，纯手工帮我装订的，线用的是母亲缝衣用的棉纱线。十几年来，老人坐在冬日的暖阳里，搓着冻红的双手，弓着背，在阳台上叮当敲打的镜头早已刻在我的灵魂深处，所以这次乔迁先生提议要遗弃这些杂志时我如何舍得？把它们搬去工作室，在那建一个语文专业阅览室，吸引爱语文的年轻人来阅读查阅，多好啊！

于是，在经过了前几日一天的搬运整理后，我的书房整体搬迁，那些伴我多年的纸张伙伴们，如今都已在新居安静地等着我了。

"半生光阴为书痴"，作为一个女人，家务女红我都笨拙，人情世故也是懵懂，这样的人生，也是有所缺憾的，但无从选择，因为唯有在书本的世界我才安详自信，好在家人也一直迁就宽容。如今，这间"和美轩"书屋将伴随我的后半生，让我继续我的"书女"人生了。从今往后，我就在这书屋，这小院，一本好书，香茶一壶，静等紫藤上架、凌霄开花了。

"和美轩"书房一角

四、闲居莫干山

刚从东海之滨看了海，过了几天海居生活回来后，又临时起意，和几个志同道合的朋友上了莫干山，过起了山居日子。以前因为爬不动山，所以一直不喜欢游山，但对莫干山一直有好印象，因为那里有难忘的青春记忆，更是因为浓荫蔽日、人文荟萃的幽邃环境。时隔十多年，再度走进它，感觉还是那么好。

（一）

我们一行四人入住坐落于荫山街口的东吴山庄，那是一栋坐落于山坡上的古老石砌建筑，需拾级而上一百多个台阶才能到。房间是木质结构的，门口的平台上有三棵大古树、一口古钟，还有一个木制秋千架，往远处眺望，群山披绿、云雾缭绕，这平台，绝对是看日出日落的好地方。一到，他家的狗狗就出来迎接。几个服务员都是山下村落里的大婶，友善热情，很是面善。饭厅是临窗一排卡座，窗外便是绿树花草，不时有鸟叫虫鸣，往下能看到著名的荫山街上人来人往。

（二）

闲居山庄，生活的节奏便慢下来，散步、练功、闲聊、摆拍，听虫鸣鸟唱，赏闲云悠飘，随处可见翠竹幽径、古木参天、石砌别墅，满山的好空气任你呼吸，满眼的好风景任你赏阅。剑池、芦花荡、白云山馆、武岭村，这个被众多伟人青睐的地方，不仅有千娇百媚的外在美，更有历经岁月磨砺的深厚积淀。在我看来，莫干山是美女，更是佳人，它的美不光是披红挂绿、涂脂抹粉的外表，而是内外兼修，美得丰富而有内涵。

（三）

山居生活最宝贵的时光是早晚。清晨，在芦花宾馆前的观景台上看过日出，便寻幽探胜去了。一个人沿着曲曲弯弯的竹径不断下行，也不知走了多少台阶，便看到了那一泓剑池水。干将莫邪的雕塑，池边的飞檐小亭、古朴小桥，还有那一壁秀丽的飞瀑，这些景都谈不上惊艳，也不是初见，但因为是在清晨，跟四周的寂静、清幽一起呈现，便格外有了魅力。遥想这清冽的池水，裹挟着一个受吴王之命在此铸剑的干将莫邪传说，经年流淌，迎来送往了多少代尘世旅人，便觉得脚下的每一阶台阶，都增添了历史的厚重与岁月的沧桑。风景是需要岁月沉淀、故事激活的，否则，风景便失却了生命与灵性。

芦花荡公园也是同理，因为有了一个太湖人要把水边芦苇植于山上的浪漫奇想，便成就了这千年名胜。

（四）

徜徉山间，每一棵古树都值得驻足，每一根翠竹都让人流连，每一朵闲云都让人引颈。还有那两百多间风格迥异、散落山间的古老别墅，在清亮的蝉鸣声中静默深藏于茂林修竹间，默然迎送一茬又一茬的旅人，静看晨昏的寂静和白日的喧嚣，年复一年。每家几乎都有一个观景台。观景台的大小、朝向、设计风格，很大程度上影响着别墅的档次和价格。每家观景台一般都对外无偿开放（当然也有个别人家在角落拴条大黄狗挡道的）。哪怕不是自家客人，去观景台赏景，主人都不会说什么。在山上的几天，我们选择不同的观景台去欣赏日出日落。山上的日出日落，在树影婆娑的衬托下，比海上的日出日落更添了几分韵味。

（五）

在山顶，邂逅了来自金华的几位同行，交谈后，发现我们都认识彼此的熟人，世界很大，也很小，有缘人总会相见。生命的意义就在于不断地邂逅未知，那些不期而遇的人和风景，总会给我们带来意想不到的惊喜，让我们不断感受生活的快乐。

（六）

最后一天，我们一行四人起了个大早，到大坑方向去看日出。在一个偌大的观景台上，看到太阳从东方那一片绚烂的朝霞中跃出，那份壮美无以言表。看完日出，我们继续往大坑走，经过一片郁郁葱葱的原始丛林，沿着陡峭的山路一路登攀，终于登上了莫干最高处——大坑。我们在山顶尽情采气，躺在石头上看蓝天虚空：天好蓝、云好白，世界如此清亮明媚！与自然融合的感觉如此舒畅愉悦！生活如此美好！这个早晨，莫干山的好风好光把我们的心灵荡涤得如此清亮明净，我们不知如何表达心中的愉悦，只是由衷感觉：一切都好！

是的，莫干山之行，一切都好！带着"一切都好"的美好信息，走向明天吧！

在莫干山顶（摄于 2018 年）

五、出去看点风景回来

　　有时累了，我喜欢闭目养神，此时，思绪飞得很远，脑海中会产生视像，那视像往往是自己曾经看过的最美的风景。

　　近几年，我的脑海中常浮现的好风景有这么几幅。

（一）

　　秦皇岛角山长城，那是一段坐落在秦皇岛市郊外的长城，并不是热门的景区，苍凉、寂寞。1993 年夏天，二十出头的我只身一人坐火车来到遥远的秦皇岛，参加一个养生开智培训班（纯粹是新奇），在这座陌生的城市待了二十多天，那是我第一次只身一人走那么远。在这个班里，我邂逅了一大批来自五湖四海的年轻人，大部分还是在校大学生。周末，我们租了一辆当地三轮车，找到了这段苍凉的古长城，它蜿蜒绵长，一直延伸到群山之巅。我们爬到长城顶端，尽情欣赏蓝天白云下的那段雄奇壮美。年轻的自己，友善的伙伴，那份苍凉传递出来的幽远丰厚，让年轻而没有多少经历的我感到无比震撼和难忘，于是，这处风景便留在了记忆深处。二十多年过去了，它一直萦绕在我心头，只要一闭上眼睛，这个视像就会清晰地出现，它滋养了我二十多年的时光。

（二）

第二处好风景是从西藏看来的。2014年，我陪刚结束高考的儿子去西藏旅游。那是一次多么轻松愉快的旅行啊！西藏的蓝天白云、雪山大江，是看不完看不厌的。最后一天，导游说要给我们"加餐"，带我们来到了一个叫罗托罗娃（反正是这个音）的湖边，哇！那种澄澈明净，那种逼人、圣洁的美，震得我们说不出一句话。同去的几对情侣紧紧相拥，只是不说话……自然的美好可以如此神奇地洗刷我们的心灵，净化我们的情感。于是，这处好风景，很多年都顽强地占据了我的大脑，只要一闭上眼睛，它就强势地闯进了我的视像，让我一次次回味陶醉。

（三）

以后，随着岁月的流逝，我的双脚丈量了越来越多的土地，饱览了越来越多的好风景。这些风景，有些是自己独自拉着箱子，忍受着旅行的孤独一个人去看回的；有些是携着亲人，一家人其乐融融一起看回的；还有些是跟着同事、朋友，一群人热热闹闹、疯疯傻傻看回的。一个人的旅行边看边思，看回的风景往往融入了些许哲思；一群人的旅行热热闹闹，看回的风景便汇聚了人情、故事。这些自己或悠闲或辛苦从五湖四海看回的风景，有些是静态的画面，有些是动态的故事，每一处，都是自己难忘的人生阅历。闭目遐思，风景颐养的，不光是一时的心境，更是厚重的人生。

只是，随着时间的流逝，这些自己千辛万苦从各地看回来的好风景，会渐渐被冲淡、冲模糊，有时任凭怎么努力回忆，脑中的图像都已不太清晰。当头脑中没有了风景的储备，生活便失却了美感的来源，显得枯燥无味，过得有点惶惶起来，于

在法国凡尔赛宫（摄于 2018 年）

是，便想着要重新出发，出去收集储备。

于是，出去看点风景回来，便成了我这几年非常重要的生活。于是，这几年，我一直走在找风景的路上。

六、用写作建构自己的精神世界

我一直认为，培养一个人的写作兴趣，外界的激励至关重要。

回顾自己的写作经历，在几个关键的节点，都得到了外界的激励。这种激励让我对写作的好感与痴迷与日俱增，乃至最后变成一种生命的需求。

第一次是上小学时。我上小学是在 20 世纪 70 年代末期，当时学校环境比较艰苦，我的很多老师当时对写作教学没有多少技巧和方法。可很幸运，他们懂得激励。自我感觉在文字表达这块，自己也许还有点天赋，所以每次

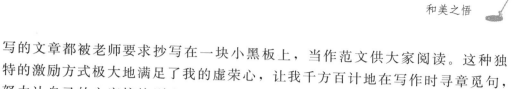

写的文章都被老师要求抄写在一块小黑板上，当作范文供大家阅读。这种独特的激励方式极大地满足了我的虚荣心，让我千方百计地在写作时寻章觅句，努力让自己的文字惊艳别人。也正是由于老师的激励，让我在小学阶段就爱上了写作。

第二次是在中学时期。当时我们的中学在蚕花圣地——含山脚下。初二开始，大家便住校。学校的食堂只提供蒸饭、热菜的服务，每个学生都自带米、熟菜。我们教室和食堂由一个小院子连接，院子里放着一个大缸，里面装满了水，供师生淘米蒸饭用。每天一早我们师生会在这个水缸边相聚，一边淘米一边说笑，其间发生了许多有趣、感人的故事。读初二时我写了一篇文章《水缸边上的故事》，记叙了发生在水缸边上的一件感人事件，没想到一炮打响，文章不仅被张贴到了学校的橱窗里，还被我们学校的"校花"——一位初三年级的学姐代表学校拿去参加演讲比赛，还得了奖。这件事简直点亮了我整个中学的时光，我是多么感谢文字啊！从此，我彻底相信，自己在写作上是有天赋的。

第三次是在读师范期间。进入师范第一周，教文学的姚庚荣老师给我们布置了一篇写母亲的作文。写完后，在一次讲评课上，姚老师居然也把我的文章当作范文在全班诵读，当他用动听的男中音读到我最满意的语句"星光、泪光、爱的光环，母亲！母亲！"的时候，我发现姚老师的语气相当动情，似乎连声音也有些哽咽。我第一次发现自己的文字居然有这么强的感染力。从此，师范三年，我的兴趣全转移到了文学上。本来考进师范的时候，我的数学成绩也是很高的，被指定当数学课代表，但只当了一个月，就被撤换成了文学课代表。从此，班里的黑板报、班刊，学校的文学社、广播站，便成了我尽情宣泄文学热情的阵地和舞台。

细细回味，我的人生三个最主要的求学阶段，在写作上都得到了老师的激励，我是多么幸运。就是这些不经意的激励，点燃了我的写作激情，至今不衰。所以，在儿子的小学阶段，我也是不断地用激励，去激发他的写作自信，燃起他的写作热情的。

激励，让我爱上了写作。如今，写作已悄悄融入了我的生活，而且慢慢地蚕食我的时间，直到最后写作本身变成了生活的一部分。这是一个令人庆幸的过程，因为这样的过程发生后，我相信自己有了用写作重构自己的精神世界的能力，我相信自己有能力对自己进行心灵救赎。因为写作，我觉得自己能耐得住寂寞，并乐于享受孤独。因为一个常年写作的人，内心应该是丰厚强大的，在挫折与磨难来临时，也会有优于常人的抵挡能力。心灵不垮，人生不倒。

我想自己是被激发了表达欲的。表达欲的激发，首先可能要依赖外界的力量进行历练，久而久之，当形成了习惯后，便会处于一种自动化的状态，最后甚至会达到不抒不快的地步。当这种欲望形成后，写作便如吃饭睡觉一样，变成了一种日常需要。有人说只有多愁善感的人才有需要用写作来排遣，其实不然。写作自然有一种自解心结的功效，但也可以是记录趣味、梳理思维，不管是善感之人还是理性之人，都可以通过写作整理自己的精神世界，从而提升和完善它。

我庆幸自己找到了一条建构自己精神世界的通道。

在家乡竹林（摄于 2019 年）

七、又软又硬的父亲

我没有见过一个人，是像我父亲这样的。

他很"软"。年轻时在家乡，大家叫他"豆腐"，意思就是他性格很软。再加上他身材矮小，动作缓慢，说话轻声细语，所以尽管五官长得很不错，但全然不符合我心目中对父亲高大威猛的形象要求。所以说心里话，小时候的我，还有点瞧不起他。

父亲的性格确实有点"软"，用老年人的话说，就是一点脾气都没有。从小到大，家里的大事小事都是母亲做主，他只是个服从者和执行者。父亲对我们来说就像空气，是我们生活的必需，但从没让我们感觉到压力。他对我们姐妹俩宠得很，凡事顺着我们，从没有提过一点要求。小时候我和妹妹在外面疯玩，玩得再晚，祸闯得再大，他从没说过我们半句，更不用说打了。别的孩子放学回家都要去干农活，他从不要求。有一次，村里一户人家造房子，他帮工，正爬在人家屋顶上。正午时分，我和妹妹挎着篮子去割草，他在屋顶上拼命喊叫，让我们回家，说外面太阳太大。在童年和少年时代，我们所有的压力都来自母亲。母亲聪明能干，是我们家的主宰和方向。所以，我们家的模式一直是严母慈父。

我们成年工作后，父母便也来到了城里生活。逐渐变老的父亲更是"软"得一塌糊涂。在他的心目中，子女就是他的领导，他的"皇上"。我们提出任何要求，他从来都是"坚决执行"。他每天的生活极其刻板而有规律，一日两餐老酒，便满足了他生活的所有欲望，对于衣服、美食、旅游等，全然不感兴趣。每天，他只是认真执行我们的命令，比如让他到哪里去跑一趟办事，买东西扛上楼，用助动车接送上班的母亲等，他一丝不苟开开心心地做。父亲70岁之前身体一直硬朗，没吃过一颗药，更没住过院，还能把20多斤的重物扛上五楼，气都不喘，我们一直很欣慰，以为那是他每天喝酒，用酒精消毒后的结果。他活得简单、开心、满足，所以相比母亲，我和妹妹更愿意跟父亲相处，因为他"好弄"，像个乖顺的孩子。

可是他"硬"起来也是拿他没办法的。套用别人形容王国维的一句话就是"硬得像金华火腿"。他固执起来，那是十头牛都拉不回来的。他不要吃的东西，就是不吃，毫不妥协，所以他严重偏食。前年秋天，他的脚突然肿痛，我们很慌，要带他去医院，他说什么都不肯。那天我请了假，到他工作的地方去载他上医院，他第一次冲我发火，说自己只是崴了脚。我求了他很久，连哄带骗，还是没能说动他。其实那时，他的病已有症状。

去年八月的一天早晨，儿子发现外公的眼睛肿了，让我们重视起来，我和妹妹才联手硬把他拖到医院。检查后，发现他因为前列腺炎没重视引发了膀胱、肾水肿，我们焦急万分，后悔没尽早让他就医。这也是他为"硬"付出的惨痛代价。

于是他就受了人生中第一次抽血检查，害怕得脸色苍白，我和妹妹一面照顾他，一面帮他遮住脸不让他看针头。一个历经人世沧桑70多年的男人，"软"到这样的程度，让在场的护士惊诧不已。

父亲病后，住院20多天，做了膀胱造瘘手术。那天从手术室出来，因为我们等错了地方，没有第一时间在手术室门口迎到他。等到我们赶到病房时，父亲看到我们竟然哭了，让我们心疼不已。我给他一遍一遍地擦着泪水，就是擦不干。他是吓坏了，手术小，处于半麻醉状态的父亲清晰地感受了半个多小时血淋淋的手术过程，他是吓坏了！被推出手术室，又看不到自己的亲人，那种孤独和恐惧，我可以想象得到。

出院后，我们强行让他离开了心爱的工作，提早退休；也强行剥夺了他骑着助动车满城飞的权利；还强行让他戒掉了喝了几十年的老酒。他默默地承受了这一切翻天覆地的变故。他按时吃药，吃我们给他限定的东西，做我们给他限定的事。他仍旧保持很好的睡眠，从不多愁多虑，对自己的身体依旧保持无限的乐观。他的乖顺让我们省心不少。他依旧轻声细语地说话，力所能及地帮我们做事。他在最短的时间里调整了自己，平静镇定地接受了这一切，真正做到了逆来顺受。在挫折和苦难面前，是最能检验一个人的生命硬度的。所以我们不得不承认，其实，父亲，还是一个有硬度的男人！

这个又软又硬的父亲，是陪伴我们长大的我们的父亲。所以，尽管他一生平庸，尽管他不完美，但我们依旧爱他。希望他平平庸庸过好每一天，祝福他健康长寿！

和母亲在一起（摄于 2015 年绍兴）

父母亲在规划开垦一块菜地

父亲坐高铁去看外孙

（摄于 2017 年）

父母在家乡太湖古镇

（摄于 2019 年）

八、原谅自己

广州回来的当天，我制造了一件惊天动地的事故——把箱子落在宾馆了！而且，这样的失误，直到大巴车开到高铁站才发现。

早晨，我也和大家一起，早早整理好一切，按时到下面餐厅用餐，并和大家一样把箱子放在了一楼早餐厅的入口处。早饭后，我和同事小郭上了趟洗手间，等我从洗手间出来后，大厅里已空无一人，同事小郭急急地在车旁向我招手让我快上车，我背着我的双肩包急急上车，舒舒服服地坐到了座位上。一路上，不管是与同位谈笑，还是闭目养神，一个小时左右的车程，我的脑海中压根就没想起过我那个大箱子，直到车开到高铁站门口，我才猛然惊醒，好像落下了箱子，但还寄希望也许已经有人帮忙提上来了，因为整个团队的行李是放在一起的，我侥幸地以为有人一起清到车上了，直到车厢里最后一个箱子被取出，才绝望地认命。

尽管在经过了一系列紧张忙乱的电话联系后，宾馆方已答应将它立刻寄出，箱子里也没有特别值钱贵重的物品，但这次事故让我觉得太丢人了！尽管我可以为这次事故找出无数个理由，这些年大都一个人出差，警惕性反而高，箱子跟别的县区的放在了一起，致使小郭他们没留意，上了洗手间出来车子快开了着急等，但犯这样的错误几乎是不可原谅的，犯错后第一时间向家人汇报，他们都诧异得无语了。很奇怪那段时间我就这样似乎灵魂出窍，思维短路了，后来我找到的原因是：昨晚上和一群同事一起游珠江玩"小蛮腰"兴奋过了头。一想到这个事故会在未来很长一段时间都被人当笑话讲起，心里懊恼极了：新凤，你怎么还这么浑？！

记得三十年前的夏天，我第一年参加工作，十九岁，当时我工作的湖师附小和飞英小学联合组织教师暑期到北京旅游，正好和我同学沈群英同行。因为第一次出远门，两个女孩子在北京疯癫了几天，拍了很多美照，兴奋得不知东西南北，其间多次掉队不说，也是在返程那天，出了大事故——我的火车票丢了，而且也是在大家要着急进站检票时才猛然发现的。这样的事故，在三十年前可真是大事故了，因为临时补不到票，遥远的北京，那是今天到美国纽约的架势啊！领导立即召开紧急会议，讨论谁留下来陪我重新规划行程。当我想到要离开团队留在陌生的大北京时，急得像热锅上的蚂蚁，不知哪来的勇气和机智，我跟着人流不顾一切往前冲，检票员拦住我，我便说谎：票被前面的伙伴拿走了。等我上气不接下气赶到我们所在的车厢时，发现我的位置上已坐了个陌生人，他说票是从别人手里买来的，可见票早已被人捡走转卖了。于是，领导帮我在车上补了张站票。漫长的旅程，我便坐在我位置边上的报纸上，心事重重。

这件事情，一直被几代附小人当故事讲，以致我有了心理障碍，好长时间不太敢参加单位的集体出行，怕自己又会制造新的事故。

没想到三十年后的今天，我故态复萌。不知这次的故事又会被传播多久、多远。

在云南（摄于 2015 年）

如果三十年前的事故是年少无知缺乏出行经验，可以原谅，那么在我一个人走南闯北了大半个中国的三十年后的今天，再发生这样的事，我自己也要对自己"目瞪口呆"了。我还能原谅如此没脑子的自己？我简直要唾弃自己了！

一路上自己"义愤填膺"，然而回家后所有的愤慨顿时就消失了。我马上给自己找到了很好的辩词：没事没事，生活是自己的，跟别人没有半毛钱关系。只要事故没给自己造成太大困扰，又有何关系？权当自己调皮捣蛋，跟生活开了个可爱的玩笑，给自己，也给同行人一些有趣的调剂吧！

最后，我愉快地选择了：原谅自己！

九、我没有教过他爱我

我没有教过他爱我，从小到大，我都是教他爱别人的。

小时候吃饭，他挑食，给他讲道理，不听。他爸爸从不跟他啰唆，只要一坐上饭桌，就开始帮他夹菜，特别要夹那些他不爱吃的菜。一开始，他反抗过，但慢慢地，知道在爸爸面前只需要服从就行，就不反抗了。但我知道，他心底是不乐意的。怕他心里怨爸爸，也怕他们父子冲突，一直有意识地给他灌输"你是多么幸福，有这么好的父亲""你爸爸对你的爱都在这吃饭夹菜的行动里了""通通，你可以写写你的爸爸，就写他为你夹菜这个细节""我从没有看到过一个父亲对孩子有这么多的爱的，你爸爸真了不起！"在从小到大反复的灌输中，儿子一直懂得爸爸爱他，爸爸了不起。所以直到现在，他也一直欣然接受爸爸为他夹菜的习惯，也一直爱爸爸，崇拜、尊敬爸爸。

我们工作忙，母亲一直帮我们带孩子。儿子长大后，在叛逆期，很不喜欢跟老人在一起。为了让他重新接纳老人，我讲自己跟爷爷的故事给儿子听，也把"子欲养而亲不待"的遗憾告知儿子。我也讲母亲的人生故事给儿子听，告知儿子："外婆一生多么不易，她是多么了不起！"慢慢地，儿子对外婆有了敬佩之心。我还告诉他"在这个世界上，外婆是最疼爱你的人，远远超过了我们""跟外婆在一起的时间都是有限的，要珍惜！"儿子开始重新接纳老人。现在，他比我们还孝顺老人。

我也教过他爱他的姑姑，甚至跟他说过"你可以把姑姑也当成妈妈"。因为在成长的过程中，特别是在他的中学时期，身为高中老师的姑姑为他付出了很多，也了解他的心理，所以儿子跟姑姑也特别亲。

我教他感受亲人为自己的付出，教他体会亲人对自己的爱，教他感恩珍惜亲人的爱。这种提醒在孩子成长的过程中是多么重要。因为不刻意提醒，我怕孩子以为那是理所当然，我怕孩子会轻描淡写地忽略。这种提醒，由第三者来完成，尤其自然、有效果。

……

可是从小到大，我没教过他爱我。

我没教过他爱我，却也感觉到了他对我的爱，这真是极好的事情。

第一次有这种感觉是在两年前，他第一次离家去外地上学，圣诞节给我写了一封长长的信，第一次开始用"嘱咐"的口气跟我说话。他嘱咐我不要太辛苦，嘱咐我要锻炼身体，还嘱咐我双休日尽量不要出差，多陪陪他爸爸。那一次，是我在儿子身上得到的第一次意外的惊喜。

儿子小时候

儿子和小学老师在一起

第二次是在昨天，我刚出差回家，意外收到他寄来的母亲节礼物：一块透明的玻璃上刻着我俩的头像，上面还有一句话："愿时光盗不走你的容颜。"当这块"匾额"插在一个简易的灯座上通电后，头像和字便清晰地呈现出来。我一个晚上都在回味这句话，感觉这小子语言功底越来越好了，这个"盗"字用得真不错！

在柔和的灯光下，我看着儿子和儿子心目中我的样子，浅浅地笑，深深地满足。

我没有教过他爱我，但他会了，我很欣慰。这个世界，应该不会拒绝一个有爱、会爱的孩子。

和儿子在一起

父子俩

十、聚散苦匆匆

这几天和六名同事一起，跟随市继续教育中心到广州参加培训者培训。

初到广州，同行的同事问我是否有可以"骚扰"的人，我想来想去，似乎没有一个合适的。广州最熟悉的是好友陈琴，可惜她已调去我们浙江。还有一位就是广州市原教研员、著名语文教育专家许汉老师，可惜他老人家已经不在了。

初见许汉老师，是在十多年前的千课万人会场。那次他陪徒弟游彩云来上课，告诉我们自己早已退休，这次出来完全是为了自己的徒弟。有这样的师傅关爱，让我们都对他的徒弟羡慕不已。

几年后，许汉老师邀我来广州西樵上课，记得是住在一个风景区，感觉特别好。那次第一次见到许汉老师夫人，我惊喜地发现，这对夫妻如此的相似：同样的热情似火，同样的热爱生活，同样的开心开朗，同样的真诚性情。许汉老师我们是了解的，他痴爱语文，也痴爱生活，我们曾陪同他游过南浔古镇，他对陌生地方如孩童般的新奇令人动容。想不到他生活中还有一个如此步调一致、情趣相投的老伴。那次广州之行，很温暖，所以记忆悠长。如今斯人已去，此地空余珠江流，让人徒生无限感伤。

　　培训活动的第二天，地点在华南师范大学，来到培训楼门口，发现有一块指示牌，上面写着"热烈欢迎广东省中小学教师工作室主持人培训班的领导、嘉宾和学员"，突然想到珠海的好友严杏也是广东省名师工作室主持人，极有可能也在参加培训。怀着试试看的心态给她发信息询问，结果秒回，真的在！真是欣喜若狂，于是马上要求她过来找我。跟严杏一起编教材三年左右，其间经常同处一室，两人早已成了无话不谈的密友。教材编写组解散后，我们天各一方，难有相见的机会，想不到这次意外地在羊城相逢，而且在同一时间、同一地点被同一个单位接待参加类似的培训者培训，这需要多少缘分的积淀啊！这样意外的相聚，事先没有任何征兆，这是多么神奇的事！几分钟后，她就赶到我们教室来找我，我们在教室外的走廊上尽情畅聊。简陋的地点，进进出出嘈杂的人群，毫不影响我们意外相见的惊喜心情。期间我同事出来看到我们，无不羡慕：全国各地都有闺蜜，多幸福！

　　有些朋友，走着走着突然不见了，这样的离散带给我们无限伤感。但有些朋友，走着走着突然相聚了，带给我们几多惊喜！时光留不住，聚散苦匆匆。因为有伤感，所以更加珍惜在一起的时光；因为有惊喜，故而人生总还留有希望。生活之流，就这样裹挟着无数酸甜永远向前……

十一、"笑纳"一切

　　母亲一生节俭，从不肯让我们为她多花钱，每次给母亲买衣服，便成了我的心病。因为她从不肯配合和你一起逛街试装，我只能凭感觉去揣摩她的嗜好。还好，多年的经验让我买回来的衣服基本都合乎她的要求。更尴尬的是，每次把新买的衣服交给她也是件挺累人的事，因为她从不会愉快地"笑纳"，总是谴责，然后开始历数自己还有多少库存衣服。我父母的一生只想为子女付出，如果自己有办法，是断然不想麻烦子女的。所以每次给她买点什么，她总觉得很过意不去。为了打消她心里的不安，每次把新衣服拿回家，我总先把它放在一边，等母亲闲了，再不经意地把衣服拿出来，故意轻描淡写地描述，因为正好经过那里，看到这件衣服，极便宜，才顺便买了。而且价钱要比实际报低许多，她才开心。

所以，我常常羡慕别人家的父母，会很开心地接受子女的礼物，让子女的孝心得到满足，这是多么善解人意的父母啊！于是，让父母"笑纳"我的礼物，便成了我的奢望。

"笑纳"子女的馈赠，也许是做父母的一种智慧，但很多太过无私善良的父母都做不到。

因为渴望被父母"笑纳"孝心而不得的难受，我只能身体力行为他们做示范。

最近母亲在屋旁开辟了一块空地，种下了许多蚕豆秧，收获了许多蚕豆。每次回去，她都要在我包里塞一大包剥好的蚕豆，尽管背来背去很沉，尽管菜场里豆子很便宜，尽管冰箱里还有很多库存，但我从不拒绝，总是欢欢喜喜背回来。我知道母亲喜欢我这样，我笑纳她的豆子，让她觉得自己的劳动多么有价值。这远比她自己吃了还高兴。但愿我的示范能有一天让母亲顿悟。

前一阵子在朋友圈看到一段话：朋友就是这样，你麻烦我，我麻烦你，在相互麻烦的过程中增进友谊。我深以为然。如果我们总怕打扰别人，不想打扰别人，表面看是为别人着想，也许潜意识中，也有不想被别人打扰的意思吧？

所以，坦然"笑纳"朋友的友情馈赠，这是很好的友情表白。因为爱是给予，同时，爱也是"笑纳"。

其实，不光亲情、友情需要"笑纳"，生活中，我们处处需要有"笑纳"一切的人生智慧。

我有几个人生导师，对我影响很大。闲时，会经常向导师去问道，跟导师说起近期一些事、一些念，导师的话总是耐人寻味的，浸透了岁月的智慧：

"新凤，有时候，你要习惯，真真假假的情感都接受，虚虚实实的示好都'笑纳'！"

"新凤，你要习惯，人生有时就是这样，你捧捧我，我捧捧你，不要看不惯哦，要'笑纳'！"

"新凤，你要习惯，人生有时就是这样，你吹嘘给人听，有时听人吹嘘，不要不舒服哦，要'笑纳'！"

"新凤，你要习惯，人生有时就是这样，你的一切，不管完美与否，都会引来一些人的赞美，一些人的吐槽，不要太在意哦，要'笑纳'！"

导师的这种"看破不说破，看透微微笑"的人生智慧给我很大启迪。也许，导师太了解我，知道我总是太认真、太在意，太追求完美，严于律己，也严于律人。怕我累了自己，也累了别人。

是啊，如果我们能时时"笑纳"一切——虚的实的，真的假的，助的拆的，成的败的，给心灵减负，给生活瘦身，我们该积蓄多少活着的劲儿啊！活得圆融，也许会减少很多带刺行走的辛苦，也给自己添加一些和这个世界温柔相处的润滑剂。这个道理，长到我这样的年纪，是应该懂得了吧？

我不知道你有没有进过寺庙，瞻仰过菩萨的眼神。观音菩萨、如来佛的眼神，如此俯瞰众生，温柔慈悲的"笑纳"一切的眼神，是很迷人的。（我只谈雕刻艺术，跟信仰无关）尽管都是泥塑木雕，但那种眼神足以把世人的心平复，所以很多人说，进了寺庙心就静了，因为有这样的眼神宽容慈爱地注视。

在家乡的"蜜月花田"景区

用笑来接受、接纳一切，既是对爱的善解，更是宽厚待人的姿态，是有容乃大的气度，是大气做人的格局，是人生的修养，更是生活的智慧。我希望自己的一切都能被人"笑纳"，而不用担心一不小心成为别人的"笑柄"。我也希望能"笑纳"别人的一切，给人温暖，也温暖自己。这个世界，我愿意更好地与你相处。

十二、一个女人的力量

　　在呼和浩特的最后半天，我起了个大早，花大价钱打车去拜谒昭君——这个两千年前的大美女。

　　墓园的大门刚刚打开，售票、检票人员还没全部到位，清洁工还在清扫陵园，花匠正给青冢上的树木浇水，树上一种不知名的鸟儿嘹亮地啼叫着"姊归，姊归"。一切似乎刚醒来，青冢下酣睡的美人醒了吗？

　　远远地望着巨大的青冢，这座最大的汉代墓葬，青绿葱茏，墓顶的亭台四角飞翘，两边的台阶已踩得圆滑无比。千百年来，五湖四海的人们就这样踩着台阶，攀至青冢的顶端，近距离地感受美的存在。不知怎么，望着在晨风中格外清朗冷寂的青冢，我却有点望而却步。我在害怕什么？是怕自己唐突的惊扰，还是太过冷清的墓园让人徒增阴森的联想？

　　脑海中对昭君的构想，就是很多影视媒体留下的印象：穿着大红滚纯白绒边的长袍，怀抱琵琶，侧坐马背的绝世美女就这样定格在心中。昭君的美跟西施、玉环、貂蝉不同，她是被塞外的苍凉衬托出来的。那绝世的红艳，在塞外苍凉环境的衬托下，就有了一种惊人的穿透力。陈列馆中的汉代地图显示，我此刻脚下的这块土地，确实是当年昭君生活过的地方，虽然如今狂沙不再，但可以想见游牧民族粗犷无拘的生活方式。昭君，在汉室宫廷被搁置的美艳，在荒凉粗犷的塞外，会如何恣肆地奔泻，为这块土地增加几分的色彩？这种美，整整打动了这块土地几十年。在昭君出塞的多年间，汉匈两族友好相处。一个女人的手掌，就这样轻轻地按住了一个剽悍民族的利剑；一个女人的柔情，就这样融化了一个剽悍民族男人的野心；一个女人的琵琶声，就这样为这块土地赢得了和平安宁。就这样，这个女人，一不小心成了千古英雄。但这样的英雄，不曾让我肃然起敬，更多的只是哀婉叹息。千年过后，她曾经的委屈、怨恨、伤感、兴奋、庆幸、满足、幸福，就这样，无声无息地化在时间的流沙里，无从考据，不曾留下一丝痕迹，让千年过后的我们，除了叹息，还是叹息，只能叹息。

　　我在园里边走边叹。那一个个具有游牧民族特色的雕塑，那"单于大帐"雄起的屋顶，那"昭君故里"的汉族陈设，那一幅幅借昭君说事的文人字据……让人真切感到此刻自己身居何处，也让人深深感叹：昭君，千百年来不曾寂寞。董老的诗写得多好："昭君自有千秋在，胡汉和亲识见高。词客各抒胸臆懑，舞文弄墨总徒劳。"一个女人，就这样自然地彰显了美的力量，面对后人的热烈生发，昭君如果泉下有知，我想只会淡淡地浅笑。

太阳渐渐升高，门外的旅游大巴一辆辆接连而至，新的一天开始了。昭君，又该展开美丽的笑颜，迎接来自天南地北朝拜的"粉丝"了。而我，却要默默地挥手，悄悄地离去，将美人留在这静谧的清晨中。

十三、享受饱满的寂寞

有时候，
冷遇也是一种享受。
就这样，
被抛在忽视里，
抛在可有可无漫不经心的忽视里。
然后，
深刻地去咀嚼，
这份孤独与落寞。

其实，
不管怎样的情绪与感受，
只要是纯粹的，
只要是透彻的，
都是至美的。
平静地享受这份，
饱满的寂寞，
其实很好！

新居装修已近两年，但还没有整好入住。去年，我们在楼上露台的花圃里种了茶花，还有很多我叫不出名的花草，在天井的水缸里扔了点睡莲，在外面凌乱的院子角落里种了一棵妹妹、妹夫不知从哪儿挖来的映山红。几个月过去了，我们没空理睬它们，我更是这么长时间都没去正眼瞧过它们一眼，因为从城南赶到城北实在太遥远。

在新居中

本以为它们早已自生自灭，昨天晚上先生带我去看了一下，带给我莫大的惊喜！楼上的茶花虽然过了季节已经谢了，但叶子依旧葱绿，那些不知名的绿植都长得很茂盛；天井里的睡莲居然欣欣然张开了眼；院子里的映山红也已抽枝展叶，充满了生的活力。它们在这幢寂寞的屋子里，熬过了隆冬，承受了忽略，自然舒张生命的活力，令人感叹。

今天早晨，到新风工作室上班，最近忙，好像有一段时间没来了。邓校和总务处小黄看我来了，马上让园丁给我搬进几盆新的绿植花卉。于是，沙发两侧便又摆上了两盆新的高大绿植，窗台上又放了一盆漂亮的虎皮兰，办公桌上又多了一盆美丽的红掌，望着满屋的亮丽生机，满心欢喜。不知这些花草是否知晓，很多时候，它们都要在这间屋子里承受被忽略、被遗忘的寂寞，因为我不能常来。但愿它们，如我家的花草一样，也能享受这份孤独寂寞，并能在被忽略的寂寞中顽强饱满地生长。

十四、你有把月亮看圆的能力吗？

那年中秋，和妹妹一家在长岛公园聚会。吃过晚饭赏过月，回到家，走到小区，已过了七点。在小区广场上，碰到一对老夫妻，手牵手在赏月，老太太在顺着老爷子的指点看月亮，一边看一边抱怨："我看不好了，现在看到的月亮是一个一个的碎块，没有像以前那样清楚了，眼睛不好了，我看不好了。"我和先生都被撒娇的老太太逗笑了。老爷子一边哄着老伴，一边耐心地指点她再看。望着这对这么认真、可爱地看着月亮的老人，我心里怦然一动，第一次知道原来看月亮还是一种能力，因为到老了就"看不好了"！那么年轻人眼睛明亮，看出来的月亮是否就该是最圆最美的呢？当我们老去，眼花耳聋，对月亮，对很多美好事物的客观感受力会减弱，而且历尽人世沧桑，我们的心灵审美能力也许也会弱化，那么是否就可以说，年轻人眼中的月亮就一定会比老年人眼中的美呢？我想也未必，因为老年人经过生活的沉淀，对人生中很多的美好有了更深的感受。他们学会了过滤生活，把美好和沉浸留下，把丑陋和不堪屏蔽；所以，很多老年人的眼睛里充满了宽容、豁达、洞悉一切的超脱之美。所以，对月亮的审美能力的强弱，不应该以年龄为界限，审美是一种能力，能力是需要我们用一生的时间去培养的。修为不到家，你的眼中尽是肮脏与沙子，修为到一定境界，眼中尽是去污成清后的风景。

我们在生活的泥沼中打滚，难免会感觉心力交瘁，如果在中秋的夜晚，能够把赏月当成一件重要的事去做，已是非常难得。因为我们感觉到了生活的脆弱和不可控：友情很脆弱，一件小事就可让其土崩瓦解；生活很脆弱，一次事故也许就山崩地裂；事业很脆弱，一次松懈就可前功尽弃。在这什么都不可控、都不永恒的生活面前，我们似乎很有理由对这些高挂天际的虚无浪漫不屑一顾。于是，我们远离诗意，唾弃审美，我们试图抓住眼前有形的幸福，但往往落空，在无限的落空后的恐慌中，我们再去寻找虚无的浪漫，试图抓到一点精神的寄托。所以，我们总是矛盾、徘徊、痛苦，很多时候，我们笑得不彻底，哭又没环境，这样的精神漂泊笼罩着我们所谓现代人。我们还有把月亮看圆的能力吗？我们月亮看不圆的时候，能像那位老人一样认真地着急吗？

2017 年在三亚海滩

十五、幸福一直在敲门

晚饭过后，习惯沿着小区北面的河边去散步，一个人，很宁静，思绪也会在沉沉的暮霭中淡淡地飘飞，感觉很舒服。

沿途经过小区门口的那块空地，看到一个邋遢的女人带着她的两个同样邋逼的女儿在整理破烂——这是她们一天的收获。她们把这些肮脏的破烂分门别类理好，码得整整齐齐，放在这块空地上。在忙碌的空隙，一家三口会在这块空地上解决简单的晚餐。两个女儿都是求学的年龄，显然是辍学在家，帮母亲干活。整理完后，母女三人把肮脏的垃圾堆当作餐桌，聚在一起狼吞虎咽吃起了粗糙的晚餐，从她们的脸上你丝毫看不到一丝一毫的自卑与怨艾，只是满眼的满足与享受。

沿着小区外围的直路走到头，转个弯就到了河边，我习惯沿着河向西边走，去那里的小公园，沿途会经过小区外围的几家被外地人租住的车库，它们大都是开了店面的，其中有一家外地人开的刻玻璃店总会吸引我的目光。

以往每次经过，男人在忙着干活，在车库另一隅则放了一个煤气灶，女人这时候便在炒菜，远远地总有一股菜香味飘过来。虽然自己已是饱餐后在消食，但还是觉得香味诱人，尽管知道他们的饭菜可能不如自家的丰富。

今天，看到在这间既是工场又是卧室和厨房的车库小屋里，主人家正在宴请客人，那张刻玻璃的桌上铺了许多报纸，女主人把一个一个的菜盆往桌上端，屋子里站着坐着许多人，都操着外地口音，我猜测是他们老家来客了。看着其乐融融的一屋子人，你会感觉到在这烟火人间活着的滋味。

于是边走边叹：跟这些人相比，自己是何等的幸福！要什么有什么，住着宽敞明亮的大房子，吃穿不愁，还经常有老人帮助操持家务，可为什么对幸福的感受也只是一般？有时还常滋生对生命的无意义感。很多时候，我们好像都不知道幸福是什么，有时也真的搞不明白自己究竟想要怎样的幸福。

其实幸福本身是无形无色、无概念、无规格的，它仅仅是我们自身的一种体验而已。我们不同的人会滋生不同的体验，我们觉得不幸福，不是生活出了问题，而是我们自己的体验出了问题。如果我们让自己滋生的是日常生活的悲剧性体验，时代的荒诞性体验，社会底层的压抑性体验，现实生活的焦虑性体验，那么我们感受到的便是心灵之死和生存的悲哀，从而生发出虚妄、怪诞和绝望的自我体验。反之，如果我们能够时刻向自己发射良好的、积极的信息，看到生活的精彩与珍贵，感恩命运的馈赠与眷顾，我们感受到的便是心灵的温暖与生活的意义，从而滋生出快乐、幸福、温暖的体验。

就这样一路走一路思，一路走一路叹，我静静地感受着自己此刻的体验，真的就觉得天好蓝，地好阔，眼前的草木河流都朝我微笑，生活多么美好！原来，幸福一直在敲门，只要我们把门打开就行。

和丈夫在家乡竹山

和美之花

——我与专家及学员的师徒情缘

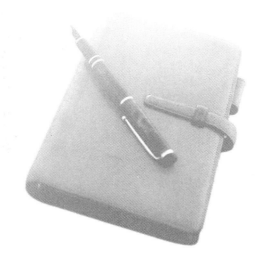

一、盛新凤和她的"和美语文"

华中师范大学教授　杨再隋

我国基础教育课程改革启动至今已十多年了，有喜有忧，苦乐相伴。令人高兴的是，伴随着"课程改革"的进程，一大批优秀的中、青年语文教师涌现了出来，他们也展现出了许多有影响的教学风格，语文教学出现了空前的繁荣。在众多的教学风格中，盛新凤老师的"和美语文"虽然出道较晚，但却引起了小学语文界的格外关注。

扎根于优秀传统文化的土壤中，沐浴着新时代的阳光雨露，"和美语文"应运而生，绝非偶然。浙江湖州有着深厚的文化底蕴，湖光山色为这原本秀丽的江南城市平添了恬静、闲适、淡定的雅趣。生活在这样的自然环境和人文氛围中，铸就了盛新凤温婉而又执着的性格。在近二十年的教学、教研实践中，盛新凤老师细心揣摩，反复琢磨，博采众长，厚积薄发，"和美语文"终于破茧而出，并以其清新、恬淡、优雅的教学风格获得了小学语文界的认同和肯定。

如前所述，一种教学风格的出现，绝不是偶然的现象。风格既是时代的一面镜子，也是教师心灵的映照，是教师自身的文化素养、人格素养、专业素养、心理素养、审美素养的综合体现。风格即人，文如其人，课亦如人。

作为我国语文教学改革的历史见证人之一，我从20世纪60年代初就接触中小学语文教学。大学毕业后到中、小学教过语文，参与过多种教改试验，也参与过多次"教学大纲"的审查修订，参加过"课程标准"的审议会议，参与过全国小学语文教材的审查，也主编过经审查通过的中小学语文教材，目睹了我国语文教学漫长而艰辛的发展历程。语文啊语文，历史长河中漂流着的语文，沧桑巨变中烙印在人们记忆中的语文，多少有识有才之士为之呕心沥血而无怨无悔，多少优秀教师为之付出了青春年华而鞠躬尽瘁、死而后已。然而，语文教学不是在真空中进行的，在语文之外还有许多制约语文的因素。任何人都多少懂得一点语文，任何人都可能给语文教学挑刺。教育上的每一个成功，不一定让语文沾光，但教育上的每一次失败都可使语文担责。语文教学背负的东西太沉重了，语文教师的压力也太大了。多少年来，在中小学各个学科中，语文教学争议最多，非议也最多，加之我们在思想上没有树立科学发展观，缺乏辩证法，看问题非此即彼，各执一端。文道之争，争了几十年，还是众说纷纭，难以形成共识。在 20 世纪 60 年代，哲学上"一分为二"的观点风靡一时，这是斗争和对抗的需要。中共中央原高级党校校长杨献珍提出了"合二而一"的观点，认为对立的双方在一定条件下也可以统一，也可以融合，立即遭到了批判。周谷城先生独出心裁地提出了"无差别境界论"，认为各科矛盾处理得当，在某种条件下，可能呈现出"无差别境界"。这就是和谐社会的蓝图，大同世界的理想。由于不合时宜，自然也遭到了批判。其实，语文界的许多有识之士已经看到了语文教学中的两极矛盾，如文与道、主体与主导、讲与练、理解与运用、读与写、语文与生活、课内与课外等，它们在一定的条件下都是可以融通的。不是强调"文"就一定牺牲"道"，或强调"道"就一定牺牲"文"，强调"学生主体"就一定要削弱"教师主导"，强调学生"多练"就一定会忽视教师"精讲"等。由于种种原因，这些问题，有的解决得比较好，有的至今仍困扰着我们。现行的《课程标准》特别注重学生的"整体把握"和"综合运用"，强调"综合""联系""整合""统筹"，试图引导教师们解决好语文教学中的诸多矛盾，处理好语文教学中各种关系和联系。

作为一名"年轻"教师，盛新凤老师不可能亲历语文教学改革的艰难历程，但她以特有的悟性和灵性，在教学实践中似乎感悟到了什么，又在传统文化中似乎发现了什么，真是"心有灵犀一点通"。她首创的"和美语文"和我国半个多世纪的语文教育息息相通，和许多语文界的有识之士不谋而合。一个善于思考、勇于进取的教师，只要他具有教师的良知和对事业的执着追求，就必然会成为一位教育改革的先行者。盛新凤老师是我们学习的榜样。

对"和美语文"，可以从不同角度来解读。什么叫"和"？在我国传统文化中，"和"是一个内涵丰富的概念。"和"即"适中""适度""适宜"，是对立双方的联结、平衡、协调、均等。《国家中长期教育改革和发展规划纲要（2010—2020）》提出"为每个学生提供适合的教育"，所谓"适合"也是对"和"的一种表达，是"和"的一种形态。语文教学中的"和"，是各种矛盾的对立统一，是各种关系和联系的联结和交融。"和"是一种生命状态，自然得体、优雅适中的"和美教学"是一种教学新境界。当然，"和"不是一成不变的，它始终处于变化和发展之中。可以说，"和"是变化中的统一，"不和"是统一中的变化。正是这种"和"与"不和"

的交替冲突，促进了学生认知、情感、人格的发展，推动了教学过程。"和美语文"中的"美"，是因"和"而"美"，有"圆美之美""圆融之美""圆转之美"，有"平和之美""亲和之美""中和之美""融和之美"，还有"文雅之美""淡雅之美""娴雅之美""典雅之美"。语文教学在语文基本技能训练落实的基础上，当然要讲究美，力求做到语言美、意境美、意蕴美、情致美。但是"美"从何而来？"和美语文"主张在"融通"上下功夫。无论是"两极融通"或"多极融通"，都要给"融通"创造相宜的氛围，提供"融通"的契机，使师生双方都能充分发挥主动积极的作用。

进一步说，盛新凤老师主张的"和"，是指不同事物之间的相互协调，相互配合，使原本对立的事物达到统一与和谐。"和"是一个过程，是不断交融通达的过程；"和"也是一种状态，是一个充满生命力的运动状态，始终处于互动与互构之中。"相似论"学者张光鉴先生说："万事万物没有同就不能继承，没有变异就不能发展，这是宇宙万物铁定的自然规律。"互动即两极之间的相互作用，相互影响，相互吸引，使教学中主体的自动变为群体的互动；互构即两个对立事物之间的相互呼应，相互补充，相互建构，它揭示事物之间内在的关系和联系。

如何将"和美语文"变成语文教学的常态，实现盛新凤老师所企求的"主客相生""显隐结合""言意相谐""点线圆合""雅俗共赏"，把语文课堂变成和谐、融通、审美的课堂？这需要在"转化"上下功夫。按照辩证法的观点，矛盾的双方是可以转化的。每次转化都会促成语文的"和美"。语文界著名学者周一贯先生在《语文教学通讯》上发表的《过度讲析：语文教学应治之"本"——〈教育规划纲要〉背景下的小语教学》一文中，对盛新凤老师的语文教学给予了很高的评价，给我以很大的启发。周先生提出了"化教为学""化讲为练""化析为读""化解为议"，这里的"化"就是转化，就是融通，其目的是把语文课堂还给学生，把融通、转化的主动权还给学生，把学习语文的乐趣还给学生。这不仅是一个教学策略，也是教育思想的变革。周先生以盛新凤老师执教《半截蜡烛》一文为例，认为该课以学生的"练"为主，辅之以教师的"导"，体现了"化讲为练"这样一种课堂模式的转型。教师在学生读通课文（剧本）的基础上，逐步形成了一个让学生"自求得之"的练习设计。即按剧本的体裁特点，让学生先来"导演说戏"，学生当"导演"解读课文；再让学生"演员演戏"，讨论人物的行为和思想感情，并上讲台演读；接着再由学生"编剧续戏"，让大家思考：德国军官走了以后，心有余悸的一家人会说些什么？激起了学生还想当一次剧作家的瘾，大家任选一个角色续写台词，并在括号内写上"舞台说明"（人物的神态、动作等）。最后，又在交流中展开了"观众评戏"。周先生认为："这样的化讲为练，始终置学生于主动投入、积极参与的状态，既避免了教师的单向过度讲析，又调动了学生的练习实践活动，使阅读训练落到了实处。"

如前所述，"和美"是一种教学现象，一种教学状态。然而，这种状态——融通、和谐、圆融、优雅等都是在一定时空中表现出来的，是相对意义上的。事物是发展变化的，教学过程在发展变化，教学情境在发展变化，学生的心理、教师的心态也在发展变化，并由此产生了已知和未知、认知和情感、具象和抽象、预设和生成等矛盾。此时，旧的平衡被打破，融通、和谐的状态被消解，事物又处于不融通、不和谐的状态，从而又开始了新一轮的化解、转化，并逐渐融合的过程，这就是"和美语文"的辩证法。

和杨再隋先生在武汉（右一为杨再隋先生　摄于 2003 年）

如盛老师所言："教学中还应努力追求冲突之美，不平衡之美。"当课堂上师生之间、生生之间、师生和文本之间发生认知、感情的冲突时，学生认知上的起起伏伏，情感上的跌跌宕宕，使教学产生奇崛突兀之美，这往往是教学中的"亮点"，也可能是最宝贵的生成性课程资源。

由于"和美语文"不是凝固的、一成不变的，它始终是流动的、变化的，甚至是飞舞的、曼妙的，这就给老师们留下了创新变通的空间，在共性中显示出自己的教学个性。"赤橙黄绿青蓝紫，各持彩练当空舞"。每位教师要像盛新凤老师一样，在教学中敢于突破，敢于创新，敢于另辟蹊径，百花齐放，争奇斗艳，取长补短，博采众长，努力形成自己的教学个性。

和杨再隋先生参加下沙"盛新凤和美语文专题研讨活动"（摄于 2017年 11 月）

二、盛新凤：一位践行"雅学"之道的师者

全国著名特级教师　周一贯

盛新凤是一位在全国中青年特级教师中特具优雅教学风范和个性气质的佼佼者。10 多年前，她作为"和美语文"的创导者，在小学语文界声誉鹊起，备受瞩目。在

她先后出版的五本专著中，《语文课堂：教学走向和美》是她对"和美语文"的学理探求和实践总结。之后不久，出版的另一本新著《盛新凤：生态文明烛照下的和美教学》，进一步将"和美语文"的研究提升到语文教学时代革新的着眼点——语文教育需要生态修复上。同时她又在区域课程改革的实践层面，展开了全区（吴兴区）乃至影响全市（湖州市）的以"和美语文"为基础的"以练导学"实验活动，取得了显著成果，并使之成为浙江省重点规划课题。

研究一位成功的特级教师专业发展之途和心路历程之本，可以帮助我们洞察其背后的学理统领之道，这具有方法论价值。盛新凤老师几十年来钟情于语文教育的研究和实践，从其雅致的教学风范到优雅的个性气质，从其追寻和美语文的美美与共、和而不同，到志在克服"重教轻学"，修复语文生态的大美境界，都汇聚在一个根本点上，即守护童心的"以学为本"。她持之以恒的"以练导学"的实验，既坚守了语文课程应是一门学习语言文字运用的综合性、实践性活动这一基本性质，又充分体现了一个教研员全力推动区域语文教学、提高质量的专业操守。综观以上各要素的交叠重合，我们便不难发现贯穿其中的一条红线，即她的"雅学"之道。

如果让熟识她的老师给盛新凤的语文教学特色乃至个性气质做一个字的概括，我想大多数同志选用的会是"雅"字。"雅"是什么？《辞海》中"雅"的多个义项告诉我们，"雅"是"正道，合规范""高尚，不庸俗""美好，不粗鄙"。"雅学"不应是"死学""僵学"，也不全是"苦学"，甚至还高于"乐学"。能优雅、愉悦、主动地学，显然"雅学"的状态即是"和美语文"应达到的境界，也是我们修复语文生态的要旨所在。而"以练导学"的"练"和"学"，更强调了我们必须注重学的"体验"途径和"实践"特色，这也正是达到"雅学""和美"之境的必由之路。

那么，盛新凤老师的"雅学之道"，具体地说，又有着怎样的学理内涵和运作轨迹呢？

（一）"雅正"的理念是"雅学"之本

"雅正"即典雅纯正。这不是一个生造的词语，早至《后汉书·舆服志》上就有"参稽《六经》，近于雅正"。应当看到，语文教育理念的典雅纯正，是盛新凤老师倡导"和美语文"，推行"以练导学"的理念之本、成功之道。她认为语文是美的，从语言到情感，语文教育也应该是美的，不光是言辞之美，还有绘画之美、建筑之美。

所以，她的语文教学一直走在寻美的路上，寻的是一种融合的"大美"。为此，她构筑"和美语文"的理论体系和操作策略是"以'一分为三'的哲学思想、古代'圆美'理论"为指导的，"在'雅俗共赏''显隐结合''主客相生''言意相谐''点线圆合'中，让课堂'美不胜收''韵味无穷''百感交集'；在教与学、讲与练、读与写、入与出等的平衡、协调、融通中，营造和畅圆润的和润之美，走向实践的和济之美，行云流水的和舒之美，两极平衡的和谐之美，和乐喜悦的和悦之美，调和融通的和融之美"。正是这样"雅正"的教育理念，为她构建"雅学"体系打下了坚定的基石，为学生可以展开自主学习、自由学习、合作学习、探究学习、创新学习奠定了坚实的基础。这也就完全改变了传统教学中的诸多不良倾向，如师道尊严、封闭授受、话语差别、过度预设等，这些对学习生态会造成严重破坏。她还教学以和雅之美，让学生真正回归为学习主体，有愉悦的心理体验，这是"雅学"的心理维度；有快乐的生存状态，这是"雅学"的生理维度；有自我价值的实现，这是"雅学"的伦理维度。

（二）"雅素"的转型是"雅学"之路

盛新凤"雅学"的主要途径是课堂转型。这既是"课改"（课程改革）必须落实于"改课"（改革课堂教学）的要求，体现了"决胜于课堂"的战略思想，同时又是"和美教学"得以生存发展的可视平台。为此，我们对盛新凤"雅学"之路的审视，就无疑会把目光投射于她的课堂转型上，即如何由传统的教师过度讲析、学生被动接受的课堂转型为"以练导学"的"雅学"课堂。所谓"以练导学"的课堂，就是让学生以语文运用的实践体验来自求得之，教师只在关键处做点拨引领。这种课堂显得特别风雅质朴，求实尚用，称之为"雅素"。借柳宗元之说："则勉充雅素，不敢告惫。"（《答贡士元公瑾论仕进书》）。字典对"雅素"的解释就是"风雅质朴"之谓。她执教《半截蜡烛》一文，"化教为学""化讲为练""化析为读""化解为议"，充分体现了"以练导学"在促使语文课堂转型中的功能。这是一则剧本，盛老师针对课文体裁的特点，彻底改变了过度讲析、全盘授予的阅读课堂框架，把体验、解读剧本的主动权还给学生。她的"以练导学"的过程，在学生自读课文并基本读通的基础上，第一深学板块便是"导演说戏"，让学生以"导演"的身份来自主解读课文，知道剧本要告诉我们什么。进入第二板块，便是让学生"演员演戏"，让学生以角色的身份、情感来上台演读台词，并讨论为什么要这样读。然后再进入第三板块，由学生"编剧续戏"，让大家思考：德国军官走了以后，心有余悸的一家人会说些什么？激起了学生还想当一次剧作家的瘾，并请学生任选一个或几个角色续写台词，在括号内写上"舞台说明"（人物的神态、动作等）。最后的一个板块是"观众评戏"，交流和评议学生续写的部分。显然，如此的课堂转型，不仅体现了"化讲为练"，避免了教师的过度解析，也从根本上调动了学生自学、互学的积极性，呈现了"体验式学习"的全面优势。

（三）"雅言"的交流是"雅学"之桥

《论语·述而》中有："子所雅言，《诗》《书》、执礼，皆雅言也。"这里的"雅言"所指就是正确、鲜明、优美的言语。语文是学习语言文字运用的课程，当然应特别重视教师、学生的言辞表达和交流的质量。所以，理所当然地会成为"雅学"展开过程中得以沟通的桥梁。听盛新凤老师执教的"卢沟桥的狮子"一课，感佩于她借助桥上石狮子的形象，在想象力的催化下，所展开的师生间、生生间和师生与文本间的"雅言"对话。她抓住卢沟桥的石狮子数目众多、形态各异、大小不一的特点，让学生在品读课文中激发想象，想一想这些形态不一的大小狮子在和平年代里会做什么，于是"捉迷藏""去母亲怀里撒娇""在大狮子的保护下酣睡""太调皮的小狮子被大狮子摁住了"……学生凭借丰富的想象说得活灵活现。不妥当之处又及时得到了同学和老师的帮助，这无异是对"雅言"的习练、运用和推敲。接着，再让学生读课文中描写"七七事变"的内容，想象这些在枪林弹雨中的石狮子它们还会幸福吗？还有快乐吗？这些失去了幸福和快乐的狮子，此刻它们又在做什么？为课文补写一段。这样，由口语的"雅言"训练进入到书面的"雅言"训练。她执教《草虫的村落》一文时，也一样抓住了文本对草虫村落生活的生动描写，大做"雅言"训练的文章，甚至将整理的课堂实录文稿，命题为"在言语的村落里游历"，"草虫的"村落，竟变成了"言语的"村落，足见其对"雅言"训练的独具匠心。确实，语文课程的"雅学"，其主旨之一不就是"雅言"之学吗？

（四）"雅致"的习练是"雅学"之体

在中国语文教育发展的历史进程中，曾经应试味很浓的片面训练一统天下并带来了众多不良后果，使"训练"一度成为名声不良的词语，以致《课程标准》在最初修订时也要力避，防止过多地出现这一文辞。其实"训练不当"错在"不当"，而不是"训练"。学习语文不仅离不了训练，而且主要靠学习者的训练实践。正如鲁迅先生所言："孩子们常常给我好教训，其一是学话。他们学话的时候，没有教师，没有语法教科书，没有字典，只是不断地听取，记住，分析，比较，终于懂得每个词的意义，到得两三岁，普通的简单的话就大概能够懂，而且能够说了，也不大有错误。"(《人生识字胡涂始》)这说明，鉴于语文的生活性和交际性，其学习方式与其他课程有所差别，它是可以通过习练而无师自通的。这就使盛新凤的"以练导学"有了充分的学理依据。当然，这种"练"完全不同于为了应试而主张的"题海战""大运动量"的苦练，而可以是充满诗意的雅致习练。盛新凤教授《跨越百年的美丽》一文时，她让学生提取课文中的关键信息，归纳成"画像中的居里夫人""报告会上的居里夫人""实验室中的居里夫人"三个人物形象截面，通过"形象描述""故事讲说""词义辨异"("庄重——略显疲劳""坚定——略带淡泊"……)和"文中批注"等多种方式，使习练与课文文采赏析珠联璧合，重现了"跨越百年的美丽"。这种雅致的习练，无疑应是"雅学"的一种基本模式。

(五)"雅量"的融通是"雅学"之德

综观盛新凤老师的"雅学"之道，最显著的特色是她在教学中的"善和"，即"营造畅达圆融的和润之美，走向融合实践的和济之美，行云流水的和舒之美，两极平衡的和谐之美，和乐喜悦的和悦之美，调和圆通的和融之美"(参见盛新凤《和而不同　大美语文》)。这就要求教师必须有融通包含的"雅量"，真正做到生本之本、文本之本和师本之本三者协调，这是实现"雅学"之道，更是成就"雅学"之德。这种"融通"策略，源于"一分为三"的哲学思想，即在教学中的诸多"一分为二"，如"教"与"学"、"师"与"生"、"训"与"练"、"文"与"道"、"言"与"行"、"内"与"外"等对立矛盾，都应当最后归于对立的统一，即"一分为三"。语文教学过程中有许多对立的矛盾，这是客观存在的，问题在于这种对立都应当复归于统一，统一于人的生命存在与表现。这也正是盛新凤老师"和美语文"的灵魂所系。"美"的过程必然会"各美其美"，但结果完全可以"美美与共，世界大同"。这当然就得借助"和"的作用了。

随着课程改革不断向纵深推进，"以生为本，以学为重"的教育理念也愈见深入人心。在"学会学习"已成为中国学生六大核心素养之一的语境中，如何提高学生的学习品质，正在成为当下语文教育界关注的热点之一。由此审视盛新凤老师的"雅学"之道，应当是一个很具有时代意义的话题。

和工作室学员参加周一贯先生从教六十五周年暨八十华诞庆祝活动（摄于 2015 年）

三、和美路上，记"一"犹新

浙江省湖州市吴兴区盛新凤特级教师工作室

一幅版画

墙上有三幅荷，是工作室刚成立时随心挂的。师傅准备有时间精选一幅心仪的。

可是，挂久了，不经意的一瞥，竟然生出许多亲切来，再舍不得换去。瞧，红粉的荷花穿插在肆意铺展的翠叶间，有的怒放，有的含苞，色彩鲜艳，亭亭净植。这些水中的舞者，摇曳着属于自己的独特风韵，弥漫着清风朗月般的明净与幽深。

引领这一家子一路走来的盛老师不正是这如荷般的女子吗？那气定神闲的雅致，是云淡风轻的飘逸，是耐人寻味的质朴，是不去计较沉浮得失的宁静。痴迷于和美语文的教学研究，再苦再累也甘之如饴。在淡雅如荷的师傅身边待久了，心头的浮躁便渐渐平息，似乎那几支荷悄然开在大家心里了，感受到的不仅仅是荷的清雅、洒脱，还领悟到一种精神，一种品格，一种志趣，一种追求。

一把钥匙

"拿好了，这是我们工作室的钥匙！" 2011 年 4 月的一天，兄妹六人从师傅那儿每人都接过了一把银白色钥匙。"太好了，我们有自己的家了！"小妹（吴燕）拿到后欢呼起来，大姐（徐虹）、二姐（孟丽）笑着将钥匙别进钥匙扣里，三哥（安晓伟）和小弟（董翱）也将钥匙揣进兜里，老四（施国强）则不停地拿着钥匙将工作室的门开来开去。是啊，每人手上都有了一把新家的钥匙，怎不令人欣喜呢？

从那以后，钥匙拨响了我们对家的款款深情。每一次轻轻转动，都留下了温馨的记忆：版画下，我们围坐，留下了第一张全家福；矮柜边，大家簇拥，争相打水泡茶；电脑旁，我们畅谈，讨论活动计划，领回师傅下达的一年十项研修任务……

渐渐地，渐渐地，这把钥匙承担起了开启思想大门的重任。每周三下午，家里那深褐色的书橱就成了人气最旺的地方。我们常常从橱里摆放着的一排排厚薄不一、长短不齐、各色间杂、挨挨挤挤的书籍与杂志中，随手抽出一本，或围或散，在宁静与淡泊中，触摸着那些含义隽永的文字，聆听着语文名家的真知灼见，游走在书香四溢的幸福世界里，不断充实着自身的底蕴。曾几何时，我们开始跟随师傅专注于语文教学"和"的内涵研究上，开始思索语文教学"美"的真谛。雅与俗、虚与实、言与意、讲与练……这些看似对立的两极，以"和"相约、以"美"润泽，成了我们反复探讨、孜孜追求的课题。

小小的钥匙，无言，却开阔了我们的视野；小小的钥匙，无声，却热闹了我们的生活！拿着它，心里踏实；拿着它，一扇扇大门被打开，或许当其中一扇门打开时，后面会有灿烂的阳光！

一条短信

"江湖告急！临时接到通知，下周一要开课，不知明天下午是否有空一起磨课？"

周五中午，收到小弟发来的求助短信，大姐一口答应——相约茶室。周六下午，室外寒意阵阵，包厢内却暖意融融。兄妹 6 人如期而至，连丢了手机正发愁的小妹也顾不上寻找手机了，气喘吁吁地跑来。刚坐定，顾不上喝口热茶，紧张的讨论就开始了。小弟铺开一叠白纸准备记录，试教中遇到的问题也一股脑儿地抛出。大家纷纷各抒己见。在思维碰撞中，创意如雨后春笋般冒出，又在"我不同意"的争论声中被推翻……整整一个下午，大家探讨着，碰撞着，时而蹙眉，时而微笑；时而"山重水复"，时而又"柳暗花明"。终于，结束时，小弟有了新的教学思路。

短信就是那条无形的线，牢牢牵动我们的心。谁要求助，谁有共享，一条短信，大家就紧紧地站在一起。每一次相聚，都是这家人最享受的时刻。而师傅的短信也不断点燃我们学习的热情！她的新课出炉了，我们第一时间获得学习机会：明天上午我在 605 班试教《跨越百年的美丽》，有空过来听；明天我在新风试教，有空来听……大型活动时，师傅总不忘短信叮嘱：珍惜学习机会，争取都来！

在师傅的引领下，在短信的传递中，我们渐渐成长。多少次，迷茫、困惑、心酸、痛苦都在暖暖的短信中悄悄融化。当一堂堂课在一次次的实践中日臻完美时，当一位位学生在我们的引导下热情高涨时，我们的经历化作了甜美的记忆，沸腾的热情，执着的追求……我们享受着它带来的兴奋与欢乐。

一次导航

"没路啦！怎么到山里了？"

"不是跟着导航吗？怎么到这里了？"

"学校不可能在这山坡上吧？"

望着茫茫竹海，看着笔陡的山坡、泥路，老四和二姐只得调转车头。

这一刻，他们俩才不得不信，这城市周边的农村学校离城市有多远！为了送教，这对搭档提前一小时出发，本想欣赏一下素朴自然的风光。不曾料，导航竟开了个玩笑！

通过电话遥控，几经辗转，终于来到青山学校。铃声已响，老师和孩子也已坐定。"今天，城里的老师来给你们上课……"潘校长简单介绍后，开始上课。课堂上，孩子们的眼神从疑惑变成感动，朗读调渐渐地跟情感相融，老师与孩子们也渐渐熟悉，两位学员收获着感动。这就是"和美语文"的魅力、张力：师生互动，言意相生，雅俗共融！

课后，他们知道小学部只有 12 个班，300 多名学生。刚才听课的是一个年级的学生。潘校长的开场白，多么实诚，让人动容！

送教下乡，是工作室"挂链式研训"的内容之一（工作室与青改组、学校教研组三个层级的挂链）。之前，工作室已经跟很多学校教研组、研修小组挂链。但是，感触最深的是这一次。没有师傅"保护"，驱车前往陌生的校园，独自去做个人专场（既上课又讲座），不远的路程让学员看到了"城乡"教育真正遥远的距离。那里的孩子充满好奇，那里的老师渴望交流，那里的学校满怀期待！

导航失败了，赏景的计划也泡汤了，他们却真正领悟了导航的意义：一次次挂链，看得清方向，却找不到终点，这便是孩子和老师需要的导航！

返程中，他们明白了师傅的用心。任务驱动、送教下乡，感受工作室的教育理念；浸润素朴自然的校园风光，明白工作室的价值、意义和使命：给心灵导航！

之后，他们从不停下出发的脚步，弁南、轧村、梅峰……足迹留在区内一所所边远学校的路上，行进中，导航灯始终亮在前方。

一张机票

三哥办公桌的台板下压着一张窄窄的机票，时间为 2012 年 4 月 28 日，地点是杭州—郑州。每当看到这张机票，他的内心就会很激动。

从地地道道的乡村教师，到走进盛老师的青改小组，在她手把手的指导下成长，直至迈入工作室的团队。这是一种荣誉，更是一种压力。他不分日夜地恶补，从《走进语文教学之门》到《苏霍姆林斯基》，从"和美语文"到"管建刚作文教学系列"，从网络教学视频到教学杂志案例，无一不读，无一不看。他做了大量的读书笔记和摘录卡，随时把教育教学反思记录在博客上。慢慢地，他有了自己的想法。任务也接踵而来，3 月，还没从寒假的温暖中苏醒，师傅布置了任务，去长兴上课，和那里的老师同课异构；4 月，师傅向学校领导建议，让他上市里的观摩课；5 月，洛阳邀请师傅参加全国首届名师工作室展示，她问三哥，"你想去上课吗？想去就去吧!"于是,三哥有了这张机票,登上了让他激动不已的千人大舞台,实现了一个乡村小教师想也不敢想的梦想。

其实,每个成员都珍藏着这样的机票。2016年11月,师傅带上了一家子远赴日照,将"和美语文"带进这座海滨城市。在"盛新凤'和美语文'专题研讨会"上,每个人承担不同的任务同述"和美",大姐、二姐、小弟与名师同台,用生动的课例阐述"和美",其余三位则在论坛中从不同角度阐释"和美语文"。分工不同,角度不同,表现方式也不尽相同,一家人也用行动呈现了"和美"的深度内涵——和而不同!同时,在师傅引领下,他们向专家们学习,跟老师们交流,提升了自己对"和美语文""和而不同"内涵的理解。

机身冲破云层的刹那,他们内心如云海腾涌:若没有这两侧有力的机翼,又怎能托起这笨重的躯体?工作室,正为他们的飞翔添一生的助力!

与第一批和美语文工作室学员在一起
(摄于2011年)

四、师之爱，如冬日暖阳

湖州市湖师附小教育集团   孟 丽

1998 年，我参加工作的第一个年头，就很幸运地拜盛新凤老师为师，从此生命里多了一位亲人。一晃二十一年过去了，师傅对我的指导与帮助多得无法细数，无论在生活中还是在工作里，成长路上的愉悦与感动，像温暖的阳光，永沐心头。

我记得教学最初的勇气是师傅给的。记得工作开始，我不得要领还自以为是，领导来随堂听课说"这样的课我十几年前就听过了"，说得我怀疑自己是不是入错了行，我的心，像是掉进了冰窟窿里。是师傅跟我促膝长谈，跟我讲她一路成长的艰难，还手把手教我一节课怎么上，细到眼神、手势的指导都不放过。我还清楚地记得，学校里青年教师比赛前的一个周末，师傅把我叫到家里，那时还是市陌的一所小房子，在不大的客厅里，桌上堆满了书，师傅正伏在桌上写什么。她让我先备课，自己继续忙碌，在那样的氛围下，一颗原本浮躁的心竟然也静下来了。不久，师傅就针对我的教案一个环节一个环节地修改，还把意图说给我听。后来那堂课上得效果如何，我已经忘记了，但那个下午，连同那午后的阳光，一直定格在我的记忆里。

几年后，师傅要调离附小去当教研员了，当时我心里好难过好不舍，以为以后难得见到师傅了，而其实师傅对徒儿的关心并没少。那年寒假，师傅让我备一节课。一天师傅打电话给我，说自己在教研室加班，让我去把稿子给她看看。我清楚地记得那是一节古诗课讲的是《牧童》，我受师傅《游园不值》古诗教学的启发，把它和另一首栖蟾的《牧童》联系起来讲。师傅肯定了我的想法和创意，并指出了交融过程中的牵强，建议我在过程中拓展，将两首诗融通在一起，以学习吕岩的《牧童》为主，在教学过程中进行了三次对读，实现了诗句、诗意、诗境等方面的比照。改好后我们在院子里聊天，师傅又跟我说了不少鼓励的话，那天下着雪，在我心里却是一片春暖花开。

如今，教研室所在地府庙已经成为商业繁华地带，每次经过都会想起那个最温暖的下雪天。而我，也因为这节课的新颖设计，获得了市青年教师赛课的一等奖，后来又是这节课，让我在学会组织的第二届全国课堂教学大赛语文决赛中获得了一等奖，那年是 2009 年。正是这样的历练，让我终于在师傅的一路指导与鼓励中，初步形成了和美环境下"对读式"古诗词教学的操作模式，并且在师傅的指导和点拨下，开发了一组古诗课例，获得了教学的勇气与自信。

也许是一直仰慕与学习，不经意地模仿着师傅的一招一式。去年师傅来我教的班级上了一节课，有个孩子在作文中写道："孟老师不愧是她教出来的，言行举止几乎一模一样。"我想，这也许是在师傅身边二十一年，不知不觉中被"潜移默化"了。在今年的湖州市第一层次名师展示活动中，作为东道主学校，我又有幸上了一节古诗课，有位教研员说："你越来越像你师傅了。"我没有沾沾自喜，因为我知道离师傅的高度还很远很远。而且师傅常说，"学我不要像我"，这不正是齐白石对弟子所说的"学我者生，似我者死"吗？我深深明白师傅的良苦用心：用心领略和美语文课堂教学的本质与规律，要有创新，要彰显个性，否则"画虎不成反类犬"，这也是师傅一直倡导的"大美语文，和而不同"吧！

何其幸运，生命里有这样美好的遇见，从此，在困顿时帮我指点迷津，在失意时帮我点燃希望，在成长途中为我播撒一路的阳光！唯有不懈努力，方不负这场美丽的师徒缘。

和徒弟孟丽在郊外野餐

五、师徒课缘

浙江省湖州市月河小学教育集团　施国强

盛夏，傍晚，日落，余晖映照，云霞灿灿。儿时的我喜欢守着那轮红日，静静地告别一天的酷热；喜欢盯着那些云霞，愣愣地冥想……长大后才知道，那云霞有一个滚烫的名字，在心头熨下的不只是记忆……

那片绚丽的《火烧云》

犹记得十年前的那个午后，我来到广场后路的湖师附小，在讲台候着来上课的学生。临上课，盛老师带着她的学生来到了多媒体教室。初出茅庐的我，那一刻才知道，我抽到的是这样一个"上上签"。孩子的表现让课犹如神助，把这片"火烧云"烧得绚丽无比。就是这样幸福地撞上了，师傅第一次听了我的课，给了我中肯的评价和鼓励："课不错，稍微改一改，以后可以上公开课！"于是乎，这课便成了我压箱底的宝。

一年后，师傅来到教研室，我登上了市赛课的讲台。几番试教，几番纠结，赛课艰辛的路上，师傅总是满怀鼓励和期待。尽管结果不尽如人意，师傅却没让我就此搁浅："别灰心，别停下，每隔一段时间，一定要让自己拿出新的课来。"于是，大大小小的教研活动，师傅总会想到我，给我打电话，让我尝试不同的课型：低年级的识字课、新课程的培训课、毕业班的复习课……回忆起来，那片"火烧云"留在课上的或许只是一抹亮丽的色彩，而后来的日子里，师傅把千变万化的"形"植入了我的记忆深处。

那个《呼风唤雨的世纪》

工作室成立，我名正言顺地成为盛老师的徒弟。初入师门，却找不到开课的感觉。语言琐碎，节奏凌乱，《呼风唤雨的世纪》总是"风雨过后难见彩虹"。后来，那个晚上，那个 QQ 群里，盛老师亲自上阵，带着室里的兄弟姐妹们为我逐字逐句地打磨了课堂语言，磨出了那节享誉杭嘉湖的招牌课。

细细回味，师傅为我打磨的课例实属不少。那个傍晚，教研室里，《一面五星红旗》的设计流程，亮点是师傅细细解读后定下的；那个午后，学校教室，《一个小村庄的故事》的设计，是师傅几经琢磨后敲定的……电子邮件中、电话里、短信中，饱含了师傅多少心血，多少期待！成长的路上，师傅用心为我编织起那道彩虹，让我在课堂上"呼风唤雨"。

那片"神圣的土地"

西雅图的《这片土地是神圣的》，原本是我第二次参加市里赛课所选的文本。几经失败，不得不调整为《一个小村庄的故事》。二度参加市青年教师比武，在赛课史上实不多见。师傅就是要我在失败的地方重新站起来。但是，没能磨出"土地"，也成了多年来心头的痛。像是剪不断的姻缘，今年的区青年教师赛课，盛老师重重地抛出了这个文本，我校的青年教师不幸"中招"。顶着压力，琢磨着"和美语文"的门道，遵循着"言意相谐""教学相长""多向融通""以练导学"的"和美"理念，与青年教师苦心奋战，最终夺冠。课末，盛老师笑了，笑里有对青年教师的褒奖，也有对我的肯定。

与工作室学员赴德清县参加联谊活动（摄于 2018 年 3 月）

"细细钻研，每篇课文都是能上好的。"这是师傅挂在嘴边的话。面对老师们所选的形形色色的文本，师傅的话总能产生化学反应，聚化裂变，而后静等花开。《全神贯注》的成功，师傅发来短信：课的设计不错。《两小儿辩日》的成功，师傅评价：有传承，有超越。口语交际团队展示的成功，师傅更是激动地表扬：研修小组初露锋芒！忽觉得，课堂就是那片土地，我在土地上成长。师傅就是那缕阳光，那片雨露，那丝清风！

课，是艺术的化身，是教师的阵地，默默时，化成了我的思绪，画成了一个开放的"圆"，圆融、圆济、圆通、圆润……"圆"在课堂，"缘"亦在课堂！

六、陌上花开浅浅笑

湖州市爱山小学教育集团　高静秋

浅浅一笑，不空不虚，不满不溢。这样的笑，很美，很舒服。

——题记

（一）

十四年前，我是师范学院里一名数学教育专业的大三学生。那年，学院组织了初等教育专业文理方向的学生一起听一场讲座。文科班的同学对这次讲座特别期待，听他们说来的是一名语文特级教师，名叫盛新风，课上得非常好。

那一晚，师院报告厅里学生们济济一堂，台上坐着我们的资深学姐，也是我现在的师傅。十多年前的师傅，和现在的样子差不多。如瀑的长发披在肩上，说起话来嘴角带着浅浅的笑容。师傅的声音真好听，带着点磁性，我坐在台下不禁被师傅的故事吸引了。

师傅说年轻时的她，会骑着自行车穿行在湖城的大街小巷和当地的诗人们一起采风，一起作诗。师傅说，为了让家长能信任自己这名年轻的教师，她每天会挨家挨户地叫孩子们一起晨跑上学。说起这些，师傅笑了。这浅笑里含着幸福和满足，也纯净了我一颗迷惘的心。

临近毕业，我常常为自己应聘什么学科老师纠结。自己虽是一名数学专业的学生，可偏偏喜欢文学。我经常会不务正业地参加学院里的文学社团活动，会听学院中文学系的选修课。可是因为专业的限制，对于未来我也常常叹息。春到人间草木知，师傅的讲述如同一股春风从我身上拂过，心底莫名地涌起一股勇气，一股想突破自我展望新天地的勇气。一名数学专业的师范生为什么就不能尝试应聘语文教师的职位？年轻的时候，不就该有点憧憬，有点挑战吗？"成为一名语文教师。"我坐在台下默默地想着。如果能做自己喜欢做的事，也许我也会这样浅浅地笑，幸福而又满足吧。

（二）

机缘巧合，大学毕业后，我如愿在爱山小学做了一名语文教师。那一年，师傅担任了吴兴区的小语教研员，组织了吴兴区第一届小学语文青改小组。真的要感谢学校给了我宝贵的学习机会，使我在工作第一年，就有幸成为特级教师盛新凤的徒弟。

记得在第一次青改组会议上，师傅让我们介绍一下自己，伙伴之间相互认识一下。小组里的不少伙伴已经工作几年了，或多或少地取得了一些成绩。轮到我介绍时，我涨红了脸，支支吾吾的。也许是发现了我的不自然，大家都介绍完了，师傅温和地笑着对我说："高静秋，你不用不好意思的。我听你们校长还夸过你呢。只要努力，成绩会慢慢积累起来的。"师傅的话让我心头暖暖的，师傅熟悉的笑容，分明是对我的赞许和鼓励。"嗯！"我又不好意思了，轻轻地点了点头。

接下来四年，我们跟着师傅听课、上课、研课、送教。在忙忙碌碌里，我得到了不少锻炼的机会。磨课交流时，师傅会带着浅浅的笑望着我们。站在台上的时候，我依旧会看到师傅在台下浅浅地笑。这样的浅笑是师傅对徒儿们一次又一次的鼓励，而我就在这样的鼓励中慢慢成长。

（三）

十多年来，师傅一直进行着"和美语文"的研究。师傅说"和美语文"是她憧憬的小学语文的佳境。为了探寻这样一份佳境，已经成为教研员的师傅从来没有停止过课堂实践。每一个学期，师傅都会努力开发一节新课。各类文本，各种课型，一一涉足。最让人感动的是，师傅有时也会邀请我们这些徒弟听她的试教课。

有幸参与师傅的磨课，对我们来说是一份殊宠。我们哪是在听试教课，手中的笔刷刷地记着，唯恐辜负了这珍贵的学习机会。每次试教课后，师傅都会笑着问我们，课堂上哪里不舒服？师傅的笑是那么真诚，那么谦逊，让人觉得如果说"课太好了"之类的话，会辜负师傅的真诚。所以，有的时候我们不得不"没大没小"对师傅的课"指手画脚"。还有的时候，来不及现场聊课，那么晚上，QQ里就会闪烁着师傅的头像。打开对话框便会看到一句熟悉的话："听下来，哪里不舒服？"那一刻眼前便浮现出师傅那浅浅的微笑。

"少年不识愁滋味，为赋新词强说愁。"很多时候，真的是鸡蛋里挑骨头似的对师傅的课提出一点想法。现在想来，提出的建议不少挺幼稚的。但师傅总是会耐心听完，还会笑着回应一下："哦，这里不舒服。"慢慢地，跟随着师傅研究的脚步，对"和美语文"的理解渐渐深入，也慢慢地明白了师傅的"不舒服"。师傅在"和美语文"理论中提出"以两极融通之和，求雅俗共赏之美"。即课堂教学要解决各种极化现象，使教学走向融通，走向和美。师傅的那一句"哪里不舒服？"，是对"和美语文"的深入探寻。

就这样，我们听过师傅对《青海高原一株柳》《半截蜡烛》《读碑》等的试教；就这样，我们慢慢地从师傅的课中去体会"和美语文"深邃的内涵；就这样，我们在自己的试教课后也会浅浅一笑，问问小伙伴"哪里不舒服？"

（四）

获得小高职称后，我报名参加了盛新凤特级教师工作室，成了工作室的第二批学员。又能跟着师傅继续学习，真是一件极幸福的事。于是，这十几年，我在师傅身边亲历了"和美语文"的研究，也见证了师傅五本教学专著的出版。

对于写一篇论文都要熬上好一段时间的我们来说，五本专著简直是一个天文数字。师傅是特级教师，也是区里的教研员，平时挺忙碌的。我们奇怪师傅哪来这么多时间，能用文字慢慢梳理她的和美语文理论。有一次工作室小聚，那是一次比较宽松的茶话会。师傅很高兴地说她昨天新逛了一处风景，利用中午休息时间，写了一点随笔。师傅爱生活，也爱教学。师傅就是这样不停地想着、写着。想来那一本本著作中的文字，不少也是师傅在七零八碎的时间里慢慢敲击出来的。

这两年，师傅的身体不太好，身边不少人都劝她多休息，多调养。师傅总是笑着感谢大家的关心。一位特级教师，一位第一批评上正高级的教师，在我们看来似乎已经攀上了事业的顶峰了。可是最近，听闻师傅"和美语文"的新作就要出版了。我们不禁惊叹师傅似乎像一眼汩汩的泉水，永远都会冒出新鲜的、充满生命力的思考。面对这些成绩和荣誉，她还是那么浅浅地一笑。我们都知道"和美语文"的研究已经成为她生命的一部分，就像春天花一定会开，秋天稻谷会熟一样，那么自然。

最爱陌上花开，清新、自然。师傅嘴角那一丝浅笑，就如阡陌间的一丛小花，虽不惊艳，却让人驻足而望，回味悠长。

七、一路有你

浙江省湖州市文苑小学　董　翔

俗话说："十年磨一剑。"从区青改组，到区学科中心组，再到盛新凤特级教师工作室，屈指算来我师从盛老师已有十个年头了。十年间，我见证了盛老师她婉约和美的课堂，她执着于语文的精神，她无私的诲人之心……这一切的一切，让我终身受益。在此，谨以盛老师的两堂课为引子，向盛老师致以最真挚的敬意和谢意！

"跨越百年的美丽"

师：关于到底什么是真正的美，到底什么是人生的意义，你们肯定有自己的看法，是吗？请大家拿出作业纸，看第三题，让我们也拿起自己的笔，发表我们的议论，写几句议论的话。

——盛新凤《跨越百年的美丽》

提到盛老师，总会联想到她那一头直直的长发，她那轻声细语的言谈，还有她那充满诗情画意、美不胜收的语文课。这些标志性的印象，给人一种遥不可及的感觉。与盛老师相处多了，看到她教学上方方面面的考虑，一字一句地斟酌，才体会到这种曼妙、圆和的美的背后是勤奋！

一次偶然的机会，盛老师率真地和我谈道："我也就那么点东西，其他的培训班要去参加，可以多学点东西。"我知道，这只是盛老师为了鼓励我开阔视野的自谦之词。从青改组到现在的工作室，我亲眼看到了在语文的求索之路上，在作为教研员琐事缠身的情况下，从"诗意栖居"到"两极融通"再到"以练导学""和美语文"，盛老师一次次在理论和课堂中突破自己、超越自己。

进入工作室后，"请进来、走出去"的教学研讨活动多了，与不同风格、不同思想的教师专家接触也多了。在各种教学研讨活动中，我有时会因不太"感冒"而打个盹儿、玩会儿手机，可是每当我看盛老师时，她总是在笔记本上密密麻麻地写着、圈着、画着……

正如特级教师邵起凤对我说的："学师傅什么，学师傅对语文的执着！"

"三个忠告"

师：最后，盛老师要送给大家学语文的忠告。（把板书中的"三"改成"一"）请你们看板书，猜一猜，我会送一个怎样的学语文的忠告？

——盛新凤·《三个忠告》

由于性格和经历的原因，每次上台我都会苦恼：手该放在哪儿？手里要不要拿东西？站在哪儿比较好？……每次下台我都会听到："从头到尾你没有一次笑容""你走动太多了"……每次将自己的录像与别人的课堂录像进行对比，我都深感自己的语气语调、表情动作实在太呆板僵硬了。

可就是这样一个特别不喜欢"抛头露面"、特别不擅长展示表演的人，在盛老师的一次次"忠告"的帮助下竟阴差阳错地快成了公开课"专业户"了，也成了语文的"粉丝"。当我不知如何备课时，盛老师忠告我，"你的课还没磨出来，太慢了！每个学期还是要打磨一堂精品课的""徐虹她能很快地从一篇课文中寻点、拉线，设计出一份教案，这点你比不上她。以后比赛都是现场的，这么慢不行的""很多的教学方法是可以迁移的"；当对自己缺少自信时，盛老师鼓励我，"语文教学又不是只有批注一条路""生本这个方向是对的""要方方面面都考虑到，你上课的时候才会自信""对教材的理解你自己是最深刻的，课上下来哪里不好你是很清楚的，别人的建议能用的就用，不能用的就不用""他们的观点你要有自己的判断"；当我进入工作室后，盛老师提醒我，"今天你们几个成为工作室的学员，希望能够互相帮助，像一家人一样""你好几次活动都没有参加，当时你有困难的时候，大家都来帮助你，可现在大家需要你的帮助，你不来人家会怎么想？"……

感谢成长的路上有盛老师的引领，感谢她的一次次中肯的"忠告"，让我摒除内心的喧嚣与杂念，成为一个执着的"小语人"！

与工作室学员在杭州师范大学讲课（摄于 2017 年）

八、缘

湖州市湖师附小教育集团　徐　虹

缘　起

和盛老师的相识，得追溯到读师范的时候。那时，我读三年级，被分到湖州市名校——湖师附小实习，有幸向当时已是名师的盛新凤拜师学教。听到这个好消息，喜悦之情溢于言表。

实习那天，迫不及待地去见盛老师。可事有不巧，盛老师身体不适需静养一阵。

那段日子里，附小的老师们都说我幸运，跟对了师傅，盛老师人好、课好、带的班好。于是，我日日盼夜夜盼，希望盛老师早日康复，让我一睹风采！

遗憾的是，到实习结束，也没见到盛老师本人。而我和盛老师的那份缘就此结下了，在我心里，盛老师已然是我的师傅！

缘　续

2011 年，我的拜师梦实现了，我正式成为盛新凤名师工作室的学员。在跟着师傅的日子里，我真正地走近了盛老师。

工作室的墙上有三幅荷花，那红粉的荷花穿插在肆意铺展的翠叶间，摇曳着独特的风韵，弥漫着明净与幽深。盛老师，气定神闲，云淡风轻，耐人寻味，就如这荷花般"清新脱俗"。

2011 年 6 月，我执教了"自己的花是让别人看的"一课。课后，我心神不宁，这是一晚上想出来的教学思路，心中没底，总觉得空落落的。这时师傅给我来电话，电话那头师傅用温婉柔和的话语诉说着："今天的课上得很好，构思新颖独特，课堂表现自然大气……"师傅的话句句入我心田，我一下子感觉有自信了，有活力了。师傅就如那春雨"润物无声"。

2012 年 2 月 16 日 21 时 50 分，我收到了师傅发来的短信：第二天上午试教《跨越百年的美丽》，有空过来听课。《跨越百年的美丽》这篇课文篇幅长，很难教学！第二天听课后，我的心头怦然一震，这篇课文原来还可以这样教！不过，师傅并不满意，3 月 2 日进行了第二次试教，3 月 6 日又进行了第三次试教。每次聆听师傅执教《跨越百年的美丽》，每次都觉耳目一新，每次都似醍醐灌顶，心中不禁感慨：听师傅的课真好！可师傅还是觉得没有达到"人课合一"的境界，要求听课的每位学员畅所欲言，只许提意见，不许说优点。在师傅自身的高要求下，一堂好课又出炉了。这次磨课经历，我看到了"课"中的盛老师：课前大量阅读，积累充实；课中不断磨砺，精益求精；课后及时记录，细致剖析……盛老师就如《跨越百年的美丽》中的居里夫人一样"坚定执着"，就如《半截蜡烛》中的杰奎琳那样"聪慧勇敢"，就如《青海高原一株柳》中那株柳一样能创造奇迹，创造课堂的奇迹。

缘　定

两年工作室的学习生活很快结束了，与盛老师，与工作室，与"和美语文"的那份缘一直延续着。

2013年12月，吴兴区进行寓言类的培训活动，盛老师希望我结合青年教师的课堂做一个关于寓言教学方面的讲座。接到任务时，我不知从何入手，对寓言的教学没有多少想法，更谈不上研究。盛老师看出了我的迷茫，马上给予指点：寓言类的文章要上出自身的特点，寓意揭示不仅要深入浅出，还要与语言文字训练相融合。在盛老师的启发下，我阅读了大量的资料，并结合"和美语文"的教学策略讲练融通、读写融通、内外融通理出了教学思路。

"山重水复疑无路，柳暗花明又一村。"师傅的每次教诲，总能让我找到那条幽静的小路，赏到山间独特的风光。

师傅常对我们说："你们不仅仅要了解'和美'，还要关注更多的教学风格，博采众长，形成自己的教学特色。和美的内蕴之一就是'和而不同'。"师傅以一种"和美"的思想给予我们学员更多自由发挥的空间，让我们在语文这片天地里自由地驰骋。

网络工作室成员在湖州新凤实验小学工作室里大聚会（摄于2015年）

　　与师傅的深度接触中，我认为"和美"其实是师傅的人格魅力造就的，就如华中师范大学杨再隋教授在写给师傅的信中所说的那样："风格即人，文如其人，课亦如人。"从盛老师身上，我学到的不仅仅是语文的东西，还有很多很多。我会跟随师傅一直行进在和美语文的路上，因为这边风景独好！

附　录

一、专著、论文出版和发表情况

题目	类型	出版信息		本人承担部分（排名）
构建诗意的语文课堂	专著	文汇出版社	2004.04	全部
盛新凤经典课堂与创新设计——两极之美	专著	山西教育出版社	2006.04	全部
盛新凤讲语文	专著	语文出版社	2008.08	全部
语文课堂：教学走向和美	专著	福建教育出版社	2010.05	全部
盛新凤：生态文明烛照下的和美教学	专著	首都师范大学出版社	2013.06	全部
和美语文教学策略系列（连载一年）	论文	《浙江教育科学》	2010.01-12 共10篇	全部
以两极融通之和 求雅俗共赏之美——"和美语文"的理论和实践探究	论文	《语文教学通讯》	2008.04	全部
"和美语文"案例集锦	案例	《学周刊》	2008.06 共5篇	全部
清隽淡远 盛新凤老师课堂教学艺术美学解析（专题访谈稿）	访谈	《四川教育》	2008.09 共3篇	全部
"和美语文"的课堂追求	论文	《黑龙江教育》	2010.01 共4篇	全部
盛新凤教学专版	论文＋案例	《小学语文教学·人物版》	2009.06 15万字	全部
"以练导学"成果专版	论文＋案例	《小学语文教学·人物专版》	2014.10 15万字	全部

续表

题目	类型	出版信息			本人承担部分（排名）
优化练习　以练导学	论文＋案例	《教学月刊》	2015.03		全部
盛新凤——小语界里永远的行者（专题访谈稿）	专访文章	《时代教育》	2015.05	3万字	
参与编写《菰城蓓蕾》	图书	海南出版社	1999	17万字	编委
参与编写《师范生实习与指导》	图书	浙江教育出版社	1999	16万字	编委
参与编写《名师之路》	图书	中国新闻出版社	2001	35万字	编委
参与编写《教海风采》	图书	当代中国出版社	2002	32.8万字	编委
"以读导学"教学模式操作的途径和方法	论文	省级交流	1999		
品诗　评画　构画——我教古诗《春晓》	案例	《小学青年教师》	2001.02		全部
《秦始皇兵马俑》（第二课时）课堂实录	案例	《教学月刊》	2002.02		第一作者
资源开发：课程—学生—教师三者并重	论文	《教育科研论坛》	2002.C1		全部
"大语文"教育环境下的古诗教学——听特级教师徐善俊教学《黄鹤楼送孟浩然之广陵》有感	论文	《小学青年教师》	2002.12		全部
利用现代教育技术促进阅读教学的三个转化	论文	《浙江现代教育技术》	2003.06		全部
生本对话：阅读教学的新视野	论文	《教学月刊》	2003.08		全部

续表

题目	类型	出版信息		本人承担部分（排名）
全息整合　多元对话——《敦煌莫高窟》（第二课时）教学设计	案例	《小学教学设计》	2003.23	全部
《阿里山的云雾》教学设计	案例	《语文教学通讯》	2003.04	第一作者
盛新凤阅读教学设计两则	案例	《小学语文教师》	2003.03	全部
阅读教学——多方耦合，有机关联	论文	《小学教育科研论坛》	2003.01	全部
《秦始皇兵马俑》教学片段	案例	《小学语文教学》	2009.06	全部
生本对话：阅读教学的新视野	论文	《教学月刊》	2003.08	全部
《卢沟桥的狮子》教学设计（第二课时）	案例	《小学教学参考》	2004.07	全部
《去年的树》课堂实录及评点	案例	《语文建设》	2004.03	第一作者
语文：两极之美	论文	《语文教学通讯》	2005.05	全部
《春天的聚会》——人教版实验教材第四册口语交际训练	案例	《小学教学设计》	2005.31	全部
让课堂诗情飞扬	论文	《语文教学通讯》	2005.13	全部
《如梦令》课堂教学实录	论文＋案例	《小学语文教师》	2007.01	全部
语文课堂应成为学生诗意的栖息地	论文	《江西教育》	2007.08	全部

续表

题目	类型	出版信息		本人承担部分（排名）
穿过语言的丛林，种下心中的太阳——《番茄太阳》课堂录评	案例	《语文教学通讯》	2007.10	第一作者
注重整合，凸显本体，讲究情趣	论文	《小学语文教师》	2007.06	第一作者
让情感在语言中着床《文成公主进藏》教学设计	论文	《小学教学》	2007.09S	全部
人——神——圣——人教版四年级下册《文成公主进藏》赏读	案例	《小学语文教师》	2008.03	全部
有效进行价值引领	论文	《学周刊》	2008.01	全部
盛新凤的和美语文	论文	收入《小学语文名师教学艺术》（华东师范大学出版社）	2008.1	全部
优化语文环境　享受内隐学习	论文	《学周刊》	2008.03	全部
《如梦令》教学实录	案例	《四川教育》	2008.09	全部
关注"融通"，实施有效备课：谈中年级阅读教学备课	论文	《语文教学通讯》	2008.C3	全部
语言吸收与表达融通：《草虫的村落》教学实录	案例	《黑龙江教育》	2010.09	全部
盛新凤语文的两极之美与诗意的追寻	论文	收入《名师透视：语文教学智慧篇》（山东教育出版社）	2008.9	全部
"和美语文"阅读教学基本操作程序	论文	《小学语文教学》	2008.10	全部

续表

题目	类型	出版信息		本人承担部分（排名）
"和美语文"不同体裁文章的融通方式	论文	《小学教学》	2009.01	全部
《巨人的花园》教学设计	案例	《小学语文教学》	2009.07	全部
充分对话　教出童话味：《去年的树》教学设计及说明	案例	《小学教学》	2009.C1	全部
一波三折教"清照词"	文章、案例	《小学语文教师》	2007.01	全部
盛新凤：如何实现学生的创造性思维培养	文章	收入《小学语文：名师教学目标落实艺术》（西南师范大学出版社）	2009.10	全部
追求课堂教学"有冲突之和"	论文	《教学月刊》	2010.03	全部
读出一股英雄气——《读碑》课堂实录	案例	《小学教学》	2010.07	第一作者
叫醒我们的耳朵	论文	《语文教学通讯》	2010.36	全部
"和"而生美	论文	《江苏教育》	2010.25	全部
"和"文化：平衡阅读教学的几个矛盾	论文	《小学语文教学》	2010.28	全部
让教学走向和美	论文	《语文世界》	2011.02	全部
找准起点　放眼终点	论文	《小学教学设计》	2011.04	全部
文本细读的有效策略	论文	《四川教育》	2011.05	全部
小学语文课堂教学模式之显隐融通	论文	《上海教育科研》	2011.04	全部

续表

题目	类型	出版信息		本人承担部分（排名）
《半截蜡烛》教学实录	案例	《语文教学通讯》	2011.18	全部
"夫唯不争，故天下莫能与之争"——省语文特级教师邵起凤素描	文章	《教学月刊》	2011.C2	全部
《最想做的事》教学实录与评析	案例	《小学语文》	2011.10	全部
你本来就很美——《北京的春节》（第一课时）教学实录及评析	文章	《小学教学》	2011.19	全部
以听说读写建构有效课堂：马来西亚五年级华文教材《三个忠告》课堂实录	案例、文章	《小学语文教学》	2011.11	全部
找准落点讲练融通：《自己的花是让别人看的》第一课时教学设计及评析	文章	《小学语文教学》	2012.04	全部
是"运用"不是"应用"	论文	《语文教学通讯》	2012.05	全部
《去年的树》教学设计1	案例	《教学月刊》	2012.05	全部
读文亦读人——《跨越百年的美丽》教学设计及意图	文章	《小学语文教学》	2012.06	全部
追寻语文教学的和美之境：访"和美语文"创立者盛新凤	专访文章	《小学语文教学》	2012.06	
课堂拓展的有效性例谈——以人教版教材《搭石》一课为例	论文	《四川教育》	2012.07	全部
关于小学语文实践活动的现状分析和应对思考	论文	《小学教学研究》	2012.31	全部

续表

题目	类型	出版信息		本人承担部分（排名）
室构"以练导学"的生本课堂	论文	《语文教学通讯》	2013.03	全部
让"美丽"镌刻在孩子们的心中——人教版六下《跨越百年的美丽》教学实录及评析	案例	《教学月刊》	2013.04	全部
"非连续性文本"阅读教学策略初探	论文	《小学教学研究》	2013.06	全部
换种方式教古诗：《夜书所见》教学实录及教后反思	案例	《小学语文教学》	2013.16	全部
从"和美"的视角看新课标	论文	《语文教学通讯》	2014.02	全部
追寻语文教学的和美之境：访盛新凤（专题访谈稿）	专访文章	《江西教育》	2014.11	
《三个忠告》教学	案例	《小学语文教学》	2014.05	全部
略读课文教学的"和美"之旅——人教版四年级下册《文成公主进藏》实录及评析	案例	《小学语文教师》	2014.06	全部
紧扣对话　活化表达——《乌塔》课堂实录及点评	案例＋点评	《小学教学设计》	2014.10	第一作者
思想决定成败　细节决定精彩	论文	《小学教学设计》	2015.01	全部
融通两极　和美生辉——人教版六年级上册《蒙娜丽莎之约》课堂实录及评析	案例＋点评	《语文教学通讯》	2015.03	全部
强化听说训练　实现练的转型	论文	《小学语文教学》	2015.02	全部
构建"以练导学"的阅读教学新模式	论文	《小学教学设计》	2015.16	全部

续表

题目	类型	出版信息		本人承担部分（排名）
优化小学生课外阅读生活的有效策略	论文（第二作者）	《小学语文教与学》	2016.02	全部
一个执着的攀登者——我眼中的藏学华	论文	《小学教学》	2015.12	全部
《我讨厌妈妈》绘本教学	案例＋点评	《小学语文教学》	2016.02	第一作者
深文浅教　古文趣教——《天净沙·秋思》教学实录	案例＋点评	《小学教学设计》	2016.03	全部
在探究中体现"新常态"——《读碑》教学实录及评析	案例＋评析	《小学教学》	2016.C1	全部
指向"雅学"的阅读教学设计	论文＋案例	《小学教学设计》	2018.16	全部
改造课程　创意设计语文教学	论文＋案例	《小学教学设计（语文）》	2019.05	全部
三个细节处理——意外生成精彩	论文	收入《名师教学机智例谈（语文卷）》（华东师范大学出版社）	2007.11	全部
《"番茄太阳"》教学实录	案例	收入《语文教育研究大系（小学教学卷：1978~2005）》（上海教育出版社）	2007.11	全部
雅俗共赏之和美	论文＋案例	收入《小学语文名师教学艺术》（华东师范大学出版社）	2008.01	全部

二、专著、课题、论文获奖情况

题目	类型	获奖信息			本人承担部分（排名）
和美语文：小学语文教学的实践理解与十年研究	项目	浙江省人民政府	二等奖	2012.6	全部
盛新凤讲语文	专著	中国教育学会小学语文教学研究会	全国一等奖	2010.04	全部
盛新凤讲语文	专著	浙江省教育厅教研室	省一等奖	2009.06	全部
语文课堂：教学走向和美	专著	浙江省教育厅教研室	省一等奖	2012.6	全部
和美语文的理论和实践研究	课题成果	浙江省教科院	省二等奖	2009.10	全部
"和文化"视野下的阅读教学新策略	论文	浙江省教育厅教研室	省二等奖	2010	全部
丰富内隐学习方式　拓展语文学习领域	论文	教育部课程教材研究所等	全国一等奖	2007.05	全部
从"和美"的视角看新课标	论文	华东六省一市小语会	华东地区一等奖	2012.12	全部
利用多媒体优化课堂教学策略	课题成果	浙江省教育学会等	省三等奖	2004.12	全部
小学语文对话式阅读教学研究	课题成果	浙江省教育学会	省三等奖	2003.12	全部
和美语文的理论和实践研究	论文	浙江省高等学校师资培训中心、浙江大学教育学院	省二等奖	2007.12	全部

续表

题目	类型	获奖信息			本人承担部分（排名）
省第三届阅读教学大奖赛	课堂教学比武	浙江省教育委员会教研室等	省一等奖	1999.05	全部
省教改之星评比	教学综合技能比赛	浙江省教育学会等	省金奖	1998.12	全部
《去年的树》教学设计	案例	中国教育学会小学语文教学研究会等	全国二等奖	2003.5	全部
学会交流　培养情感	论文		省二等奖	1999	全部
《快速阅读》课外阅读教学设计	案例		市一等奖	2000	全部